本专著为教育部人文社科研究规划基金项目"《荀子》文献中的名物化现象研究：认知语言学和形态学视角"（15YJA740062）的研究成果

# 《荀子》文献中的
# 名物化现象研究：

## 认知和功能视角

张俊 著

中国社会科学出版社

图书在版编目（CIP）数据

《荀子》文献中的名物化现象研究：认知和功能视角/张俊著.
—北京：中国社会科学出版社，2019.12
ISBN 978 - 7 - 5203 - 5653 - 4

Ⅰ.①荀…　Ⅱ.①张…　Ⅲ.①《荀子》—古代语法—名物化—研究
Ⅳ.①H141

中国版本图书馆 CIP 数据核字（2019）第 252830 号

出 版 人　赵剑英
责任编辑　孔继萍
责任校对　李　莉
责任印制　郝美娜

出　　版　中国社会科学出版社
社　　址　北京鼓楼西大街甲 158 号
邮　　编　100720
网　　址　http://www.csspw.cn
发 行 部　010 - 84083685
门 市 部　010 - 84029450
经　　销　新华书店及其他书店

印　　刷　北京君升印刷有限公司
装　　订　廊坊市广阳区广增装订厂
版　　次　2019 年 12 月第 1 版
印　　次　2019 年 12 月第 1 次印刷

开　　本　710×1000　1/16
印　　张　16.5
插　　页　2
字　　数　262 千字
定　　价　98.00 元

# 前　言

汉语的名物化研究缘起于 20 世纪 50 年代，主要关注句中主宾语位置上的动词、形容词的性质和功能变化。张志公（1955/1957）认为，这些谓词不再"表示实在的行动或性状"，而是"作为一种事物"，甚至有的"取得了一个名词的特点"，因而提出"名物化用法"。朱德熙等（1961）对"名物化论"持全面否定态度，之后学界多家理论流派都参与了这场旷日持久、至今仍未形成定论的讨论。

本书认为，名物化是个永恒话题，贯穿汉语发展的整部历史；同时又是一个普遍话题，为人类各种语言所共有。先秦汉语受印欧语影响较小，其中的名物化现象基本可以反映汉语自身的语言特质，但迄今尚未受到应有关注。本书是教育部人文社会科学规划基金项目"荀子"文献中的名物化现象研究：认知语言学和形态学视角的研究成果，旨在以《荀子》文献为语料，对其中的名物化现象展开较为系统深入的考察，其内容主要包括：名物化的句法环境、语篇功能、标识策略、发展过程及其实质等问题；探讨上古汉语名物化的动因、理据及加工机制。经过 3 年多的艰难探索，笔者基本查清了《荀子》中常见的词汇层面和句法层面的名物化现象所引发的语义和功能变化，并利用认知语法、功能语法①和现代句法等相关理论对这些变化进行了较为客观准确的描述以及合理可信的解释，达到了预定目的。

本书第一章进行了名物化相关文献回顾，主要厘定了词、词类、名

---

① 经考察，先秦汉语以单音词为主，即使有些单音词语义弱化、语法功能相对固着依然很难达到词缀程度，如"者""所"等，都只能算作附着成分，为表述规范，我们沿用句法分布及特征为研究视角，以功能语法和现代句法作为形态理论的替代工具。

词范畴及其成员以及名物化等基本概念。第二章以非范畴化、词汇化和语法化、连续统、隐喻和转喻等理论构建了研究的理论框架。第三章至六章对《荀子》① 中"之""其""者""所"4 个名物化标记语的语法属性、语法地位及语法功用在先贤们,尤其是马建忠有关研究成果的基础上,结合现代语言学理论,重新进行了梳理和统计,较为全面客观地描述出《荀子》中有标记名物化的句法环境。在此基础上,我们对 4 种结构中的各种名物化情形进行了穷尽性的考察,并就相关句法环境和这些形式标记的语义、语法特性变化等作出深入细致的分析,形成了各类名物化更为真实的深层认识。第七章首先穷尽性考察了动词"为""有"及形容词"明""利"的无标记名物化的各种句法环境、语义发展路线及语法性质演变;最后就动词形容词名物化的形式表征、语义基础、认知动因及心理机制等认知理据进行了探讨。笔者希望本研究的发现能对先秦汉语名词化研究,乃至与其有关的词汇化和语法化研究存有一定的启示。

本书是在课题评审专家所提意见的基础上加以修订而成,但如果发现新的缺失,与各位专家无关,责任全在笔者。若本书中关于某些理论或观点的评价有误,责任亦尽在笔者,与原创理论作者无关。受学养等诸多条件限制,书稿一定还存在缺陷和错讹,诚望专家学者不吝赐教。

本书撰写过程中得到很多专家同人的鼓励、指导和帮助。恩师何兆熊先生、苗兴伟教授、李正栓教授等一直对本人的研究予以鼓励和指导,高航教授、叶慧君教授、刘国辉教授等都曾为本书的语料处理和术语选用给以指点,张爱朴教授、王静教授、张兴利教授、吴淑琼教授等都为本书提供了有益建议和重要文献资料,牛贵霞教授、李素莲教授、汤荣敏教授及李林芳博士等都多次为本人答疑解惑,所在学院领导张艳红教授、张凡教授和王敬民教授等都为本研究提供了很大支持。在此,本人一并表示诚挚的感谢!

本书成行还需感谢中国社会科学出版社及孔继萍编辑的辛劳和帮助!

尤其感谢爱妻李丽娟女士,感谢她所有的付出和一如既往的支持!

---

① 本书所用语料选取《荀子》前 24 篇,原因在于后 6 篇疑似非荀子所作,另篇 25 和 26 因体裁之故舍弃。

本书得到了教育部人文社会科学规划基金项目资助，谨表谢意！

张　俊

2019 年 4 月于陶然寓所

# 目　　录

# 第 一 章

# 名物化及其相关研究的历史回顾

## 第一节　词的概念界定

### 一　国外关于词的概念

"词"这一概念源自古希腊（汪榕培、王之江，2008：2）。当时的哲学家们把词解析为语音、意义和形式三个部分，并就三者之间的内在联系及其理据展开讨论。讨论分为两派，"自然派"主张语言受自然支配，"惯例派"主张惯例支配语言；讨论内容涉及词的概念内涵和外延，也包括研究视角和方法。这场讨论为后世相关研究奠定了基础。

关于词的定义，至今难以达成共识。Boas（1911）认为，一个独立的词是以同样形式在句中的许多位置上出现的一组读音。Sapir（1921）把词定义为一个单一概念或在心理上联合成统一体的一个概念组合。Bloomfield（1926：155—156）在自己建立的一套语言公设的基础上将词定义为"最小的自由语言形式"①（A minimum free form is a word），其下位概念是词素（morpheme），上位概念是短语（phrase）。随着语言学的深入发展，人们的研究视角更加丰富。Packard（2000：7—14）将词分为语音词（phonological word）、文字词（orthographic word）、语义词（semantic word）、词汇词（lexical word）、形态词（morphological word）、句法词（syntactic word）、社会学词（sociological word）以及心理语言学词（psycholinguistic word）等类别。Matthews（2000：24—30）更加关注词的

① 赵忠德（2003：11）建议将布龙菲尔德的定义修改为，词是语言中最小的、有意义的自由形式。

实用性，他把词分为词典中的词和使用中的词，前者一律视为抽象形式，取名词位（lexeme），后者视为"引用形式"（citation-form），取名语法词（grammatical word）。

总之，语种不同，语言特色各异，相应语言内的词的切分及定义差别很大，即使同一语言内的词也会因认识视角的差异形成不同的概念（张维友，2010：37）。

### 二 国内关于词的概念

马建忠（1898）首开汉词研究先河，他选用古汉语的"字"以对应源自印欧语的词。章士钊（1907）最早对此质疑，他认为"一字可为一词"，但"一词不必为一字"。这也是"词"作为语言概念的最早使用（周荐，1995：12）。黎锦熙（1924：16）把词视为意义单位，即"说话的时候表示思想中一个观念的语词"。高名凯（1960：185）未曾提出词的定义，但他强调了"语音""语义"和"语法"作为解释词的三个视角。

赵元任（1968，1975）关注汉词的系统性，他认为，印欧系语言中的"词"在汉语里没有确切的对应物，在汉语的文言阶段，一定程度上类似于字；至于现代汉语，他把汉语里的词分为社会学的词和语言学的词，前者是"字"，后者即句法词。他结合汉语的字和英语的词素，并在说明重音、字调及停顿在确定汉词中的作用的基础上，将汉语句法词定义为"最小的停顿群"（赵元任，1979：79—84）。这一观点得到朱德熙的支持，朱德熙认为，词是"最小的能够独立活动的有意义的语言成分"（1982：11），并补充说明，所谓"能够独立活动"的具体界定可以借鉴赵元任（同上）的观点。邢福义（1996）首先把词定性为小句的构件类型之一，而且属于两种类型之中的下位概念，同时明确其自身构成成分或下位概念语素是"最低级别的语法单位的语素，当它以词的身份出现的时候，才成为小句构件，否则，就只是词的构件"（同上：149）。此外，他根据词在语法系统或语法分析中的表现分为严格意义上的词和非严格意义上的词。黄伯荣、李炜（2012）将词定义为"由语素构成，是语言中能够独立运用的最小的音义结合体"（同上：163）。

英语界学者也参与了汉词概念探讨。汪榕培和王之江（2008）对词的定义为：在口语和书面语中能独立、自由使用并具备完整意义的最小语言单位（同上：3）。张维友（2010）以词汇形态学视角考察了英汉两种语言的基本概念"词"的形式和意义及构成方式后认为，汉语中存在比字大、比短语小的单位，他把它命名为"字组"，如"汉语""中国"等，这些结构固定、表示一个概念而且拆之音义全变的字组相当于英语中的词（同上：38）。

国内外对"词"的定义都难以做到一统，但这既不能影响词在语言研究中的地位，更不否认在揭示词的内涵和外延方面所取得的成就。最后，我们以两部权威辞书中关于"词"的定义作为对汉语中"词"的身份和地位的确认。《现代汉语词典·第5版》（2005：221）将"词"定义为："语言里最小的、可以自由运用的单位"；《辞海》（1999：1115）的定义为"语言结构中的基本单位，能独立运用，具有声音、意义和语法功能"。

### 三　古汉语中词的界定

白话文运动之前，我国历史上一直通行的是古汉语。古汉语中不存在"词"这一术语，与此概念相近的表达式是汉语的"字"。

马建忠（1898）依据西方语言学理论对古汉语率先开展了系统、全面的研究。马氏采用古汉语中的"字"来对应"词"这一西方概念，他提出字的划类标准，即"实字"划分"皆随其义以定句中之位"，而虚词划分则须依据句法功能；在对待词类与句子成分对应模式上，提倡遵循汉语的语言事实；在词类的功能上作出创造性的调整；从语法位置偏移的角度考虑并调整实词的功能；等等（陈兴伟1996：46—51）。据此，他把汉语中的字分为两大类：实字和虚字，其中实字再分五类：名字、代字、静字、动字、状字；虚字再分四类：介字、连字、助字、叹字。这些举措基本符合古汉语的实际，后期不少学者持相近观点，如黎锦熙（1924）、赵元任（1975）、吕叔湘和王海棻（2001）等。正如吕叔湘和王海棻（2001：5）所作评价，马建忠（1989）提出的"这九类字的划分大体上是合理的，发展到现在，除把字改为词，也没有什么大变化"。

# 第二节　词类的划分

## 一　他山之石

词类划分历来存在方法之争。Jespersen（1988）发现："在应当根据什么来分类——是根据形式（形式的变化），或根据意义，或根据词在句子中的功能，或根据所有这一切的总和——的问题上，没有取得过一致的意见"（同上：59）。他认为，应当"兼顾全部的因素：形式、功能和意义"，但格外强调"形式"（同上：62）。Jespersen 还就汉语词类划分提出意见，汉语中"任何词类都无词性标志，有些词只能用作某种词类，而另一些词不须发生任何词性变化就可用作名词、动词、副词等。句法规则和上下文表明每种词类的值"（同上：63）。Bloomfield（1933）反对传统语法把词分成动词、名词、形容词等，主张使用"形式"类这个概念。形式类不等于词类，它的含义要比词类广泛，如词尾不是词，但它是形式，可以构成一定的形式类（同上：192）。布氏（同上）提出词类划分的词语直接成分原则，他首先将词语分为次要词和基本词，然后再进行二次划分。其中次要词分为复合词和次生次要词，而基本词则不包含自由形式，可再分为派生基本词和语素词。叶氏的词类划分重视话语成分（parts of speech），布氏的划分偏重词素功能，而 Quirk 等人（1985：67）的划分目的在于研究短语，他们按照印欧语系奉行的传统范畴把英语词类划分成：1）封闭性词类：介词、代词、限定词、连词、情态动词、主要动词；2）开放性词类：名词、形容词、实义动词、副词；3）数词；4）感叹词；5）还有一些特殊性的词类，如否定助词、不定式标记词等。本书认为，词类指词性，是依据词在句中的语义和语法功能所作的分类。

## 二　现代汉语的词类划分

黎锦熙（1924）最早开始系统研究现代汉语语法，他把现代汉语词类分为5个大类及9个基本类：实体词（名词、代名词），述说词（动词），区别词（形容词、副词），关系词（介词、连词），情态词（助词、叹词）。稍加比对不难发现，其基本类与《马氏文通》相似，只是名称略有改变；其划分方法基本沿用马建忠提出的实词凭借语义，虚词依据功能的原则。

1938 年至 1943 年，我国学界因讨论方言语法涉及普通话语法体系的缺点而引发了一场文法革新大讨论，其中的文章由陈望道（1943）收集成册于《中国文法革新论丛》。关于词类划分，存在三种主要观点：一是方光焘提出"广义形态说"，即"从词与词互相关系上，词与词的结合上也可以认清词性。所谓'关系'，所谓'结合'，都无非是一种广义的形态"，他主张"凭形态而建立范畴，集范畴而成体系"；二是傅东华提出的句中表现说，他认为"单单根据词与词的关系和结合，有时还是靠不住的"，因而"非拿完全的句子做单位不可"，"中国语文不但无狭义形态，也并无广义形态"；三是陈望道的"功能说"，即"字语在组织中活动的能力"，他深信每个词都有功能，功能是词的要素之一，因此可以根据功能分类。限于历史原因，当时各方都没有提出具体的操作标准。

1953 年至 1955 年，就汉语词类问题我国又开展了一场学术讨论，被认为是"文法革新讨论"的继续（范晓，2005）。这次讨论聚焦于汉语词类的原则性问题，即汉语的词能否分类及其分类的标准。讨论的结果是，在汉语的词能否分类的问题上，王力、吕叔湘、胡附、文炼等多数学者形成的肯定论者占了上风；在分类的标准问题上，多数学者取得了相对一致的意见，提出了区分词类的一般标准，即 1）词汇意义（概念的范畴）；2）形态标准（包括构形性质和构词性质）；3）句法标准（词在句中的作用或功能、词的组合等）。总体说来，词类问题的大讨论，为词的分类和归类提供了指导性原则。

之后，学界又陆续形成了一些词类划分较有影响的观点，如朱德熙（1960，1982，1985）、沈家煊（1997，1999，2009）、石定栩（2011）等。朱德熙（同上）主张根据单一的"功能标准"区分词类，坚决反对词义标准，其理由有二：一是词义与词类并不严格对应；二是词义不能明确把握，以词义为标准划分词类无法操作。他认为，划分词类只能根据语法功能，即"词和词之间的结合能力"，"说得准确一点，一个词的语法功能指它能占据的语法位置的总和。要是用现代语言学的术语来说，就是指词的语法分布"（郭熙 2011：16）。持相同或相近观点的学者还有胡裕树（1954）、吕叔湘（1979）、邢福义（1981）、胡明扬（1995）等。

沈家煊（1999：246）注意到，在汉语词类的划分和转类问题上学界采用了两种不同的方法和标准。在划分词类时依靠所谓"广义的形态"，而在确认转类问题上却坚持狭义的形态标准。他认为，以上做法囿于语法研究上的两大困境①（沈家煊，2009）。为了摆脱困境一，沈家煊（1997）提出词类和句法成分的"关联标记模式"，即"词类和句法成分之间是既对应又不对应的关系"。他认为，印欧语和汉语都是这种关联标记模式，只是在有无标记的对立方面，印欧语主要表现在形态标志上，汉语主要表现在分布范围和使用频率上。为摆脱第二个困境，沈家煊（2009）提出了汉语的实词"包含模式"。他认为，印欧语的实词属于"分立模式"（如图1—1所示），即名、动、形是三个独立的类，少有交叉；而汉语里名、动、形三者之间是包含关系，形容词作为一个次类包含在动词类之中，动词作为一个次类包含在名词类之中。汉语的名、动、形都在一个"大圈"实词类中，三者缺乏印欧语那样的独立性。此后，沈家煊（2009，2012，2013，2014，2015a，2015b）又分别从多方面论证了自己的两个假设，形成了较为完整的理论体系。

**图1—1　印欧语和汉语里的名词、动词、形容词**
**（引自沈家煊2009：4）**

石定栩（2011）的词类划分观借鉴了马建忠和乔姆斯基的理论。他认为虚词只有句法功能，在对虚词进一步分类时，就只能以句法功能为根据；而实词的主要功能是表达实在的意义，所以对实词进行分类时，就应该以语义为根据（同上：3—4）。具体操作方面，石定栩（2007，

---

① 困境一：做到"词有定类"就"类无定职"，做到"类有定职"就"词无定类"（胡明扬，1995）；困境二：满足"简约原则"就违背"扩展规约"，满足"扩展规约"就违背"简约原则"（沈家煊，2009）。

2011）根据现代句法理论（Chomsky，1965，1995，1999，2001），提出汉语的"短语入句"概念，即短语可以词组形式出现，也允许其核心成分单独出现，但其句法定位始终由核心词决定；核心成分与短语里的其他成分之间具有"双向选择性限制"作用。据此，他将词的词类地位和句法地位分开处理，词库中的词进入句法结构后可以改变词性，也可以词性不变。就动词而言，可以通过名词化或是名物化而改变句法地位以及句法作用，也便于建立比较可靠的"选择性限制框架"①，并以此来判定某一个短语的核心是动词还是名词。本书支持石定栩的观点。

### 三　古汉语的词类划分

汉语词性研究历时悠久。汉代时期，"语助"就曾得到关注。此后直至清代，历代都有对汉词特性的描述和说明，诸如"实字、虚字"说，"死字、活字"说，"叹辞"说等，多散见于一些私人学术著作和笔记中。其中，清人刘淇的《助字辨略》和王引之的《经传释词》是对词类问题认识的成就代表。但这些研究主要侧重于虚词，对实词却鲜有提及，即使触及也只是从词义平面去解说，很少从语法平面去探讨。而且，以往研究对所用术语往往不予定义，因而大都缺乏规范性和统一性。最早将汉词研究提升到现代语言学水准的当属《马氏文通》。

李佐丰（2002：336—343）发掘梳理了马建忠（1898）构建的古汉语完整的语法体系，他认为马建忠基于语法学的观念，把字（词）作为体系的基本元素，围绕元素之间的词类关系和句法成分关系构建起古汉语的完整语法体系，其中包括前人几无涉猎的"实词的语法类别和句法成分"。即便是对虚词的研究，马建忠也突破了词汇意义樊篱，经常从语法意义（句法功能）的这一现代句法角度来揭示虚词，并建立起介、连、助、叹四类构成的虚词范畴，这远远高于王引之依据"因声求义"等语音系统对虚词的分类。

现代不少学者也都对古汉语词类划分做出了贡献，如：许嘉璐（1984）、许威汉（2002）、姚振武（2003）、李佐丰（2003）等。姚振武

---

① 近似于方光焘的广义形态论，其原理为 Bloomfield（1926）提出的"结构中的每一个位置只能被一定的形式填充"。

（2003）认为："划界"是汉语词类研究中的老大难问题，例如复合词与词组的分界，某些不及物动词与形容词的分界，等等，都是比较棘手的事（同上：前言）。许威汉（2002）发现高频的"词类活用"现象严重制约着词的分类、归类和兼类的处理。李佐丰（2003）基于对先秦汉语词语所蕴含的"整体性""变异性"及"模糊性"三个特性发掘，借鉴现代词语划类的功能标准，以及区分操作中对"常态和变态"及"数量和质量"两个相关问题的把控，令人较为信服地划分出先秦汉语的"动、形、名、时间、方位、数词、量词、代词等实词体系"（同上：1—9）。

古汉语的词类划分，我们结合马建忠（1898）和石定栩（2011）的观点，遵循实词划分凭语义、虚词划分靠功能及"短语入句"等观点。

## 第三节　名词范畴及其成员

### 一　两种范畴观及其对词类划分的影响

范畴化有三个代表性理论：经典范畴化理论、家族相似性理论和原型范畴理论。由于后两者精神基本一致，常被统称为原型范畴理论（刘正光，2006：12）。经典范畴理论在哲学、心理学、结构语言学和生成语言学等领域一直处于主导地位，其主要理论原则是：1）范畴由一组必要条件和充分条件/特征来定义；2）特征是二分的，某一范畴具有或没有某一特征泾渭分明；3）范畴间的分界线是明确的；4）范畴内部所有成员的地位相等。这种根据共有特征而概括出来的范畴就是特征范畴（feature-based category）（袁毓林，1995：157）。原型范畴化理论是在维特根斯坦提出的"家族相似性"理论基础上发展起来的，其主要理论原则包括：1）范畴成员之间有典型成员和边缘成员之分；2）范畴的边界是模糊的；3）范畴与范畴之间是一个连续统（刘正光，2006：12—15）。Taylor（1995：38—80）将两大理论的区别归纳为：首先，在范畴的界定上，范畴是以非此即彼的本质特征为标准还是以具有隶属度的属性为标准，是以充分必要条件为依据还是以具有最佳尺度的原型为依据，是客观存在的，还是主观认定的；其次，与范畴的界定相联系，两者在范畴成员的地位认识上存在截然分歧；最后，两家理论对范畴界限的认识彼此对立，前者认为，一个范畴一旦划定，事物与范畴之间的关系具有非此即彼性，不存在任何模糊可言。

受经典范畴理论影响，传统词类理论在分类标准上，严格区分"语法性质"和"语法特征"。词类的语法特征指"仅为此类词所有而为他类词所无的语法性质，即指这个词类所以区别于其他词类的个性"（朱德熙等，1961/1980：204）。一种事物要么隶属于某个范畴，要么不属于该范畴，而成员与范畴之间的隶属度问题则根本不存在。认知语法主张原型范畴①理论，对词类问题具有不同认识。袁毓林（1995，2000）认为，汉语词类是一个"原型范畴"，是人们根据词与词之间在分布上的家族相似性而聚集成类的。属于同一词类的词有典型成员和非典型成员之别，典型成员是一类词的原型，是非典型成员归类时的参照标准（2000：2）。其典型成员在分布上往往共有一组分布特征，可以通过典型成员的分布特征来给词分类和给不同的词类下定义。但是，不同词类的典型成员在分布上的差别比较明显，不同词类的非典型成员在分布上的差别比较模糊，这造成了汉语的词可以分类但又难以分类的复杂局面（袁毓林，1995：154）。

## 二 名词范畴及其成员

### （一）名家观点

Jespersen（1924：81—91）较早指出传统语法关于"名词"定义的局限性，他认为名词不是仅仅"表示物质（人或物）"。叶氏（1924：44—45）认为，名词范畴应当涵盖各种派生名词，其中包括：1）动转名词，绑缚（bind：binding），行动（act：action），拒绝（refuse：refusal），等等；2）形转名词，如：仁慈（Kind：kindness），错误（false：false-hood），安全（safe：safety），等等。他还注意到动转名词存在指称自身和指称施事的区别。叶氏（1933）认为，词是语言单位，必须寻求语法（句法）标准予以解决。词语会随着语言的历史发展而发生变化，原先的两个词完全有可能合为一个词，合成词中的两个成分之间的结合关系变得不如先前那么紧密，词的单位转为松散的组合词。词的确认跟连贯的

---

① Taylor（1989：173—221）在讨论语法范畴的原型性时，将名词的原型特征具体归纳为：离散的、有形的和占有三维空间的实体 > 非空间领域的实体 > 集体实体 > 抽象实体。

话语存有依赖关系（同上：108—112）。

Halliday（1994/2000：28—29）对词类的探讨使用了"类别"（class）一词，他认为，所谓类别就是在某一方面呈现相似性的一组项目，而这些项目不限于词语，词组或短语或小句，抑或下位的词素，都可能构成一种类别。词类划分，源自传统印欧语言研究的"句子成分"①分析。韩礼德认为，英语中的名词词类的定义通常需要基于语法和语义两方面的考量，有的语法特征具有明显的标识作用，有的则没有。名词在语法上有以下特征：1）有可数和不可数之分，可数的名词分单数和复数，复数名词需要后缀"–s"；2）有属格形式，通过加后缀"–'s"或"–s'"构成；3）可以受限定词 the 的前置修饰；4）可以充当小句主语等。在语义方面，名词表示一个人，或者其他有生命的物体，或者无生命的物体，或者抽象概念等。如果说一个词是名词，那就意味着这个词具备以上特性，或者大多数特性，英语如此，其他语言也大致如此。韩氏（同上：189—190）认为，名词短语的语义核心为"物质"名词，包括普通名词、专有名词和代词（人称）。其中，人称代词和专名一样，它们的指称都是独有的，代词的意义由言语情景而定，专名则由经验来定，两者都不带名词性修饰成分。但普通名词不一样，正如该术语本身的含义一样，指称一个普通的类属，因而需要指示词或其他成分的修饰。它们命名人、其他生命体、物体，集体或机构，同时还有以语法隐喻形式呈现的形容词或动词所表达的品质或过程或关系的现象。这些现象不是通常意义上的词类范畴中的典型成员。名词所指的物质可以分为两个语义范畴：离散的也就是可数的，体现为"可数名词"，还有连续的因而也是不可数的，体现为"不可数名词"。

基本的语法范畴是否可以凭借意义进行界定这是个根本性的问题。Langacker（2008：93—97）对此予以了肯定性论证，并且赋予了名词和动词两大范畴以新义，对其他词类范畴也作出尝试性的解读。首先，兰

---

① 韩氏认为，"词类"（parts of speech）实际上是希腊语"meroi logou"以及拉丁语"partes orationis"的误译，其本义应该是"句子成分"。"句子成分"论开始于柏拉图甚至更早时候，不是指类别，而是指功能，后来被解释成词类图式，建立在古希腊语中词汇所具有的曲折变化基础之上。

氏的断言是基于概念描述的图式层面，而不是普通的原型层面。基本范畴的核心成员或典型成员可以通过概念界定现在已经被广泛接受，如原型名词一般是指那些物理客体的命名，如：汽车、狗等；原型动词指称动作和事件，如：跑、击打等；原型形容词指称特性，如：高、勤奋等。词类的所有成员都以图式定义的可能性还远没有证实，比如名词范畴，图式界定必须涵盖物理实体以及大量异质的同样被称为名词的实体，如空气、美丽、轨道、爆炸和哲学等。与传统的权威标准相反，认知语法声称这种界定事实上是可以成立的。

Croft（2001）曾提出以构式而非范畴作为语言结构的基本单位。兰盖克（2008）认为，事关语法范畴的关键之处是如何将他们与语法构式关联起来。一种语言中的每一个构式都形成一个范畴，尤其是那种自身的基本元素正是由这些构式构成的语言。从这一角度出发，似乎没有必要划分针对传统词性意义上的一般词类（同上：96—97）。兰氏（1987：147—243）认为，名词表示物质，即勾勒某个认知域中的一个子域。名词的原型是物体，其最高图式是"物质"（thing）。名词的原型特征是空间性、物质性、连续性，这些特征抽象地反映于名词图式，分别对应于"认知域""实体""相互联系"三个概念。

（二）汉语名词的语法特征和类型

大量学者探讨了汉语名词的语法特征，有影响的有胡裕树（2001）、张斌（2002）、黄伯荣和李炜（2006）、袁毓林（2009）等。这些特征可以总体概括为：1）句中常作主语、宾语及介词的宾语；2）可以接受数量短语的修饰；3）可以接受形容词、名词的修饰；4）可以后附"的"构成"的"字结构；5）可以后附方位名词作介词的宾语；6）一般不能作谓语、状语、补语等；7）一般不能重叠，不能带复数标记；8）不能用否定词"不"修饰。

此外，张伯江（1994）用原型范畴理论考察了词类和句法成分之间的对应关系。文中指出典型的词类有其基本的意义和形式表现，如名词表示事物，具有空间性特征，可以受名量词修饰；动词表示动作，具有时间性特征，后面可以带时体成分。而词类内部的典型成员在功能上表现出较强的稳定性，非典型成员则可能偏离基本功能，表现出一定的游移性。典型词类实现基本功能时，跟句法成分是对应的；而偏离基本功能时总要丧失一些特点，并非没有改变性质。

刘月华等（2001）概括了名词的类型，他们认为名词表示人或事物（包括空间、方位、时间），名词可以分为以下四个小类：1）普通名词；2）专有名词；3）集体名词；4）抽象名词（同上：34）。不过，他们把表示时间、空间、方位的名词称为方位词，强调其特殊功能。

### 三   古汉语的名词家族

词类划分困难重重，古汉语也不例外。马建忠（1898）使用"字类"表示"词类"，并将古汉语词语分成九类，这只是解决了"字"类中具有确定性的一部分，正如他所指出，实际使用中还有大量不确定的词语，对待这些词语的处理办法，他主张"故字类者，亦类其义焉耳"，"义不同而其类亦别焉"，即"字无定类"。

这些不确定性主要是由于古汉语中的词类活用和词语兼类所致。词类活用，俞樾《古书疑义举例》已有涉略，但正式提出应最早见于陈承泽（1922）的《国文法草创》。陈承泽（1922）对马建忠的"字无定类"说持反对意见，主张在词类上应对"本用"和"活用"加以分别，并对各类词的活用情况作出深入研究，总结出许多规律，为后续研究奠定了基础。但在实际研究中，词类活用常常与词类兼用现象纠葛在一起。兼类指一个词同时兼具若干类词的语法功能和语义内涵，一个兼类词所具有的若干类词的特性往往被视为它自身所固有的，是词类的本用，可以脱离具体的语境而存在，有较长的生命力。因此，这就涉及词类活用与词类兼用的判定问题[①]。目前考察两者区别的主要依据是使用频率，即结合特定的社会历史和特定的语言环境，对同一时期的语法现象进行综合分析比较以形成结论，但其信度和效度取决于很多因素。

许威汉（2002）不承认动转名或形转名词，他认为"动词、形容词、数量词"都能充当主语，甚至指出"实词都能充当句子成分，读者更可闻一知十"（同上：34）。他列举了大量动词、形容作句子主语、宾语的情形，他将这种现象归为动词、形容词"在意义上表示动作行为和性质状态的名称，具有事物性"（同上：36）。郭锡良（2007：6—8）也认为，

---

① 活用和兼类历来难以划别，可参看陆俭明（1994）、郭锡良（2007）、张文国（2011），等等。

"以先秦口语为基础而进行加工的文言文的词类划分基本上是与现代汉语一致的"，先秦汉语的词类可以分为"名词、动词、形容词、数词、代词、副词、介词、连词、语气词、叹词"等 10 类。但在具体操作上，郭锡良也带有一定妥协性，他认为，在古代汉语中，"形容词、动词一般不用作主语、宾语"，"也不用作定语"（同上：8）。这无疑把马建忠所说的"假借动字"和"假借状字"都排除在名词范畴之外了。

我们认同马建忠的观点。所谓名词主要是指称人和事物，除了指具体的人和事物的名称之外，名词也可以表示一些抽象的概念、品质和关系。马建忠（1898）的名词定义已经体现上述观念，他指出"凡实字以名一切事物者，曰名字，省曰名。所谓'事物'即凡目所见，耳所闻，口所尝，鼻所嗅，四肢所触，与夫心之所志，意之所感，举凡别声，天嗅，苟可以语言称之者，无非事也，无非名也"（同上：20）。该定义可以涵盖各种表示人、物、事、现象、体验、感应等实体的名称的词，也可以包括其他词类转化而来的名词，如"假借动字""假借状字"等（同上：33—34）。

## 第四节　名物化的实质

### 一　名物化的缘起

1954 年我国颁布了《暂拟汉语教学语法系统》，其中第 12 部分"动词和形容词的特殊用法"中讨论了以下三种情形：

（1）分析是必要的。
　　我们重视分析。
　　诚实才好。
　　他喜欢清净。
（2）他的来使大家很高兴。
　　狐狸的狡猾是很出名的。
（3）作品分析是文学教学的重要内容。

该系统认为：由于三例中标记着重号的词语在意义上"不表示实在的行

动或性状,而是把行动或性状作为一种事物";而且在句法中"用作主语或宾语,而这些成分是常用名词或代词来表示的",在进一步分析的基础上,从语法特点着眼,"把例(1)和(2)、(3)区别开来。(1)里的动词、形容词保留着全部的语法特点,所以只是动词、形容词的特殊用法,没有更多的变化;例(2)、(3)里动词、形容词失去了动词、形容词的特点(或一部分特点),取得了名词的一个特点,我们称为动词和形容词的名物化用法"(张志公,1955/1957:17—18)。

动词、形容词作主宾语的时候,或既当主宾语又受定语修饰的时候,与作其他成分的时候相比,其性质会发生变化,这是"自《马氏文通》、《新著国语文法》以来许多语法书的共同主张"(朱德熙等,1961/1980:193)。这种语法现象汉语界曾冠以多种名称①,其中"名物化"一说影响最大,朱德熙等(1961)将各种命名总括为"名物化论",并从概念范畴、语法性质和语法特征、词类与句法成分的对应等方面予以了彻底反驳。之后这一主题遭受冷落,暂且闲置。

## 二 名物化的思辨

进入 20 世纪 80 年代后,"名物化"问题得到了新一轮的探讨。名物化支持方主要持有如下理据:1)"向心结构"论,如:施关淦(1981,1988)认为 Bloomfield 的向心结构理论适用于汉语,他利用向心结构的中心语与结构整体的词性一致性原理论证了主、宾语位置和定语后面位置的动词、形容词已经发生了名词化或名物化。持类似观点的还有陈宁萍(1987)、史有为(1996)等。2)"DP 假说"论,如:程工(1999)借助 Abney(1987)的"DP 假说"分析了"NP 的 VP"结构,认为汉语中的功能语类,即指别词、数词和量词,跟英语冠词一样具有名词性,并且可以投射到它们所带的补足语,因此将这一结构所呈现的名词性归因于功能语类所带名词性的投射。这种观点得到了司富珍(2002,2004)、陆俭明(2003)等不同程度的支持。3)现代句法论,如:杨成凯

---

① 这些名称包括:"转成"名词(黎锦熙,1955),"当名词用"(同上,1992:66),"就是名词"(黎锦熙、刘世儒,1960:7),"名词化"(史振晔,1960:423),"事物化"(龙果夫,1958)或"名物化"(张志公,1955/1957:17—18),等等。

（1991a，b）不赞同朱德熙的观点，认为动词作主宾语不是汉语的语法特点，他将"这本书的出版"中的"出版"分析为"非谓语形式"，下分两种情况，一是只能带定语，二是只能带状语，其中前者的语义明显向名词转化，完全可以归入抽象名词，即便后者也具有不同程度的名词性。胡明扬（1995，2000）持相近观点，将上述结构中的"出版"视为"动名词"。4）功能语法，如：张伯江（1993）也认为主宾语位置上及定语成分后的动词、形容词取得了名词的部分性质，理据为它们都不能带趋向补语、动量补语及时间副词等汉语里表示时态意义的语法手段，因而认为这些动词、形容词丧失了谓词的部分性质。

名物化反对派主要有朱德熙（1983）、项梦冰（1991）和郭锐（2002）等。朱德熙（1983）对名词化也表示了一定程度的认可，承认"动词和形容词本身可以作主语或宾语，也可以名词化后作主宾语"，但坚持认为"凡是真正的名词化都有实在的形式标记"。项梦冰（1991）和郭锐（2002）都对此予以了支持。

许多折中派实质上对名物化持默认态度，如：李宇明（1986）拒绝名词化，但他提出的"语法位"理论，强调位置在句子中的强制作用，认为谓词处于主宾位即被赋予"指称性及定位组合性"。邢福义（2003）也不明确态度，但他在"句子管控中动形词性的变异论"中概括出动词形容词的两种变异，一是动词、形容词有时向名词"有所依靠，出现了指称化的现象"，二是形容词有时向动词"有所依靠，出现了动态化的现象"。胡裕树、范晓（1994）的观点更加委婉，他们提出的"三个平面论"认为，汉语中名物化与名词化没有对应关系，动词、形容词在句法平面的名词化在语义平面必然导致名物化，但它们在语义平面的名物化却未必形成名词化。沈家煊（1999）也是在调和，他提出的"关联标记模式"认为，汉语中主宾位上的动词、形容词都属有标记用法，自身特性受到一定限制，表现出一定的名词化倾向；但主宾位置上动词、形容词名词化的提法虽然解决了"类有定职"问题，但引发了"词无定类"。

有关汉语名词化的研究，20 世纪 90 年代以后学者们的视野和路向都有所拓宽。张伯江（1994）率先关注了名词活用为动词的现象，他主要分析了名词的稳定性与生命度、典型性及无指性等因素之间的关联，认为名词的稳定性表现为空间特征，当其空间意义丧失而时间意义不断增强时，就容易发生向动词"游移"现象。他构建了一个从典型名词到典型动词之间的过渡等级，认为等级之间可以左右游移，相邻项目的距离越近越容易。姚振武（1996）借用亚里士多德的范畴说解释了汉语谓词成分名词化后所发生的由陈述向指称的功能转变，他指出，10 个范畴中"本体"占有特殊地位，其他范畴都是其"属性"，都只能存在于本体中。利用属性指称本体，在汉语里主要靠谓词性成分的名词化来实现，形式标记的添加与否不是必要条件。王冬梅（2001/2010，2004）就汉语动词与名词两大词类之间的互转进行了认知研究，发现两者在互转方面存在诸多不对称性，并认为这种不对称性源自动词和名词在概念意义上的不对称性。高航（2007/2009）利用认知语法理论对汉语中名动之间的互转现象进行了考察，发现概念物化是动词名化的根本，名词化在光杆动词、短语动词及限定小句等各级概念组织层面上都可以发生，而名词化后的转指频率高低与其原先概念自主程度有关。吴怀成（2012）对汉语动词名词化的关注也是多级概念层面，他认为，发生物化事件指称化的双音节动词完全脱离了动词范畴，可以认定为事件名词。对汉语的词语转类研究采用跨语言对比也逐渐成为一种路向，如 Tai 和 Chen（1995）考察了汉、朝、日三种语言中的名词转类为动词的现象，结论为东亚语言中的名转动不如英语广泛；周领顺（2000）比较了英汉语言中的各种词语转类情形，发现汉语不仅在动词和名词之间互相转化，其他词类的转类现象也比英语广泛，两种语言都将转类作为人们追求语效的修辞手法；张高远（2008）以认知语言学理论对比研究了英汉两种语言中的名词化现象，发现英汉语名词化在类别和转化机制上共性大于差异，名词化模式基本相同，其差异处主要体现在形态特征和其他显性形式上。

不难发现，汉语的动词名化研究取得的共识越来越多，至少学界已经普遍接受动词形容词在主宾语位置上发生了语用上的指称化，语义上的名物化也基本上得以认可，只是句法上的名词化似乎还有所顾忌。

### 三　名物化的实质

名物化，作为一种语言现象并非新生事物。国内学者马建忠（1898）曾将"假借动字"和"假借状字"归纳为"名字"范畴成员，撇开"活用"或"兼类"不谈，至少已经认同这些特殊的"动字"和"状字"全部或部分具有名词的语法特征，在句中享有部分或全部名词的句法地位。国外学者 Jespersen（1924）所描述的名词范畴成员中也列出"动转名词"和"形转名词"，他还注意到动转名词存在两种情形，一种意义没有变化，另一种发生指称转移。其实这和朱德熙（1983）提出的谓词名词化后发生的"自指"和"转指"非常相似。这些研究说明，名物化古今中外一直存在，无可回避。

（一）张志公的"事物化"与 Langacker 的"物化"

张志公（1955）对名物化的认定极其谨慎，他当时列出三种"把行动或性状作为一种事物"的情形，第一类是动词形容词用于主宾语位置，他直接将其排除在名词化之外，连名物化都不承认。第二类是"的"字用于主谓结构之间，第三类是动宾短语的宾语前置，两者都属于定中结构，他把这两种结构中的动词、形容词视为名物化。张志公（1957）对名词所下定义为表示"人、事物、人或事物间的关系"，后两种用法可以涵盖在"人或事物的关系"范畴下。邢福义（2003）将其概括为向名词"有所依靠，出现了指称化的现象"，胡裕树、范晓（1994）认为是在语义上"事物化"了。

认知语法可以对张志公的"事物化"及"名物化"观点形成理论支撑。Langacker（1987）将名词定义为事物（thing），认为名词是作为一般认知能力的概念物化（conceptual reification）的产物，除了物理实体以外，抽象实体（如思想、感情）也被概念化为事物，并用名词来指称。而且，概念物化同样适用于活动或事件。

显然，认知语法的"概念物化"比"事物化""名物化"更加贴近人类的认知规律。至于名词化，认知语法认为，动词把所描写的事件勾画为过程，概念化主体对过程中的各个成分状态进行顺序扫描（sequential scanning），而与其对应的名词化是对过程中的成分状态进行总体扫描（summary scanning），并物化为一个整体。动词的语义结构勾画一个在时间中分布的过程，名词化形式的语义结构是对一个过程的各个成分状态进行总体扫描和概念物化的结果，动词语义结构中存在的潜在区域在一个更高的概念组织层面上得到勾画。

（二）朱德熙的"转指"与 Langacker 的"转喻"

朱德熙（1961，1983，1990）承认汉语中有形式标记的名词化。他（1983：16）认为，从语义角度看，谓词性成分的名词化有两种。第一种是单纯词类转化，语义保持不变，即"名词化造成的名词性成分与原来的谓词性成分所指相同"，可以称为"自指"；第二种除了词类的转化外，词义也发生明显的变化，即"名词化造成的名词性成分与原来的谓词性成分所指不同"，可以称为"转指"。他根据"汉语缺乏表示自指意义的名词后缀"，进而推断"汉语的动词和形容词本身就能充任主宾语"，但不承认发生了自指名词化。他指出"现代汉语句法平面上名词化的主要手段是在谓词性成分后头加'的'"，这种手段既可以"表示转指意义"，也可以"表示自指意义"（同上：17）。他重点考察了"VP 的"转指施事、受事、与事、工具等情形。

Langacker（1991：23）认为，名词化是一个极其复杂的现象，可以从语义、形态和句法多个方面进行研究。从语义结构方面来看，概念化主体能够选择动词语义结构的不同方面进行物化和凸化，由此产生不同类型的名词化。认知语法把名词化区分为两大类。第一类是把动词所表示的过程识解为一个事物并凸化该事物，即概念物化；第二类是把动词的凸化转向其语义结构中的一个名词性实体，即概念转喻。Langacker 的这一区分基本对应朱德熙（1983）提出的自指和转指，即概念物化对应谓词自指名词化，而概念转喻对应谓词转指。当然，朱德熙的谓词自指也对应于张志公的名物化，只是他只承认带形式标记的自指。

（三）朱德熙的"谓词指称化"与 Halliday 的"级阶转移"

朱德熙（1961，1983，1990）反对"名物化""名词化"，认为谓词性成分"原本就包括充当宾语，并不需要改变句法地位"；而有形式标记的谓词性成分，如"VP 的"，其功能就由"原来表示陈述"转化为"表示指称"。这一意见现在已经成为"主流理论"（石定栩，2009：493）。后来朱德熙进一步将充当主宾语的谓词性成分划为两类，并给出了相应的判断方式。简单地说，一类是可以用"什么"来提问的谓词性成分，已经"事物化"了，成了"指称"的对象；另一类可以用"怎么样"来提问，没有"事物化"，仍然是"对于动作、行为、性质、状态的陈述"（朱德熙1982：101）。按照胡裕树、范晓（1994）的观点，"名词化"属于句法平面，"名物化"属于语义平面，而"指称化"应属于语用平面。朱德熙承认汉语中的"指称化"，对"名物化"的态度后来有所转变，但依然排斥"名词化"。

Halliday（1994：352）提出语法隐喻框架揭示名词化。他将语言表达分为一致式和隐喻式，前者包含了"级的一致性"（congruence in rank）和"性状的一致性"（congruence in status），后者不仅包括语法结构的变异，也包括一些词汇的变异，是一个概念在词汇语法层面上相对于一致式而言的另类体现形式，其中名词化是词汇语法层面上语法隐喻的实现方式之一。功能语法认为，名词化是通过把小句变为名词或名词短语（级阶下降）从而使表过程的动词或表属性的形容词具有名词特性。名词化在三个不同语言层级上体现其功能：小句内部的整合功能、语篇功能及语类功能。功能学派拓宽了名词化研究范围，指出小句的各个成分均可能实现名词化，除了通常用动词体现的"过程"和用形容词体现的"特征"的两种情形外，还把小句的情态等范畴的表征也纳入名词化的范围（Matthiessen，1995：678—80）。

（四）朱德熙的"添加词项"与 Chomsky 的"直接入库"

汉语的词类和句法成分的关系历来是语法研究的难题，其症结在于汉语的词在形态不变的情况下可以充任多种句法成分，由此造成词类和句法成分之间的"缝隙"。为了解决两者之间的缝隙，历代学者都付出了不懈的努力，采取的方法大致可以概括为两类：一是"变词性"，二是"增功能"（郭锐，2002：13—17）。"变词性"就是把词类同句法成分对应起来，认为一个词在性质不同的句法位置上呈现出不同词性，如马建忠（1898）提出的"字类假借"，陈承泽（1922）、金兆梓（1922）各自提出的"词类活用"，黎锦熙（1924）提出的"依句辨品"，以及中学汉语编辑室（1956）提出的"名物化"理论。"增功能"的方法认为，只要一个词的词义不变，即便放在不同的句法位置仍然属于同一词类，即词类不变，功能增加。郭锐认为，方光焘（1942）提出的"广义形态说"、吕叔湘和朱德熙（1951）提出的"词义不变词类不变"以及后期朱德熙的"词类多功能"等都属后者。

其实，无论"变词性"还是"增功能"，对于没有形态变化的汉语来说都无法回避词语的"兼类"问题。朱德熙（1982）认为，"兼类问题跟我们如何分析词义有关系"，他将一个词出现"意义区别明显""语法功能对立"的两种情形看成两个不同的词，即"添加词项"，比如"锁""死"都可分别看作两个词，前者理由是"有时指东西，有时指动作"，后者"有时是失去生命的意思，有时是不活动、不灵活的意思"（同上：38—39）。朱德熙将严格意义上的"动词性主宾语"分为两类，分别由名词化和名物化过程派生而来，这在一定程度上继承了形式句法的一贯做法。

Chomsky（1970）在分析名词化时将动词性成分派生而来的名词性成分划分为派生名词（derived nominals）、动名词（gerundive nominals）以及处于中间状态的混合形式（mixed forms）三种情形。乔姆斯基发现，派生名词，如 eagerness, refusal 及 destruction，基本上保留了原来动词的意义，而且语义上仍然维持和施事、受事、工具等名词性成分的密切关系。不过，这些词的功能已经发生了变化，不但形态上是名词，而且句法上只能充当名词短语的核心，所以相关的施事、受事、工具等成分也必须改变句法地位，以其他方式进入名词短语，形成 Bill's refusal of the proposal 之类的复杂名词短语。动名词是动词在句法过程中通过转换带上后缀－ing 而形成的，如 destroying, refusing, accepting 之类。动名词本质上仍然是动词，以其为核心的短语保留了动词短语的基本结构，其"域内论元"仍然出现在宾语位置上，但"域外论元"只能以领有者短语的形式出现，形成 John's accepting the proposal with some reservation 之类的动名词短语。因此，乔氏将派生名词直接看成词库的一部分，即"直接入库"，应该在 morpho-syntax 阶段就已经完成了派生过程；动名词则以动词身份出现在词库里，进入句法阶段后才通过运算过程取得动名词的地位，并发挥相应的作用。

撇开一些技术上的细节不计，汉语充当主语、宾语的动词性成分中，名词化的动词应该相当于英语中的派生名词，而名物化的动词大致上相当于动名词。

（五）一词多义的形态挑战

汉语语法界对派生名词的常用表达式有"名物化""名词化"和"指称化"。一般而言，"名词化"基于构词平面或句法平面，"名物化"属于"语义平面"，而"指称化"基本上属于语用概念（胡裕树、范晓

1994，郭锐 2002，石定栩 2011）。上述三者之间的关系可以明确表述为：指称化＞名物化＞名词化，即名词化蕴含名物化，名物化蕴含指称化，即朱德熙所用的术语"谓词指称化"可以总括上述各种现象。

　　Quirk 等（1985）认为传统英语语法术语"动名词"和"现在分词"并不能真正说明由名词到动词这一序列的渐变过程，因而主张避开这种简单的二分法，另寻对 V－ing 结构动名特性"消张过程"更为理想的描述。我们认为，人们对谓词成分指称化的认识存在差异，其根本原因在于一词多义。正是一词多义，或者说一词多用，才引发了调和词类和句法成分对应上的"变词性"和"增功能"这种方法之争。比较而言，"增功能"，抹杀了不同句法位置的语法功能，也不利于了解和掌握词的功能和使用；"变词性"利大于弊，"一词多类"并不等于"词无定类"。我们常说"教学有法，但无定法"，同样我们也可以说"词有定类，但非一类"。无可否认，不少情形下的词语变类属于临时活用，可能跟语境甚至话语人的意图有关，但如果使用范围的普遍性以及使用寿命的持久性都足够强大的话，词语的这种特性是不应视而不见的。况且，一词多义，是人们心理或认知的天性，即便形态丰富的语言也无从避免，添加词缀获得的派生名词照样发展出兼类用法，跟汉语一样零形态变化的兼类词也大有存在，这都说明词类并非由个人的主观意志所决定，而是受社会及其习俗演变的制约和影响。

### 四　古汉语中的名物化

　　如前所述，古汉语中存在名物化，其表现形式除"假借动字""假借状字"外，还有"词义引申""词类活用""词语兼类"等。这些术语之间彼此存在一定交叉，有待厘清。首先，"假借动字"和"假借状字"是指古汉语名词范畴成员的两个来源，也是指动词和形容词在特定语言环境中发生的名物化现象。这些动词和形容词也可能以短语形式出现，它们在句中的名物化存在程度差别。其次，"词义引申"和"词类活用"其实是"同一个问题的两个方面：从语法角度看，是词类活用；从语义角度看，是词义引申"（张文国，2011：72）。"词类活用"一般指其他实词活用作动词，公认的有"名、形、数、代用作动词四类"（同上）。沈祥源（1988：255—263）认为，词类活用包括"动词用作名词"。我们认为，词义引申未必导致词类活用，也可以在词性不变的情况下发生，本研究主要关注词义引申所引起的词义泛化以及对此行变化造成的影响。关于"词语活用"，我们认同沈祥源的观点，应该不限于实词的动词化，至少应该包括动词和形容词的名词化。另外，"词类活用"和"词语兼类"属于同一类现象，区别只在于词性变化的固着程度，前者出现频率较低，语境依赖性高，后者得到更多认可。"兼类"意味着词语获得了"词义有明显的变化"，是"词义引申发展的结果"（郭锡良，2007：7）。因而，人们对待兼类往往持谨慎态度，如陈承泽主张"各字应归入之字类，必从其本用定之，而不从其活用定之"（1924：18—21），对后世影响很大。我们更认同马建忠的"假借"说，认为词性或词类的认定应该基于语用，词性变化应该以语言事实为根据。

综上，我们认为，古汉语中的名物化是指所有语言表达式在实际使用中其名词属性获得增强的现象，它不仅包括非名词的名词化，也包括名词语义的抽象化引申。限于篇幅，本书重点关注《荀子》中动词、形容词的名词化现象，拟考察五种情形：1）"之"字结构中的名词化；2）"其"字结构中的名词化；3）"者"字结构中的名词化；4）"所"字结构中的名词化；5）无形式标记的动词、形容词名词化。

# 第二章

# 本书研究的理论框架

## 第一节　本书研究的理论视角

### 一　非范畴化

范畴化（categorization），可以从一般意义和语言学意义两方面进行区分，我们关注后者。克里斯特尔（2000：51—52，沈家煊译）认为，范畴化在语言学层面上是指"确立一组用于语言描写的分类单位或特性，它们的基本分布相同，并在语言中始终以一个结构单位出现。在语言演变过程中，一个单位的所属范畴可能发生变化"（重新范畴化）。该定义至少说明范畴化具有以下特征：1）语言是最大的一个范畴，其他关于语言某一方面或属性所形成的类别都属于该范畴的下属范畴；2）任何一个范畴都有一定数量的成员组成，这些成员之间具有共性，它们一起构成一个范畴；3）语言范畴是一个层级网络结构，范畴之间存在多种逻辑关系，其中包括上下级关系、并列关系以及交叉关系；4）由于语言总体的演变性，有关语言的任何范畴都具有动态发展性。

词类本身构成一个原型范畴，名词和动词是其中的典型成员，位于连续体的两端，其他词类位于连续体的中间。Croft（1990，2003）提出，形容词也是重要成员，他在结合 Jakobson 的标记理论和原型范畴化理论成果的基础上，总结出原型意义上的名词、动词和形容词具有如表 2—1 所示的"自然"（nature）对应关系：

表2—1　　　　名词、动词、形容词与语篇和语义的对应关系

| 句法范畴 | 语篇功能 | 语义类型 |
| --- | --- | --- |
| 名词 | 指称 | （物理）物体 |
| 动词 | 谓词 | （物理）行为 |
| 形容词 | 修饰语 | （物理）特征 |

范畴成员的范畴属性由它所具有的原型属性或特征（prototypicality）的数量来决定。Company（2002）指出，语言中的任何范畴都构成一个具有原型效果的连续体，语言实体离典型成员的距离越远，它与典型成员的句法和语义相似性就越低，并开始获得其他范畴的特征；换言之，边缘成员逐渐远离原型，范畴归属越来越模糊，并开始进入范畴特征的消失过程。Ramat（1999）在 Pullen 所给的范畴定义①的基础上提出，不同的范畴可能会具有相同的特征，范畴成员有可能跨越自己的范畴或者说重新范畴化，比如：世界上许多语言中，表示人体部位的名词能够转化为介词（adposition），名词能够转化为分类量词等。

　　上文所说"重新范畴化"，是相对于即将出现的新范畴而言，如果就其原先所属范畴而言，其实就是非范畴化（decategorization）。刘正光（2006）认为，非范畴化不但是语言变化与发展的重要途径，更是人类的一种重要认识方式。非范畴化起初是指，词类（主要是名词和动词）在一定的语篇条件下脱离其基本语义与句法特征的过程，在语法化研究中被视为实词虚化的重要原则，可从共时和历时两方面研究（Hopper 和 Thompson，1984）。刘正光扩大了非范畴化的客体外延，将其修订为"在一定条件下范畴成员逐渐失去范畴特征的过程"（同上：61）。非范畴化处于从一个范畴向另一个范畴转换的中间环节，相对于原范畴来说，它是非范畴化；相对于新范畴而言，又是重新范畴化；如果新范畴只是原来范畴的下属范畴，它就是次范畴化。范畴之间的转换不是突变的，非范畴化是一个渐变的过程，是一个连续统。

　　非范畴化与范畴化，历时性地看，两者构成一对矛盾的两个对立面，

① Pullen（1994：478）认为，范畴是分类的普遍结构（Scheme）中的类。他认为，范畴化在原型范例的范畴化过程中至少还包含一组实施的原则或条件。

彼此对立统一，共同形成一个完整的发展过程。如果说范畴化是寻求共性的过程，那么非范畴化则是寻求个性的过程。既然范畴化是一个过程，就应该有起点、中间状态和终点。更重要的是，范畴化的过程应该是动态的、不断发展的，只有这样才符合认识不断向前发展的客观规律。

### 二　词汇化和语法化

语言系统的动态性在语言的各个层面都有体现，范畴化、次范畴化、非范畴化及重新范畴化无时无刻不在发生。其中词汇化和语法化就是语言形式或语法单位在历史发展过程中其语义和句法功能获得相对稳定的两种表现形式，两者之间既有联系又有区别，都是历史语言学或语言类型学近年来关注的热点现象。

Kastovsky（1982：164—165）将词汇化定义为"一个词的构词法或句法构式整合成带有语义或形式特征的词库，这些语义或形式特征并不能完全从其构成成分或者构词法模式中派生或者推断出来"。Lipka（1990/2002：111）所给定义为"该现象指曾经被杜撰的复杂词项倾向于变成一个单一的完全词汇单位，即一个简单词位。通过这一过程，它或多或少地失去了语段特征"。Brinton 和 Traugott（2005/2013：159—160；罗耀华等译）认为，"词汇化是这样一种演变：通过该演变，在某些特定的语言环境中，说话人使用一个句法构式或者构词法，作为新的带有形式和语义特征的实义形式，该形式不能完全从构式成分或者构词法中派生或者推断出来。随着时间的推移，其内部组构性进一步丧失，该词项变得更像一个词汇。"后者的定义至少包含以下含义：1）一个语言表达式经过演变后，其语义和语法功能已经相对固着，已经成为词库中的一个词位；2）该语言表达式之前可能是一个短语或者若干个词素，甚至本来就是一个词，但词汇化后一定成为了词库中的一个新成员；3）词汇化后的语言表达式所具有的语义内容具有不透明性，应该无法根据构词法从其形式成分之间的组合推理获得；4）词汇化是一个演变过程，但并非必然结果。

语法化的定义也经历了一个不断完善的过程，这从一个侧面反映出该理论视角的新颖性及其发展活力。Hopper 和 Traugott（2003：18）认为，"语法化是这样一种演变，通过该演变，词项和构式进入某种语言环境中旨在取得语法功能，而且一旦被语法化后，就会继续发展新的语法功能"。Brinton 和 Traugott（2005/2013：165；罗耀华等译）侧重语法化和词汇化的关系，她们认为，"语法化是这样一种演变，通过该演变，说话人在某些特定语境中使用一个具有某种语法功能构式的某些部分。随着时间推移，作为结果的语法项可获成更多语法属性，因为获得了更多的语法功能并扩展了它的宿主类"。正如罗思明（2008）评论，改进后的定义体现了她们所主张的词汇化和语法化研究的功能—类型语言观，即词库不是离散集合，而是具有不同词汇性的词项系统；词汇范畴和语法范畴之间没有明确的边界，只存在词汇性和语法性的程度差异；语法不是自足的封闭系统，词库与语法是相通的；语言演变是渐进的，受语言内外因素的共同制约（同上：280—282）。

词汇化和语法的区别在于，前者关注客观对象是否成词，是否进入词库，比如董秀芳认为词汇化是指"短语、句法结构、跨层等非词单位逐渐凝固或变得紧凑而形成单词的过程"（2002：23）；而后者关注"语言中意义实在的词转化为无实在意义、表语法功能的成分这样一种过程或现象"（沈家煊，1994：4）。两者的区别还表现在客体演变过程的方向上，沈家煊认为，前者是"多向的"，而"语法化是单向的"（2001：32）。

受认知语言学和功能语言学的影响，两者逐渐纳入在一个共同的大背景下统一研究，甚至有人认为两者是重合进行或同步进行的（沈家煊，2004：4）。此外，两种语言现象的动因也存在共性，董秀芳（2009）认为词汇化的发生源于句法的演变，这与贝罗贝、李明（2008）的研究发现较为一致，都认为句法驱动强于语义驱动，重新分析通常直接改变成分边界，从而形成词汇化或者不太正常的语法化。董秀芳（同上）进一步指明，高频使用是词汇化和语法化的必要条件，句法演变只是词汇化发生的充分条件，此外还与语义、认知、社会文化、语言接触等因素相关。而语法化的制约条件，沈家煊（1994）提出 4 条原因，即语用原因、心理原因、语言接触及语言内部结构。

### 三　连续统

语言学各大流派都接受连续统概念，比如句法学和认知语法都认为名词和动词之间形成一个连续统。Jespersen（1924）发现英语中的"动名词"兼有动词和名词双重性质，把它比喻为动词和名词的混血儿。Quirk 等列举出英语 painting 一词的 14 个用例，按照从名词性到动词性的强弱变化进行了有序排列（1985：1290）。语言类型学对词汇化和语法化的研究也证实，一个语言表达式的演变过程往往是"A ＞ A/B ＞ B"这样的发展路径，即一个形式从 A 范畴演化到 B 范畴，中间需要经过 A 和 B 两个范畴并存的过程（Brinton 和 Traugott 著，罗耀华等译，2005/2013：9）。认知语法对连续统概念的贯彻更加彻底，他们认为词库、形态和句法构成一个连续统（continuum），所谓的区分只是人为的分割，这种分割缺乏内在的合理性。

原型范畴理论认为，范畴内的成员之间形成一个连续统，彼此所具有的范畴特征呈现出多少不一，因而在范畴内的地位也高低不等。词库里词项的词汇性、能产性和语法性都是一个连续统，是渐进的语言演变结果。认知语法将语言单位描写为象征结构的组合体（assemblies of symbolic structures），象征单位在 4 个方面，即复杂程度（complexity）、具体程度或图式性程度（specificity or schematicity）、固化程度（entrenchment）、规约化程度（conventionality）上存在程度上的差别，而不是性质的差别（高航，2006）。比如动词、动词短语及限定小句这 3 类不同概念层面的名词化在固化程度上构成一个连续体：

光杆动词 ＞ 动词短语 ＞ 小句。

Comrie（1976）提出名词化类型的连续体概念，Comrie 和 Thompson（1985）、Yoon（1996）、吴怀成（2010）都认为名词化有词汇层面的名词化和短语层面的名词化。不同语言的名词化类型存在差异，小句的名词化结构更接近短语层面的名词化，而双重属格型的名词化结构更接近或等于词汇层面的名词化。Malchukov（2006）考察名词化在范畴转换过程中的限定性变化之后认为，名词化是一个动词范畴特征丧失和名词范畴特征获得的过程，名词化具有层级性，而决定层级性的力量来自词汇语义和话语功能的互动，即话语功能促使动词发生去范畴化（decategorizaition）和词汇语义防止动词发生范畴转移。

Ross（1972，1973）先后提出了"动—形—名"三类句法范畴的连续统和"句子—名词"两个范畴之间的连续统观点。语言类型学研究表

明指称化在世界多种语言中存在一定共性，如：Comrie（1976）、Comrie
和 Thompson（1985）以及 Koptjevskaja-Tamm（1993）论证了世界上七八
十种语言都有动词的指称化现象，差异只是指称化的手段不尽相同，有
的用类似句子（clause-like）的手段，有的用类似名词短语（noun phrase-
like）的手段，各种手段之间也是一个连续统。

　　当然，同样基于连续统的观点也会发展出不同的语法理论，比如对
于汉语动词和名词两大范畴的认识，沈家煊（2007，2009，2010，2012）
提出了汉语词类的"名动包含说"（该学说在学界也受到了一些质疑）①，
认为汉语的动词本来就是动名词，主张汉语"名动包含"，有别于英语的
"名动分立"。沈家煊的理论基于 Hein 和 Kuteva（2002）以及 Larson
（2009）的研究，他不仅接受了朱德熙（1983）提出的汉语没有"动词形
容词的名词化，汉语的动词作主语和宾语的时候还是动词"的说法，而
且主张"汉语的动词本来也是名词，一种兼有动词性的名词"，即"动名
词"；汉语的"名词入句"后就是指称语，"动词入句"后就是述谓语，
因此"名动包含"的实质是"指述包含"，即指称语包含述谓语（沈家
煊 2013：139）。

## 四　本体隐喻和概念转喻

　　名词化，不论词汇层、短语层以及小句层，都可以按照朱德熙
（1983）提出的自指和转指两大类别进行区分。相对于名词化的自指和转
指，认知语法根据动词的语义结构进行物化和凸化所得出的两类名词化
与之基本对应，Langacker（1991：23）划分的第一类为"把动词所表示
的过程识解为一个事物并凸化该事物"，第二类为"把动词的凸化转向其
语义结构中的一个名词性实体"。针对上述两类名词化，认知语法提出两
大心理机制对其进行有效解释。

　　第一个心理机制为本体隐喻（ontological metaphors）。Lakoff 和 John-
son（1980）认为，人类对自己的身体和外界物理实体的体验是理解抽象

---

　　①　可参看陆俭明（2013）发表在《汉藏语学报》第7期上的文章《浅议"汉语名动形层
层包含"词类观及其它》；张爱朴（2012）发表在《汉语学习》第三期上的文章《汉语动词是
名词的一个次类吗?》。

实体的基础，对于物理实体的体验使人类能够把各种非物理的实体（如事件、活动、情感、思想等）都看作物理实体，即本体隐喻。通过本体隐喻的机制，人们可以对抽象的实体进行指称、范畴化、组合、量化，从而进行推理。Johnson（1987）和 Lakoff（1987）进一步提出意象图式（image-schema）概念，认为它们是先于并且独立于人类的概念系统而存在的认知结构，产生于日常生活中关于空间和运动的基本体验，是人类与环境的相互作用（包括身体和社会两方面）的结果。意象图式通过本体隐喻从物理认知域映射到其他更抽象的认知域，在概念系统中无处不在，在知识组织和推理中起着根本作用。关于抽象实体概念化，Langacker（1998）从"概念物化"视角进行解读。他认为，概念物化是人类的一般认知能力，在抽象实体的概念化中起着至关重要的作用。物理实体和抽象实体两者的概念化过程存在共同之处，它们都是组聚（grouping）和概念物化的产物。组聚是一个心理过程，指在众多实体中把一部分实体挑选出来，在它们之间建立联系，与其他实体实施分离。而概念物化是指更高层面的认知目的对通过组聚产生的一组实体作为统一的整体进行操作。"本体隐喻"和"概念物化"是一个事物的两个方面，前者侧重两个实体之间的对比过程，后者凸化结果；前者是心理机制，后者认知策略，后者是前者运作的体现形式。

概念物化（本体隐喻的外显形式）对自指名词化具有解释力。我们在语言交际中不仅需要指称物理实体，还有抽象实体，甚至更为抽象的事件，只要把这些非物理实体编码为名词后，它们就能像其他普通名词一样成为小句的参与者。这些事件名词不应排除由动词编码的情形，事实上人们大都认可带有标记的动词编码形式，而对无标记动词名词化形式往往持谨慎态度。比如英语中的动词 explode 在表示事件时编码为 explosion，我们一般都会认同后者已派生为名词；而汉语的动词"出版"在表示事件时没有形态变化，这时人们往往不肯轻易承认其名词属性。高航（2007：82—84）认为，概念物化作为一般认知能力能够把事件识解为事物，其应用应该具有普遍性，"没有理由认为这一基本认知能力不能作用于动词所编码的事件"，就汉语名词化而言，"应该注重考察概念物化的认知能力在汉语中的体现"，把注意力放在语义功能上，而不是形态上，就可对这一现象有更深入的理解。认知语法认为，名词化是概念物化的结果，概念物化作用的对象是动词所凸化的过程，无论是光杆动词还是动词短语，甚至小句都可以通过概念物化实现名词化。动词、动词短语和小句等三个不同概念组织层面上的过程都可以在一个更高的概念组织层面上发生名词化。

第二个心理机制为概念转喻。认知语法认为，语言本质上都是转喻的，语言的形式和意义之间的关系是不确定的，体现了"部分代整体"的转喻关系（Langacker，2009）。Langacker（2004：2）指出，"在使用一种语言表达式时，语言形式明示的信息本身并不能建立起说话者和听话者之间的具体联系。语言形式只为具有潜能、能够通过某些具体方式联结的成分提供心理通道"。Langacker（1993：1—38）把转喻看作一种认知参照点现象，语言表达式就是认知参照点，它为通达隐藏语言形式背后的信息提供心理通道。语言的形式结构和概念结构之间实则为"参照点—目标"关系，人类的思维与感知世界的方式都是以场景为单位，语言单位只是激活或通达场景的提示物。形式结构作为认知参照点为概念结构提供心理通道，语言的形式结构和概念结构之间体现了"部分激活整体"的转喻关系。这个心理过程可图示如下（见图2—2）：D 指辖域，T 指目标，C 指概念化者，RP 即指参照点，S 代表始源。

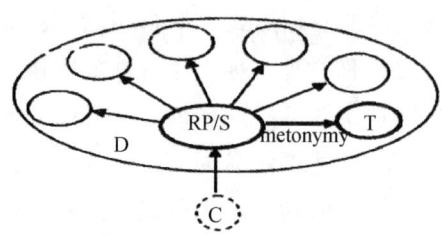

**图2—2  概念转喻作为参照点—目标关系（Langadeer，2008：84）**

Langacker（2008）进一步完善了转喻的心理加工机制，指出认知参照点关系本质上是动态的，它包含两个阶段的聚焦，这两个阶段具有不对称性以及时间顺序上的方向性。第一个阶段是在心理上激活参照点，将其置于焦点位置，参照点的激活为通达认知域中的其他概念创造了条件，其中包括目标实体。当焦点转向目标后，认知参照点背景化，目标实体实现心理通达。第二阶段是目标实体通达后也被聚焦，该目标转化为新的认知参照点为新认知域中的其他概念实体提供心理可及，从而使新的目标实体得以通达。如此循环便形成了一个认知参照点关系链（a chain of reference point relationship）（Langacker，2008：84—85）。如图 2—3 所示：

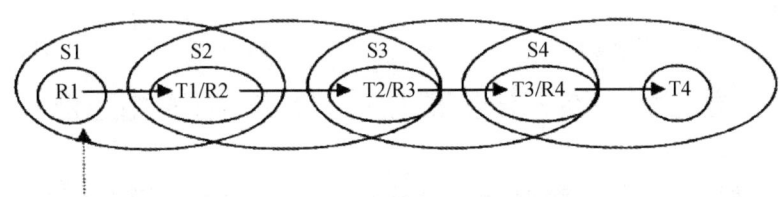

**图 2—3　认知参照点关系链和转喻链（Langacker，2008：504）**

上图可表述为，始源（S1）作为认知参照点（R1），为目标（T1）提供了心理可及，构成了"S1 激活 T1 的转喻关系"。T1 又成为了第二次参照活动的认知参照点（R2），担任始源 S2，为目标（T2）提供心理可及，从而构成"S2 激活 T2"的第二个转喻关系。由此类推，这样的转喻关系一个接一个出现，环环相扣，从而形成了转喻链（吴淑琼，2011：80）。

转喻心理机制对转指名词化具有解释力。Langacker（1987）从意象的角度来定义名词和动词，即名词勾勒事物（thing），凸显相互联系的一组实体（entities），动词勾勒一个随时间而变化的过程（process），凸显一组实体之间的相互关系（relation）。动词名化即以关系来转指相关的事物，由于关系概念必定隐含相关的事物概念，所以可视为一个整体。从这个意义上说，关系和事物之间存在整体与部分的关系。名词化就是以一种抽象的整体转指一种抽象的部分（参看 Radden & Kovecses，1999：37）。动作与各种参与者一起构成一个"事件"认知框架（ICM），其中的参与者角色即语义角色①，常见的主要包括：施事、受事、工具、感

---

① 文献中关于事件参与角色（participant role）的术语主要由语义角色（semantic roles）、题元角色（thematic roles）、题元关系（thematic relations）和论旨角色（theta roles）。本书主要采 Langacker（1991）和 Taylor（2002）中语义角色的说法。参看高航（2006：139）。

事、结果、手段、方式、位置、源头、路径和目标等（Langacker，1991；Taylor，2002）。同一个事件 ICM 中，动作和参与者的各种语义角色之间通过转喻机制可以实现彼此转指，转指的路线正是参照点—目标关系链。这种词汇语义演变决定于两个重要因素：一为目标实体在事件中的显著性和可识别性，二为该实体在事件因果链中所处的地位（Ryder，1999：287）。

## 第二节　本书研究的目标、任务、路线和方法

动词名化（包括名词化或名物化）这一语言现象，历来为语言学家所关注。由于不同动词的不同名化情形的名化程度存在差异，以及名化的可生产性或可接受性所导致的存活时间长短不等，语言学家们对动词名化的界定总是难以划一。英语中这一概念的命名也存在"nominaliza-tion"和"substantivization"两个术语，至于汉语界对该现象的争议更可谓百花齐放，单单就朱德熙的前后研究之间就存在不同偏重。众所周知，对一种现象的解释往往跟基于其上的描述密不可分。我们认为，现代汉语受新文化运动的影响，从一开始就以摆脱古汉语的固有语言形式规约为宗旨，致力于满足人民群众日常交流的实际用语需求，恐怕这也正是它被冠以"白话文"的原因所在。旧有形式标记的弃用，势必意味着新功能标记的产生，只是新功能语类的认同需要经历时间的考证，优胜劣汰，适者生存。所以，对现代汉语中名物化现象的描述一定不能简单的局限于词汇单位，抑或小句，相反，至少应该定位于句子层面，甚至于语用层面。我们认为，现代汉语脱胎于古代汉语，虽然饱受印欧语言的冲击和影响，构词和句法等方面难免感染西方语言的诸多属性，但终究"体""用"有别，汉字的根本属性永久性地管辖或制约着汉语的意义表达规则和规律。因而本书的总体目标也不外乎描写和解释，首先是重新考察汉语的名物化现象，具体考察汉语名物化的实质、过程、标识策略、句法环境、以及语用功能等方面的特殊性；其次是尝试发现汉语名物化所蕴含的有别于西方语言的深层认知机制方面的不同之处，尤其是囿于汉语内在的自身特性方面的原因。具体而言，其研究目标、任务、路线和方法如下所述：

**一　研究目标和任务**

重点考察先秦文献《荀子》中所包含的词汇层面以及句法层面的谓词名物化现象，其中包括有标记形式的以及无形式标记的两种名物化情形，分别从语义自指和转指两个方面开展研究，旨在发现文献中动词、形容词及其短语实现名物的句法环境、语义和语法特征在名物化前后所发生的变化、形式标记在名物化过程所发挥的作用，并就以上发现进行概念基础、认知动因及心理加工机制等方面的解释。

基于上述研究目标，本书的研究内容确定为，以认知语言学和形态学①为理论基础，系统考察先秦文献《荀子》中的名物化现象，适度开展与英语及现代汉语相应表达式的对比和比较，尝试揭示先秦汉语中名物化的产生环境、语法功能变化、认知动因及加工机制。具体任务包括：

1）尝试界定名词范畴及其成员：主要依据认知语言学，适度参照现代句法，在综合分析多家经典观点的基础上界定出汉语的名词范畴及其主要成员；

2）尝试界定名物化的概念范畴：系统梳理名物化研究历史所形成的经典理论，尤其是现代三大主流语言学流派的有关论述，形成本书所采用的名物化的概念范畴，并以此为原则选取研究对象；

3）对《荀子》中常见的句法层面上的名物化，即"之"字、"其"字两种结构中的谓词名物化进行全面系统考察；

4）对《荀子》中常见的词汇层面上的名物化，即"者"字、"所"字两种结构中的谓词名物化进行全面系统考察；

5）对《荀子》中常见的零形式标记的谓词名物化进行全面系统考察；

6）对《荀子》中前期考察的几种名物化现象进行认知角度的解释。

**二　研究路线和方法**

在回顾名物化及其相关研究的历史成果基础上，选取认知语言学和

---

① 考虑到汉语形态的相对贫乏性，我们借鉴朱德熙的方法，具体操作中多以词语的句法表现为依据进行考察。

形态学方面的相关概念和观点构建本书的理论框架。然后依次甄别"之""其""者""所"4个具有投射作用的功能词在先秦时期的用法，统计分析这些功能词在《荀子》中的实际使用语料，详细考察这些结构中的谓词名物化实现情况。最后结合《荀子》中的无标记谓词名物化情况，深入考察《荀子》名物化现象的概念基础、认知动因及心理加工机制。

研究方法主要包括：归纳和演绎、统计和分析、描写和解释相结合的方法。具体方法应用为：

1）名词及名物化等范畴及其成员的界定以及理论框架构建，主要采用归纳法和演绎法等；

2）《荀子》中的有/无形式标记的名物化表达式的考察，主要采用统计法和分析法等；

3）《荀子》中各种名物化现象的分布、句法环境、语义和语法特征、认知动因和心理加工机制等考察，主要采用描写和解释相结合的方法等。

# 第 三 章

# "之"字结构中的名物化

## 第一节 "之"字用法概况①

### 一 马建忠②的观点

我们将"之"字散见于《马氏文通》各章节的用法汇总梳理，发现主要存在四种用法，即作动词、代词、指示代词及介词等，以下逐一介绍。

#### （一）作动词

马建忠（1898：166）认为，"之"字的动词用法主要是作"内动字"。所谓内动字，是指"凡行之留于施者之内者，曰内动字。内动者之行不及乎外，故无止词以受其所施，内动之不得转为受动者此也"。这实际上相当于现代语法所说的不及物动词。如：

（1）有为神农之言者许行，自楚之滕。（《孟子·滕上》）

例（1）中加着重号的"之"字为"内动字"，"带转词记所至之处"。所谓"转词"，就是现在所说的地点状语。

———————

① 在先秦汉语中，"之""其""者""所"这些功能词的用法非常丰富，历代学者对其研究都各有侧重，彼此所用术语也不尽相同，所以本书在进行名物化考察之前，一律开设专节对前贤成果予以梳理。

② 郭锡良（2003：93—94）认为，《马氏文通》在虚词研究方面"开创了现代语法学虚词研究的新阶段"，其论述"直至今天还是很透辟的，甚至比现在许多语法论著还高明得多"。我们完全认同，本书关于先秦功能词研究都以马建忠观点为基础。

（二）作代词

"之"在句中指代前文出现过的人、物或事件，在句中可以充当宾语，也可以充当主语。但"之字单用，宾次者其常"（马建忠，1898：46—47）。如：

(2) 爱公叔段，欲立之。(《左传·隐元》)

(3) 请京，使居之。(《左传·隐元》)

(4) 臣乃市井鼓刀屠者，而公子亲数存之。(《史记·信陵君列传》)

以上三例中"之"字在句中都为"止词，位居宾次"，即作宾语。例(2) 中"之"字指人，回指前文"叔段"；例 (3) 中指物，回指"京"；例 (4) 中指"自己"，回指前文"臣"。

"之"字充当主语的几率较小，"经籍中仅一二见"。如：

(5) 有臣柳庄也者，……闻之死，请往。(《礼记·檀弓》)

(6) 之所以接下之人百姓者，……(《荀子·王制》)

马建忠认为，以上两例中"之"字都在句中居"主次"，即作主语。我们认为，例 (5) 中"之"字作兼语，马氏所谓"主次"，应包括"当事"或"主体"之义。

马建忠认为"之"字作主语不如"其"字"语气更顺"。此外，代词"之"字还有特殊用法，一是"合'于'字，疾读之曰'诸'"，常写作"诸"，但有时也可"单用'之'以代'诸'"；二是"诸"代"之于"或"之乎"的用法。(同上：47—49)。

（三）作指示代词

马建忠认为，"之"字处于"偏次"位置时，"有指示之意，与'此''是'诸字同义，则为指示代字"（同上：48）。例如：

(7) 之人也，之德也，将磅礴万物以为一世蕲乎乱。(《庄子·逍遥游》)

例（7）中"之"字等于"此"字用法，作指示代词。需要说明的是，这里的"指示代词"属于狭义用法，仅指后接名词性成分的情形。

（四）作介词

马建忠（1898：246）对"介词"的定义较为宽泛，他认为，"凡虚字用以连实字相关之义者，曰介字。介字云者，犹为实字之介绍耳"；"中国文字无变也，乃以介字济其穷"，"以尽实字相关之情变"。他还举《文心雕龙·章句》中"之""而""于""以"4字为例说明介词的功能在于"札句"，即"以为实字之介绍"。由上可知，马氏所说的"介词"包括现代语法所说的助词和连词在内。

马建忠认为，"之"作介字，"不为义，故曰虚字"，位于"言之间"。马建忠对介词"之"的句法环境以及其中"之"字的语法功能，都进行了全面细致的考察。

1）介于"两名字之间"，如：

（8）"春王正月，郊牛之口伤。"（《宣公三年·穀梁传》）

马建忠认为，两个名词连用，其间存在多种逻辑语义关系，"之"字一般用于两者为"偏正"结构中，用以标记"正次之所属""所有之度数""其形似""其地""其时""其故""其分""其效"等关系。当然也可以省略不用，用或不用，"大抵以两名字之奇偶"和"以意志之轻重"为据（同上：246）。

2）介于"静字名字之间"，如：

（9）犹求圣哲之上，明察之官，忠信之长，慈惠之师，民于是乎可任使也而不生祸乱。（《左昭六年》）

例（9）中"之"前形容词"圣哲""明察"等，皆"静字之偶者，而所附名字各皆单字，故参'之'字以四之"（同上：247）。"之"字作用在于衬音。

3）介于"代字名字之间",如:

(10)"自生民以来,未始有受命若斯之急①也"。(《史记·秦楚之际月表序》)

句中"若斯"为"指示代字","急"字单,故加"之"字以足焉(同上:247)。

4）介于"名字动字之间"。名动结构更为复杂,马建忠进一步分出三种次类:其一,"动+之+名"结构,即"散动字用于偏次,而名字在正次者",率间"之"字以明之。如:

(11)(太子)则有记过之史。(《汉书·贾谊传》)

句中"记过"为动宾短语,作名词"史"的定语,"之"字作用在于"明偏正之次"(同上:248 页)。

其二,"主+之+谓"结构,即"凡读于起词坐动之间,间以'之'字"。其中"之"字作用在于,一是"缓其辞气",二是标记小句地位,有"之"则"非句",必为"读"②(同上:248 页)。

(12)"民望之,若大旱之望云霓也"。(《孟·梁上》)
(13)"民之归仁也,犹水之就下,兽之走旷也"。(《离上》)

以上两例中"之"字所在小句均为从句,例(12)中"大旱之望云霓",马建忠称为"比之读",相当于比较状语从句;例(13)中第一个"之"字所在小句"民之归仁",称为"所为比者之读"和"起词",即判断句前项,后两句"水之就下"和"兽之走旷"为"所以比者之读"和"表

---

① 马建忠认为,此处"之"字介于"代名之间",显然视形容词"急"为名词了,成为"假借状字"。

② 马建忠认为,"之"字在主谓之间的作用在于标记该小句的句法地位,有则必为"读",类似于后人所说的"取消句子独立性",但不等于偏正结构。

词"，即判断句后项（同上：248 页）。

其三，"受事前置"结构："凡止词先乎动字者，倒文也。如动字或有弗辞，或为疑辞者，率间'之'字"。如：

（14）子曰："吾斯之未能信"。（《论语·公冶》）

句中动词"信"的施事为"吾"，受事为"斯"；受事前置，中间需要添加"之"予以标记。此外，"之"字作用兼表"辞气"（同上：251—252）。

5）"介宾前置"结构："至介字后司词，间亦先置而参以'之'字"。如：

（15）非夫人之为恸而谁为？（《论语·先进》）

上例中，"为"为介词，"夫人"作宾语；介词宾语前置，也需要"之"字加以标记（同上：253）。

（五）小结

马建忠（1898）将"之"分为动词、代词、指示代词及介词等 4 种用法，附带简介了其组合用法，构建了一套完整的体系。其中"介词"用法，马氏所列各种情形及其分析尤为细致。在讨论"之"字的句法功能时，马氏的方法侧重句法分析，强调"志""明"，亦即现代句法所说的"标记"或"凸显"作用；立足语义基础；兼顾语用修辞影响，比如：在讨论偏正结构中的"之"字作用时，马氏认为其语用功能主要有两个，一是"惟语欲其偶，便于口诵"，二是"正次欲求醒目"。马氏的许多观点至今仍有指导价值，比如"主谓"结构之间的"之"字"非句""为读"功能；特殊句法位置中的动词形容词的名词化；等等。

## 二 其他学者的观点

（一）杨树达的贡献（1928/1954：181—185）

关于"之"字用法，杨树达（1928）继承了马建忠的主要观点，但也有一些发展，主要是分类更加细致。具体如下：

1）指示代词分离出指示代名词和指示形容词两种用法，如：

（1）"渊深而鱼生之，山深而兽往之，人富而仁义附焉"。(《史记·货殖传》)

（2）异哉，之歌者非常人也！(《吕氏春秋·举难》)

杨氏认为，例（1）中两个"之"字"作焉字用"，相当于"于是"，理由是它们所在小句都与"焉"字句并举，且与"焉"句法角色相同，称为"指示代名词词"。例（2）中"之"字相当于"此"，称为"指示形容词"。我们认为，例（2）中的"之"跟马建忠（1898）所说的指示代词相同，都是后面接名词，表示定指中的近指关系。

2）介词用法分析出介词、连词和助词三类用法，如：

（3）及至其致好之也，目好之五色。(《荀子·劝学》)

（4）得之不得，曰有命。(《孟子·万章上》)

（5）夫子之文章，可得而闻也。(《论语·公冶长》)

（6）民之望之，若大旱之望云霓也。(《孟子·梁惠王下》)

例（3）中"之"前成分"目好"是主谓短语，不同于马氏所说的"动＋之＋名"或"主＋之＋谓"；杨树达认为，"之"相当于"于"，表示"介绍"，属于真正的介词。例（4）中"之"字，杨树达认为相当于"与"，表取舍，应属于连词。至于例（5）和（6）两句中"之"字，杨树达认为它们也都是连词。

杨树达（1928）认为，马建忠（1898）的介词分"介间"和"介绍"两种用法。因此，他将表"介绍"的介词规定为介词，而将表"介间"的介词划分为连词和助词。关于助词，他又分成语首、语中和语尾三种。如：

（7）之纲之纪。(《诗经·大雅·假乐》)

（8）玭兮玭兮，其之翟也。(《诗经·鄘风·君子偕老》)

（9）惟仁之为守，惟义之为行。(《荀子·不苟》)

（10）天油然作云，沛然下雨，则苗勃然兴之矣。（《孟子·梁惠
王上》）

杨树达认为，例（7）中加着重号"之"字为语首助词；例（8）和（9）
中"之"都为语中助词；例（10）中为语末助词，无义。

（二）王力的贡献

王力（2000：6—7）对"之"字用法的解释基本上是对马建忠
（1898）观点的概括，只是采用了现代汉语进行表述，因而更加简约。该
书将"之"字用法分为四类：1）动词，意思为"到……去"；2）人称
代词，意思为"他"或"她"或"它"或"他（她或它）们"；3）指
示代词，意思为"此"或"这"；4）介词：（1）表示隶属、领有；
（2）表示修饰、限制；（3）变主谓结构为词组。

显然，这里的"介词"是沿用了马建忠（1898）的术语。王力
（1958，1962，1984）对"之"字的"介词"用法作出进一步探讨，尤
其对"变主谓结构为词组"的考察较为详尽，下文将作介绍。

（三）杨伯峻的贡献

杨伯峻（1954/2016：215—222）将"之"字用法总括为小品词（但
没有给出具体定义），之下再分为三类：第一类"之"字用于定中结构；
第二类用于主谓结构；第三类近似指代词。关于第一类"之"字的作用，
杨伯峻不仅强调了马建忠提出的标记三种定中逻辑关系，即"领属关系"
"修饰性"及"同一性"，而且强调了马建忠提出的两种语用功能，即
"调整字数"和"和缓语气"。关于主谓结构中的"之"，杨伯峻在马建
忠提出的区别"句读"基础之上，进一步指出"之"字所在小句可在句
中承担"主语""宾语"或"时间"等子句，或变为"分句"。第三类
"之"字常"与动词结合"，有时"和表示时间的副词结合"，但都无指，
作用"似乎只能凑足一个音节"，因而"很难说它是指代词"。此外，杨
伯峻还将"之类""之属""之流"归为"小品复词"。

（四）朱德熙的贡献

朱德熙（1983：29—30）对"之"字的考察是局部性的，仅限于先
秦汉语中的"主＋之＋谓"结构，即"N 之 V"结构。朱德熙的创新之
处在于，他把这种结构与"之"字用于"定中"结构以及去掉"之"字

的 "NV" 结构进行了对比,而且还参照了英语里的非谓语形式,即不定式动词(infinitive)和动名词(gerund)的句法作用。他认为,主谓结构之间添加 "之" 字,该结构的属性就由 "谓词性" 转化为 "名词性",句法地位就由主谓结构转化为偏正结构。据此,他认为,"之" 字作用是 "使主谓结构名词化",可以看成一个 "名词化标记"。他进而认为,"N之V" 是 NV 所指的行为、动作、状态的事物化,这种语义上的相通促成了语法功能上的同化。此外,他还发现,"N之V" 跟 "VP者" 一样,也能表示假设意义,因而仍然带有明显的谓词性。最后,他认为,先秦汉语的 "N之V" 和 "VP者s"① 等名词化形式都跟英语的不定式动词和动名词一样,都如 Jespersen 所说的 "动词和名词的混血儿"。

(五)何乐士等人的贡献

何乐士等(1985)对 "之" 字用法的考察采用了定量和定性相结合的方法。他们把 "之" 字用法分为 4 类,即 "代词、助词、语气词、连词",附带介绍了 "动词" 用法。他们的创新之处主要体现在以下几个方面。

1)指示代词纳入代词范畴内,然后作出统一解释。其中有些功能属于新的发现,如:"之" 可以指代上下文中没有具体交代但可推断出来的实体;作为代词用在某些动词后面,语义虚化,但可表示 "动作的持续",起 "强调" 作用;还可以 "兼语"②;可以和后面的成分一起形成动词的 "双宾语";用于 "动 + 之 + 名" 结构中的 "之" 保留代词用法,相当于 "之于" 等(同上:799—804)。

2)助词用法中分离出语气词,他们认为 "之" 作语气词一律用在句末,多见于韵文中,表示一种 "咏叹" 的语气,同时还有 "凑足音节" 的作用(同上:809)。

3)对 "之" 字的助词用法进行了深入考察,提出了一些新观点,如:"之" 用于受事前置结构的作用在于 "强调目的";较早关注 "名

---

① "VP者s" 指 "者" 作谓词自指的名词化形式标记,参看朱德熙(1983)的 "自指和转指"。

② "之" 字的 "兼语" 和 "双宾语" 用法可能都是最早由何乐士等(1985)在《古代汉语虚词通释》中提出,但其他前贤所举代词用法例子中也有体现,但都没有引起注意。

词＋之＋介词短语"结构，将其视为"主＋之＋谓"结构的变体（同上：804—809）。

4）关于连词，何乐士等所给范围极其狭窄，仅限于"连接名词与名词"的情形，表示合取概念，相当于"和"（同上：810）。这完全不同于杨树达（1928）所说的表示析取概念、相当于"与"的用法。

（六）姚振武的贡献

姚振武（2015）对"之"字的研究基于上古汉语语料，他将"之"字用法主要概括为指示代词、代词和结构助词三种用法，其中不少观点有独特之处。

1）关于指示代词，姚振武认为，"之"字作用主要是"指别"而非"称代"（同上：200）。

2）关于代词，姚振武把"之"放在上古汉语"第三身范畴"进行研究。他发现，既不同于作主语的"彼""是""此"等，也不同于表领属性作定语的"其"，"之"字主要用来作宾语（同上：200—201）。作为古"指称词"，"之"处于"承指"位置、体现"第三身代词"功能时，往往跟"彼""是""此""其"无分别地混用，不存在"彼此不同""远近不同"等指别的因素（同上：30）。

3）关于结构助词，姚振武认为"之"的句法环境主要包括两种情形，一是处于"定语和中心语之间"，二是用在"主谓结构之间"。至于"之"的句法作用，前者充当"定中结构的非强制性的形式标记"，起"彰显"作用；后者充当"非独立的、指称状态下的主谓结构的非强制性的形式标记"，同样起"彰显"作用（同上：349）。显然，定中结构中的"之"出现与否，姚振武排除了前贤们所说的"韵律"动因，只突出了"之"字在句中的"彰显"功能。关于主谓结构中的"之"，姚振武认为最早出现于西周时期，东周以后稳定下来，其作用是"使原结构的非独立的、指称的性质更加彰显"（同上：351）。此外，姚振武（1995a，b）否定了朱德熙（1983）关于"N 之 V"中"之"为名词化标记语的观点，认为该结构保留有一定的谓词性特征。

4）区别了结构助词与语气词的差异，指出虽然两者同为依附成分，但后者属于句子层面，而"语助词"则属于句子以下层面，依附于词或词组，包括分句（姚振武，2015：352）。

### 三 本书的观点

通过考察，我们认为上古汉语"之"字用法的研究都基于马建忠的理论框架，都没有超出马建忠所开拓的领域，即 1）动词；2）代词；3）指示代词；4）介词 4 种用法。事实上，王力（2000）对"之"用法的梳理正是沿用马建忠（1898）的分类及术语命名。其他学者的主要贡献其实也主要集中在"之"字介词用法的进一步分类方面，如杨树达（1924）、何乐士（1989）等；即便是利用现代语言学理论开展的研究仍然是围绕"之"字介词用法的各种属性的进一步诠释，如朱德熙（1983）、姚振武（2015）等。当然，后续研究至少都以一种不同视角重新梳理了"之"字的句法环境或句法作用，而且揭示深度都有延伸。

我们打算对先秦文献《荀子》中的"之"字用法开展研究，其意图主要是为了考察与之有关的名物化现象。具体操作上，我们基本按照马建忠（1898）和王力（2000）等关于"之"字的分类，只在介词用法方面再细分两类，即将标识小句之间关系的介词作为关系代词，另外增加"之"字的固定结构用法。因此，我们将"之"字用法分为六类，即1）动词；2）代词；3）指示代词；4）关系代词；5）介词；6）固定结构。其中，代词和指示代词的区别我们带有一定规定性，即代词为"之"单独用以复指，而指示代词限于后接名词或名词短语的"之"字。另外，作为关系代词之间也存在差异，如绝大多数情况下"之"字在句中无实义，但也存在个别例外。还有，介词用法主要是短语间的用法，可以进一步分为标记定中关系、状中关系、受事前置或定语后置四种情况。至于固定搭配的确认，主要局限于位置上紧邻同现且不存在歧义的"之"字组合，如"辟之"等。

我们以上述分类标准对《荀子》前 24 篇①中"之"字的各种用法进行了考察和统计，结果如表 3—1 所示：

---

① 因后 6 篇疑似非荀子本人所作，另篇 25 和 26 体裁非日常文体，故一并舍弃（参看鲁六，2005：8）

**表3—1** 《荀子》前24篇中的"之"字用例统计①

| 功能 | 代词 | 关系代词② | | 介词 | | | | 指示代词 | 动词 | 固定结构 | 引用 | 共计 |
|---|---|---|---|---|---|---|---|---|---|---|---|---|
| | 复指 | 无实义 | 有实义 | 表定中 | 表状中 | 受事前置 | 定语后置 | 表限定 | 去往 | 固定搭配 | 不计 | |
| 共计 | 1204 | 516 | 2 | 1481 | 6 | 132 | 7 | 10 | 1 | 62 | 75 | 3496 |

## 第二节 "主之谓"结构中的名物化

### 一 "之"字的"取消句子独立性"功能

"之"字的"取消句子独立性"用法（用于主语和谓语之间）最早由吕叔湘（1942/1982）提出，他把"之"处理为一种"句子化为词组"的方式，并将这类降级转换而来的所谓"词组"称为"组合式词结"（偏正关系的主谓短语）或"结合性词组"（主谓关系的定中短语），由加语（原小句主语）和端语（原小句谓语）组成（同上：85）。但最早对这一用法进行系统考察的是王力（1962/1999：461—464），他首先将"取消句子独立性"解读为"使句子在形式上词组化，意思上不完整，如果不依赖一定的上下文，就不能独立存在"。此外，王力先生还揭示了这种"之"字用法的两个次属范畴，一是标记"主谓"结构充当复句的"分句"，二是标记该结构充当句子的"主语或宾语"；而且将用在"主语和'於'字介宾词组之间"的"之"字视为这一用法的变体（同上：461—464）。王力对"取消句子独立性"的诠释存有争议，而"之"字这一用法的命名也存在适切性的问题。

---

① 本表为《荀子》前24篇"之"字用法总体统计，各篇详细分布情况，可参阅书后附录表一。

② 本表统计"之"字作关系代词是指用于"主+之+谓"结构，分两种情形，主要是无实义用法；有实义用法是指"之"字除作从句标记外，还在句中承担语义角色，共两例，都在篇11。

### 二 "之"字功能争鸣

主语和谓语之间的"之",学界争议颇多。朱德熙(1983)认为,"之"字放在主语和谓语之间形成"表示自指的名词化格式",将"谓词性的主谓结构"转化为"名词性的偏正结构","之"字的语法作用是"联系修饰语和中心语","使主谓结构名词化",把"之"字看成一个"名词化标记"(同上:24—30)。王力(1980:397)认为,"这种结构中的动词(或动词仂语)近似一种行为名词"(action noun),后来(1984/2000)直接否定了"之"字的"取消句子独立性"说法,进而认定"之"字为将主谓结构变为"名词性词组"的手段,这种"名词性词组"可以用作主语、判断语、宾语(包括介词后的宾语)、或关系语"(同上:488)。王洪君(1987)基于朱德熙(1983)的观点对这种"之"字用法进行了历时性考察,她认为"之"字是"一种自指的名词化标记",其作用是"使主谓结构名物化。结构的语法性质变了,语义基本不变"(同上:177)。

何乐士(1989)不同意上述说法,他认为"N之V"仍然是动词性的主谓结构,不是名词性结构;其中"之"是连词,作用在于给主谓结构增加粘连性。姚振武(1995a,1995b)对上古汉语"N之V"和现代汉语"N的V"进行了对比研究,他认为二者性质基本一样,都不是"名词性的偏正结构",而是"某种主谓结构处于非独立的、指称状态下的一个变体",其中"的"和"之"也不是名词性偏正结构的形式标志,而是这种主谓结构处于非独立的、指称的状态下的一个非强制性的形式标记(1995a:2)。Yue(1998)认为"之"字的这种用法具有定语标记的性质,她尝试将"之"的所有用法联系起来作出统一解释,发现只有后接动词短语(VP)的"之"(包括"主之谓")才是真正的定语标记,其他情况下仍可算作指示词。

以上探讨各有道理,但也都存在解释范围的局限性。"取消句子独立性"一说的不足在于,绝大部分的"主之谓"构造都可直接由"主谓"结构置换,"之"字作用难以显现。"名词化标记"一说也难成立,因为按照朱德熙的说法,"之"字标记的名词化情形属于自指,在语义上不发挥任何作用;然而"之"在句法上也无必要;此外,根据何乐士(1989)

对《左传》的统计，35% 的"主之谓"是作复句中的从句，句法属性很难定性为名词性成分，似乎更适宜于小句或谓词性成分。"粘连说"也存问题，因为有无"之"字，主语和谓语的内部粘连程度没有明显区别；"主之谓"结构的动词属性不能解释这种结构很少充当句子的谓语却多为作主宾语的事实。"定语标记"一说似乎可以得到跨语言的支持，但就先秦文献的语料来看，大量实例不能满足结构中的中心语为名词这一基本条件，因此定语标记无从谈起。"之"字的语法性质和功能，学界难以达成共识。

### 三 陈国华（2009）的"名词性非定式谓词短语"观

Quirk 等（1985：42—43）认为英语语法单位构成一个存在潜在大小和延展性的层级体系，即句子→小句→短语→词→词素。至于构成句子的小句，Quirk 等将其分为定式、非定式及省去动词三种类型（同上：992）；其中"定式小句"指小句的动词带有各种时态标记，"非定式小句"中动词则丧失了时态标记，而"省去动词小句"则不含动词；后两者也被认定为小句，理由是它们的内在结构与"定式小句"基本相同。

陈国华（2009）参照 Quirk 等（1985：1063—1064）将英语中兼具名词和谓词双重语法性质的结构命名为"名词性 – ing 分词语句"的做法，提出了现代汉语"N 的 V"结构为"名词性非定式谓词短语"的观点。他的这一观点可以简要概括为，中心语构造分名词性的和谓词性的两类，其中名词性的可带限定语和修饰语两种边缘成分，而动词性的可带定式标记和附加语两种边缘成分；名词性构造中的限定语具有投射功能，谓词在受到这种限定语限定时失去时态标记，语法特性由定式变为非定式，即形成"名词性非定式谓词短语"。按照这种观点，"N 的 V"中的"V"本身仍是谓词，不过它失去了谓词的一些特征，成为非定式谓词；同时由于限定语的限定，整个短语具有了名词性（陈国华，2009：94—97）。

上古汉语中的"主之谓"结构（"NP 之 VP"）与现代汉语的"N 的 V"具有相同的语法性质（朱德熙，1983；姚振武，1996；沈家煊、完权，2009；等等），我们拟以陈国华（2009）"名词性非定式谓词短语"的观点来考察《荀子》中的"主之谓"结构及其中"之"字用法。

#### 四 "主 + 之 + 谓"结构的功能考察

我们将主谓之间带"之"字的构式统称为"主之谓"结构（或"NP之VP"），其中"主"指主语，包括名词或名词短语；"谓"指谓语，包括动词或动词短语，也包括形容词或形容词短语，还包括介词短语。这是出于形容词短语或介词短语可以理解为省去系动词的谓词短语（Quirk等，1985）。下文我们将以《荀子》为语料考察该结构的语法特点及其中"之"字的句法功能。

1）第一种情况：谓语由光杆动词或形容词充当，如：

（1）物类之起，必有所始。荣辱之来，必象其德。（《劝学》）

（2）故不登高山，不知天之高也。（《劝学》）

（3）彼宝也者，衣之不可衣也。（《儒效》）

（4）是非容貌之患也，闻见之不众，议论之卑尔。（《非相》）

例（1）中"起"和"来"都是光杆动词，均在各自小句中单独作谓语。由于这两个小句在各自句中都充当主语从句，均发挥指称作用而整体名词化。根据句义选择限制可知，两个结构都不表示具体事件，而是类属事件，其中动词"起"和"来"都表示自指，发生了名词化，相当于英语中的动名词；"之"字可以视为属格标记。同理，例（2）中形容词"高"在小句中单独作谓语，由于所在小句在句中充当宾语，因而也发生了自指名词化，成为名词；其中"之"字变为定中关系标记语。

光杆动词或形容词充当主谓结构的谓词，借助于"之"字的强化作用，其谓词性大大弱化，相应地名词性增强，前者名物化，后者直接名词化。但如果它们带有补足成分或状语，那么不论动词或形容词，都将保留一定的谓词性，例（3）中"之"后的不及物动词"衣"，由于所在小句为判断句的后项，即作表语从句，整体发生名词化；但其中"衣"带有情态动词"可"以及否定词"不"的限定，因而保留了较强的谓词性，属于非定式谓词。同理，例（4）中形容词"众"所在小句在句中作表语从句；其中"众"带有否定词"不"，保留了较强谓词性，属于非定式谓词。这种非定式谓词属于临时名用，可以算名物化。

2）第二种情况：谓语由动宾短语充当，如：

（5）此言君子之能以公义胜私欲也。（《修身》）

（6）人之有斗，何哉？（《荣辱》）

例（5）中"胜"为及物动词，所在小句为动词"言"的宾语，发生整体名词化；其中"胜"带有自己宾语及由介词短语充当的方式状语，且带情态动词"能"，显然其动词特性保留较多，属于非定式谓词，但名词性较弱，"之"字作用仅限于标识其失去时间限定性。例（6）中"有"在形式上为及物动词，也带有自己的宾语，但严格意义上属于虚义动词，即语义上与后接动词一起表示完整概念，本身只承担句法功能。考虑到所在小句在句中作主语，及其与主句谓语的逻辑关系，动词短语"有斗"一起表示一个类事件而非具体事件，整体短语名词化，其中"有"名物化，而"斗"是自指名词化，因为它已经作名词充当宾语了，表示一个物化事件了（参看吴怀成，2011）。

3）第三种情况：谓语由"所+动"充当，如：

（7）此三奸者，圣王之所禁也。（《非十二子》）

（8）士君子之所能不能为：（《非十二子》）

（9）三者，明主之所以谨择也，仁人之所以务白也。（《王霸》）

"所"字放在动词前一起构成"所"字结构，其中"所"字为名词化标记（朱德熙，1983），但动词的名词化程度存在不确定性。例（7）中光杆动词"禁"所在小句为整句判断句的后项，具体说明主语"三奸"的内容，"所禁"整体作名词用，其中"所"不对"禁"的语义和语法形成影响，只是标记"禁"的语义发生转指，"禁"完全名词化了。例（8）中"所"后动词"为"依然带有情态动词"能"以及否定词"不"，所以动词"为"并没有名词化。如果说"所"字结构具有名词性，那是所在小句的整体指称功能的影响，"为"字应是非定式谓词，"所"字只是标记"为"的语义内容，对"为"的谓词性不产生影响。例（9）中两个"所以"都不同于"所",放在动词前不构成"所"字结构。句中动词"择"和"白"前面都带有限定成分,都保留一定谓词性,它们的名词性都来自与所在小句的整体指称功能,也仅限于不受时间因素制约,当属于非定式谓词。

4)第四种情况:谓语由特殊动词"谓"字充当,如:

(10)夫是之谓吉人。(《仲尼》)

(11)夫是之谓为能贵其所贵。(《非相》)

(12)君子之谓吉,小人之谓凶。(《非相》)

(13)君子之所谓贤者,非能遍能人之所能之谓也。(《儒效》)

例(10)和(11)两句的主语都为代词"是",而且都单独成句,句中没有嵌套关系,甚至并置关系的其他小句,"之"字的"取消句子独立性"功能无从谈起。我们认为,这种情形下的"之"字仍将保留自己指示代词的用法,实施指别功能,作用于谓词"谓",起强调作用。这一点可以得到沈家煊、完权(2009)的支持,他们将"主之谓"结构的内部逻辑关系解析为[A +(之 + B)],即"主 + '之 + 谓'",强调"之"字对目标的直接指示作用。"之"的这种用法朱熹(1270/1986)早有关注,他在区分"谓之"和"之谓"时指出:"谓之,名之也;之谓,直为也"(《朱子语类·杂类》,138 卷 4 页)。显然,这里的"直为"也是认为"之"字作用于"谓",强化谓词或谓词短语。因此,这些句子中的谓词性质都不发生变化。

不过,当该结构的主语是名词时,我们依然认为"之"字的作用是"取消句子独立性"。这一点可以从"之"字所在小句的句法地位予以说明,它们一般表现为从句,或者句中存在与其并列的小句,如例(12)中两个"之谓"所在小句就构成并列句,"之"字作用在于使谓词不受时间因素制约,因而句中两"谓"子均为非定式谓词。例(13)中的"之谓"结构中间多一"所"字,如上文分析,"所"不对后接动词的谓词性形成影响,两个动词"谓"都因所在小句的定语从句属性而不受时间因素制约,属于非定式谓词。需要指出的是,第二个"之谓"结构中的"之"字用法属于受事前置标记,不在讨论范围。

5）第五种情况：谓语由介词短语充当，如：

（14）臣之于君也，下之于上也，若子之事父。(《议兵》)

（15）知务本禁末之为多材也。(《君道》)

以上两例中的介词"于"和"为"，由于"之"字的作用而获得了一定程度的谓词性，都享受非定式谓词短语的地位。Ross（1972）认为，动词和名词两大范畴之间并非性质上截然对立，而是一个在程度上存在区别的连续统，其主要成分包括：动词 > 进行体分词 > 完成体分词 > 被动态分词 > 形容词 > 介词 > 形转名词 > 名词（同上：316—328）。从中可以看出，介词位于连续统的中间位置，比形容词更接近名词。事实上，形容词充当小句的谓语不存在歧义，而介词却难以确定；借助于"之"字，介词短语充当谓语就无可争议。

## 五 "之"字性质再讨论

### （一）"主之谓"结构的语法地位

古汉语中的"主之谓"结构在语言单位层级中的定位一直都未曾达成共识。马建忠（1898：248）认为其中的"之"字有"缓其辞气"作用，标记其所在小句地位"非句"为"读"。最早提出该结构"词组化"的是吕叔湘（1948），他称为"组合式词结"或"结合性词组"。朱德熙（1983）对该结构的认识更进一步，认为"之"字是表示"自指"的"名词化标记"，所在结构是"名词性的偏正结构"。何乐士（1989）不承认该结构的"名词化"属性，反对其"偏正结构"的语言单位定位，坚持其"主谓结构"的固有属性，认为"之"字只是在主语和谓语之间发挥"粘连"作用。姚振武（1995）也否认该结构为"名词性的偏正结构"，认为它是"某种主谓结构处于非独立的、指称状态下的一个变体"。沈家煊、完权（2009）将该结构定性为"去陈述性"的主谓结构，是一个"参照体—目标"构式。陈国华（2009）将其定性为"名词性非定式谓词结构"。

"主之谓"结构如此引发争议，原因在于该结构在语义和句法两方面所呈现的矛盾性，即从语义上看是"主谓结构"，形式上又貌似一个"名词性偏正结构"（朱德熙，1983；姚振武，1995a）。我们认为，这种结构确实存在复杂性，其地位归属取决于其中"谓语动词"的句法属性。其实，这种语言现象非古汉语所独有，至少现代汉语及英语中都存在。上文考察发现，这种结构不具有独立性，一般存在于有其他小句共现的句法环境；结构中的"之"前成分和"之"后成分存在多种逻辑对应关系，如：施事—动作，受事—动作，工具—动作等；"之"后谓词的属性受"之"前成分及该结构在句中所承担的句法功能等多种因素的影响。总体而言，由于该结构中的"谓词"均发生不同程度的名词化，其小句地位受到一定动摇，一般在小句和短语之间游移。

（二）"主之谓"结构的语法属性

语法属性与语法地位相辅相成，"主之谓"结构存在多种类型，其语法属性自然应当分别考察。前文分析可知，1）当结构中的谓词为光杆动词或形容词，且整个结构在句中充当主语和宾语时，该结构中谓词发生名词化，因而整个"主之谓"结构可以看作一个定中短语，如"物类之起"。2）当该结构中的谓词为动词或形容词短语，由于带有修饰或限定成分而保留较强谓词性，整个结构可视为"非定式谓词短语"，如"衣之不可衣"。3）当结构中的谓词为动宾短语，且整个结构在句中充当主语或宾语时，其中动词具有双重性，因而该结构可以看作"名词性非定式谓词短语"，如"人之信己"。4）当结构中的谓词为带有附加成分的动宾短语，且整个结构在句中充当主语或宾语，动词的谓词性程度较高，整个结构可以看作"非定式谓词短语"，如"君子之能以公义胜私欲"。5）当结构的谓词为特殊动词"谓"，且主语为代词时，"之"字作用施加于动词"谓"，相当于一个助动词，不影响主谓之间关系，依然可以看作"主谓小句"，可以独立存在，如"是之谓吉人"。6）当结构的谓词为特殊动词"谓"，但主语为名词时，"之"字依然可以与其前名词一起构成"领属语"，对其后动词形成名词性功能投射，动词"谓"具有双重性质，整个结构可以看作一个"名词性非定式谓词短语"，如"君子之谓吉，小人之谓凶"。

古汉语的"主之谓"（NP 之 VP）结构与英语中的"名词性 V – ing 分词语句"性质相近，都指句法层面意义上的自指性名词化（朱德熙，1983），而不属于构词法范畴内的狭义名词化。英语中的 V – ing 结构包括行为动作名词化结构、叙实性名词化结构和宾格 V – ing 结构三种类型（参阅 Heyvaert，2003）。从内部句法特征看，其中第一类的 V – ing 名词化程度最高，如 destroying，与派生名词如 destruction 一样表现出一般名词特征。第二类中的 V – ing 呈现名动交融的特征，外部体现为名词句法特征，而内部组织形式却主要体现为动词短语特征。名词化不是单纯作用于动词词干（如 destroy），而是作用于整个动词短语层面，而且只通过属格这类限定成分得以体现。第三类结构最具分句特征，因为其中 V – ing 的意念主语为名词通格或代词宾格，都不对它形成句法影响，因而其谓词性得以保留。"主之谓"结构与此相似，其中谓词也可分为"名词性领属结构""名词性非定式谓词短语"以及"非定式谓词短语"三种类型。比英语 V – ing 分词语句更为复杂的情形是，"主之谓"结构还包括"主谓小句"类型，这主要是由于"之"字作为属格标记的局限性，不少情形"之"字可以省略不用。

（三）"之"字作"去谓词性标记语"

对"主之谓"语法属性的认识不同，"之"字的用法概括自然也不一样。吕叔湘（1948/1980）将"之"命名为"取消句子独立性"的手段，朱德熙（1983）命名为"一种自指的名词化标记"，何乐士（1989）定位于"给主谓结构增加粘连性的副词性的连词"，Yue（1998）定位于"定语标记"。前文就《荀子》中"主之谓"结构考察发现，结构中充当主语的主要是名词和名词短语，也有少量名物化的动词或动词短语，还有出现频率较低的指示代词"是"；而结构中充当谓语的有光杆动词和形容词以及动词、形容词和介词的短语结构。由于"之"字的影响，这些谓词都发生了程度不等的"去谓词性"。因此，以上任何一种观点都存在合理性，但也都有局限之处。"名词化"只是谓词名化的一种情形，"副词性连词"对该结构的定性存在一定偏差，"定语标记"解释面也不够全面。"取消句子独立性"总体上可以成立，但不如"去谓词性标记语"更到位。

Yue（1998）通过对甲骨文、金文、《尚书》、《诗经》、《左传》中"之"字的各种用法及其演变进行了定量分析，将早期的"之"视为一个全能指称词（an all-inclusive deictic word），其指称意义的范围包括动词性（位移动词）、指示性、人称性（回指）以及副词性（表程度和方式），其中动词用法为本始义，各种用法的历时发展路线为：从指称性的动词演化为指示词和代词，再进一步发展成定语标记。我们认为，所谓定语标记只是一种趋势，"之"字与其前名词的结合很不牢靠，因为"之"字的有无作用并不明显，而且"主＋之＋谓"没有省略"谓"而"主＋之"单用的事实。"之"字不是成熟的定语标记，"主＋之＋谓"结构也不是单一的定中结构。尤其是"主之谓"中代词充当主语时，该结构就是一般小句，除"是之谓……"结构外，王力（1991：280）还提出"此之谓……"、"是之亡……"等类似结构，如：

（16）有左有右，……此之谓八德。（《庄子·齐物论》）
（17）古者民有三疾，今者或是之亡也。（《论语·阳货》）

王力认为"之"字仍可归为上古汉语的代词复指功能。洪波（1991）、张敏（2003）也都持类似观点。

综上，鉴于"之"字在"主＋之＋谓"结构各类变体中的功能表现，我们称为"去谓词性标记语"。

### 六　小结

动词和名词两大范畴实质上是一个在程度上存在差异的连续统（Ross，1972）。英语动词在实际使用中会因句法环境不同而呈现不同的语法特性，如在独立小句或复合句的主句中承担谓语时其动词性最强，受人称、时态限定，同时还具有情态、各种体态、语态、语气及状语等外围成分的限定或修饰；在从属小句中，包括主、宾语从句、关系从句及各种状语从句中，承担谓语的动词都会因与主句谓语动词的关系而受到一定影响，谓词性有所减弱；在由小句降格而成的谓词短语（或独立主格结构）中，动词的特性中失去人称和时态的限定性因而被称为非谓语动词；其中位于主宾语位置的则有可能发生名物化甚至名词化。汉语形态不如英语丰富，古汉语较现代汉语也无明显优势。不过两种语言都存在名词和动词两大范畴，而且完整句子都需要两者共同发挥作用，其中动词的特性都会因句法环境的变化而变化。古汉语"主之谓"结构，因"之"字影响，还因所处的句法环境差异，其语法地位和性质也发生相应变化。概括而言，该结构中的谓语动词发生不同程度的去谓词化，也可以说发生了不同程度的名词化。"取消句子独立性"及学界对此现象的其他术语命名，都难以做到精准，"去谓词性标记语"有利于概括反映其中谓词的范畴特征变化，因而也最宜为用。

## 第三节　其他"之"字结构中的名物化

### 一　"之"字标记的定中结构

定中结构中的"之"字，我们沿用马建忠和王力的规定，即定性为介词。这类"之"字的主要功能是标记其前后语言成分的偏正关系，这种标记功能具有强制性，对其后置的中心语甚至前置的定语都有投射影响，不论这些成分是否由名词性充当，只要处于该结构中的相应位置，都会发生一定程度的名词化。《荀子》前24篇中共计1481例"之"字标记的定中结构（具体分布见表3—2），以下我们对其中的名物化情况进行考察。

表3—2　　《荀子》前24篇中"之"作"定中标记"用法统计

| 篇次 | 一 | 二 | 三 | 四 | 五 | 六 | 七 | 八 | 九 | 十 | 十一 | 十二 | 十三 | 十四 | 十五 | 十六 | 十七 | 十八 | 十九 | 二十 | 二十一 | 二十二 | 二十三 | 二十四 | 合计 |
|---|---|---|---|---|---|---|---|---|---|---|---|---|---|---|---|---|---|---|---|---|---|---|---|---|---|
| 频次 | 34 | 12 | 30 | 61 | 54 | 45 | 36 | 85 | 97 | 89 | 93 | 75 | 42 | 18 | 93 | 74 | 10 | 103 | 120 | 43 | 69 | 66 | 122 | 10 | 1481 |

（一）后置中心语的名化

1）光杆动词作中心语，如：

（1）境内之聚也保固。（《富国》）
（2）百家之说不及后王，则不听也。（《儒效》）
（3）虽有戈矛之刺，不如恭俭之利也。（《荣辱》）

以上3例"之"字标记的定中结构，中心语都为光杆动词。例（1）中定中结构作句子主语,整体名词化,根据句义选择限制①可知,中心语"聚"是谓词"保固"的主体,其语义由指称行为转指该行为的"受事"军队,发生了转指名词化,但没有进入词库,应该是临时活用,即马建忠所说的"假借动字"。同理,例(2)中动词"说"也因所在结构充当句子主语而发生名词化,根据句义选择限制,转指其行为的"结果"或"产品",即学说,已成为永久性名词。例(3)中动词"刺"因所在结构在句中作宾语而发生了名词化,结合上下文义可知,语义自指该行为本身,但名词用法属于临时活用。

2)动宾短语作中心语,如:

(4)夫是之谓天下之行术。(《仲尼》)

(5)殷之服民,所以养生之者也,无异周人。(《议兵》)

以上2例定中结构的中心语都是动宾短语。《荀子》中动宾短语作中心语的实例较少,就有限用例考察,在进入该结构之前,这些动宾短语本身大都具有歧义,存在视为偏正短语的可能性。这也意味着动宾短语中的动词有可能在入句之前已经失去时间限定特征,演变为非定式谓词了。例(4)中定中结构在句中作宾语,例(5)中作主语,这些动宾短语都整体名词化了,根据句义选择限制可知,它们的歧义都得到消解,其中动词都成为非定式谓词,作后接名词的定语。

3)光杆形容词作中心语,如:

(6)观国之强弱贫富有征验(《王制》)

(7)民不为己用,不为己死,而求兵之劲,城之固,不可得也。(《君道》)

(8)有兼听之明,而无矜奋之容;有兼覆之厚,而无伐德之色。(《荣辱》)

---

① 关于语义选择限制,可参阅朱德熙(1984:404)、石定栩(2011:189)等人相关论说。有时本书会用"上下文义"换称。

形容词作偏正结构的中心语在《荀子》中较普遍,其呈现方式有单一光杆形式,如例(7)和(8)中"劲""固""明""厚",也有并列联合形式,如例(6)中"强弱贫富"。因为它们所在结构在句中都作主语或宾语,都发生了名词化,根据句义选择限制可知,它们主要都指自身性质所处的状态,属于自指名词化,即马建忠所说的"假借状字",大都属于临时名化,但也有可能完全名词化。

(二)前置定语的名化

关于偏正结构,马建忠(1898:246—248)根据"之"前成分的词性归纳出定语为名词、代词、形容词、动词4种类型。其中名词和代词不涉及性质变化,所以我们主要考察形容词和动词。另外,定中结构中还有小句充当定语的现象,在此一并考察。

1)动词和动词短作定语,如:

(9)如是,则老弱有失养之忧,而壮者有分争之祸矣。(《富国》)
(10)无置锥之地,而明于持社稷之大义。(《儒效》)

动词和动词短语作定语非常普遍,例(9)中"分争"是动词,例(9)和(10)中"失养""置锥""持社稷"都是动宾短语作定语。首先,动宾短语作定语,由于和中心词之间存在多种逻辑关系,整体名词化同时,其中动词都保留较强的谓词特性,但都不再受时间因素制约,成为非定式谓词形式。其次,光杆动词作定语,和中心语大都为同位语关系,普遍发生自指名词化,有的属于临时名用,有的则永久性进入词库,如"分争"。

2)形容词及其短语作定语,如:

(11)而且有空虚穷乏之实矣。(《富国》)
(12)四海之内若一家,通达之属莫不从服。(《儒效》)

形容词作定语用例较多,但与中心语逻辑关系主要分两类,一类为属性和主体关系,另一类为上下义关系。例(11)定中结构的中心语"实"与定语"空虚穷乏"形成上下义概念,两者存在共指关系,该形容词短语实现自指名词化。例(12)中定语"通达"与中心语"属"为属性和主体关系,其形容词性不变,"之"字作用在于标记和衬音。

3)小句作定语,如:

(13)草木荣华滋硕之时,则斧斤不入山林……(《王制》)
(14)若其所以求之之道则异矣。(《荣辱》)

小句作定语,其中心语往往多为抽象名词,如上两例中的"时"和"道";定中之间大都形成共指关系,所以有理由认定小句整体名词化了,朱德熙(1983)称为"自指"。至于小句中的谓词,我们认同石毓智(2000:180—183)关于汉语从句中的内部构造不受上下文干扰的观点,认为其中谓词成为非定式谓词。

## 二 "之"字标记的受事前置结构

马建忠(1898)较早注意到"之"字标记"受事前置"结构的用法,"凡止词先乎动字者,倒文也。如动字或有弗辞,或为疑辞者,率间'之'字,辞气确切者间参'是'字"(同上:248)。这里所说的"倒文"就是"受事前置于动词",只是马建忠主要把范围限制于带否定词和疑问词的情形。此外,他还将介词宾语前置也纳入这一范畴,"至介词后司词,间亦先置而参以'之'字"(同上:253)。我们发现,只有"之"字而不带否定词或疑问词照样可以前置受事,在统计的132例实例中就包括这种情形(见表3—3)。

表3—3 《荀子》前24篇中"之"作"受事前置标记"用法统计

| 篇次 | 一 | 二 | 三 | 四 | 五 | 六 | 七 | 八 | 九 | 十 | 十一 | 十二 | 十三 | 十四 | 十五 | 十六 | 十七 | 十八 | 十九 | 二十 | 二十一 | 二十二 | 二十三 | 二十四 | 合计 |
|---|---|---|---|---|---|---|---|---|---|---|---|---|---|---|---|---|---|---|---|---|---|---|---|---|---|
| 频次 | 1 | 4 | 7 | 12 | 5 | 2 | 2 | 10 | 7 | 13 | 12 | 9 | 8 | 3 | 8 | 3 | 3 | 6 | 5 | 0 | 2 | 3 | 2 | 5 | 132 |

(一)"之"前受事的词性变化

"之"字标记的受事前置结构中,前置受事主要是名词和代词,动词和形容词短语用例较少，但都涉及名词化现象。

1）形容词短语作前置受事，如：

（1）人之生固小人，无师无法则唯利之见耳。（《荣辱》）

（2）（人主）惟诚能之求？（《王霸》）

以上两例受事前置结构都不带否定词或疑问词，但都有副词"唯"。例（1）中前置受事为形容词"利"，作宾语而名词化，根据句义选择限制可知，"利"字转指具备该特性的物质"利益"，已经永久性进入词库。例（2）中"诚能"为联合式形容词短语，作动词"求"的宾语而名词化，根据上下文义可知，语义转指具备该品质的当事人，都属于临时用法。

2）动词短语作前置受事，如：

（3）以尧继尧，夫又何变之有矣！（《正论》）

（4）故宫室不可得而居也，不可少顷舍礼义之谓也。（《王制》）

（5）君子之所谓察者，非能遍察人之所察之谓也；有所止矣。（《儒效》）

（6）齐桓公闺门之内，县乐、奢泰、游抏之修，于天下不见谓修。（《王霸》）

动词短语作前置受事，一般借助否定词或疑问词，但也可不用。例（3）中动词"变"受疑问词"何"限定一起作前置受事，整体名词化，其中"变"语义自指，名词属性明显，成为永久性名词。例（4）和（5）中的前置受事均为动宾短语，分别带有否定词"不"或"非"，都因作宾语而整体名词化，其中动词"舍"和"察"谓词特征保留较多，仅仅失去时间限定特性，属于非定式谓词。例（6）中的前置受事"县乐""奢泰""游抏"为并置成分，名词特征明显，其中形容词"奢泰"和动词"游抏"都发生了名词化，根据语义选择限制可知，都属于语义自指，属于临时活用。需要指出的是，例（4）和（5）中结构的动词都是"谓"，这不同于一般意义上的"之谓"① 结构,而是专门表示受事前置的一种结构。

(二)"之"后动词的词性变化

结构中前置受事存在名词化现象,"之"后动词也存在。考察发现,该结构在句中主要承担主语、谓语及状语等成分,其中动词全是光杆动词,都发生了不同程度名词化。

1)句中作主语,如:

(7)故檃栝之生,为枸木也;绳墨之起,为不直也。(《性恶》)

(8)夫礼义之分尽矣,擅让恶用矣哉!(《正论》)

《荀子》前24篇132例受事前置结构中,没有发现作宾语的用例,作主语也很少,这可能与该结构的语法属性存在关联。这很可能说明,该结构中的后置动词依然保留较强的动词性,仍然属于陈述功能,难以满足主宾语对名词性程度的要求。例(7)中"檃栝之生"和"绳墨之起",虽然在各自在小句中作主语,但根据句义选择限制可知,它们的后接成分均为原因状语,所以这两个受事前置结构都保留较强的谓词属性,其中动词当属于非定式谓词性质。例(8)中"礼义之分"在句中作主语,整体名词化,其中动词"分"已经转化为名词,这可能与受事"礼义"为抽象名词有关,而且小句的谓语"尽"为性质形容词。

2)作谓语,如:

(9)诗曰:"王犹允塞,徐方既来。"此之谓②也。(《议兵》)

(10)则是人也,而曾狗彘之不若也。(《荣辱》)

受事前置结构作谓语本身就说明其谓词性依然很强,例(9)中"谓"应

---

① 一般意义上的"之谓"结构指"B之谓A"式,何乐士(1989:27—29)解释为"前面的成分是表示被说明对象属性、情况的B,后面的成分是代表被说明对象的A",和"谓之"句相反。

② "此之谓也。"在《荀子》前24篇中极为常见,除篇20和篇23外,其他22篇都不止一次出现。

是全句的谓词,保留所有谓词特征。例(10)中"若"应该是一个介词,而且有否定词"不"限定,应该没有发生名化现象。这也说明了马建忠所说的介词宾语可以前置的观点在《荀子》中成立。

3)作状语,如:

> (11) 故仁者之兵,……若时雨之降,莫不说喜。(《议兵》)
> (12) 絜国以呼功利,不务张其义,齐其信,唯利之求,(《王霸》)

例(11)中"时雨之降"和介词"若"一起作比较状语,但根据上下文义可知,与之比较的对象是主语"仁者之兵",所以它更像一个动词"降"作后置定语的偏正结构。我们把它视为受事前置结构是基于语义关系。例(12)中"惟利之求"作目的状语。两例都不具有名词特性,不存在名词化。

### 三 "之"字标记的状中结构

状中结构,总体上指谓词附带限定成分,既包括限定成分前置的状中关系,也包括谓词前置的述补关系。这种结构具有一定自主性,不随中心谓词在句中的品级(参看叶斯柏森著、何勇等译,1924/1988:114—134)升降而发生改变,谓词和限定成分之间的逻辑关系相对固定。《荀子》前24篇中含"之"字标记的状中结构只有6例,悉数列举如下:

> (1) 吾尝终日而思矣,不如须臾之所学也。吾尝跂而望矣,不如登高之博见也。(《劝学》)
> (2) 夫是之谓祸乱之从声,飞廉恶来是也。(《臣道》)
> (3) 故乐也者,治人之盛者也,而墨子非之。(《乐论》)
> (4) 故比方之疑似而通,是所以共其约名以相期也。(《正名》)
> (5) 可学而能,可事而成之在人者,谓之伪。(《性恶》)

例(1)中两例状中结构在各自句中都作介词"如"的宾语而实现名词

化,其中谓词"学"和"见"都发生转指,指各自行为的结果,"学"
还附加了名词化标记"所"。需要指出的是,状语"须臾"不是修饰
"所学",依旧限定谓词"学"的时间;"登高"也不是修饰名词"博
见",而是依旧限定谓词"见"的方式。同理,其他各例中的状语跟中心
谓词的关系都不随中心谓词的名词化而变身定语,而是依旧保持对原动
词的限定关系,即"从声"说明"祸乱"的原因;"盛"交代"治人"
的程度;"疑似而通"说明"比方"的方式;"在人"说明"可学而能,
可事而成"的方式。这也许从中可以反映出"之"的作用,即"之"字
标识这种内在、固定的逻辑关系。

#### 四 "之"字标记的定语后置结构

定语后置结构在《荀子》前24篇中只有7例,悉数列举如下:

(1)是散名之在人者也,是后王之成名也。(《正名》和《正名》)

(2)所以知之在人者谓之知……所以能之在人者谓之能……。
(《正名》)

(3)大路之素幭也,郊之麻絻也,丧服之先散麻也,一也。
(《礼论》)

(4)择士之知事者,使相率贯也。(《王制》)

(5)性之和所生,精合感应,不事而自然谓之性。(《正名》)

在定语后置结构中,介词短语充当后置定语不发生词性变化,如例(1)
和(2)中的三个"在人"都修饰各自"之"前的名词或名词短语"散
名""知""能","之"字作用仅限于标记。动词短语或小句充当后置定
语,动词将不再受时间限定,变身为非定式谓词。如后3例中的"先散
麻""知事""和所生,精合感应,不事而自然",这些后置定语中的动
词"散""知""生""感应""事""自然"都成为非限定谓词形式,类
似于英语中的现在分词。

#### 五 "之"作指示代词

我们所说的"之"作指示代词,仅限于"之"字后接名词并对其形

成限定作用的用法。《荀子》前24篇中共计10例，悉数列举如下：

（1）王夺之人，霸夺之与，强夺之地。夺之人者臣诸侯，夺之与者友诸侯，夺之地者敌诸侯。（《王制》）

（2）厚刀布之敛，以夺之财；重田野之赋，以夺之食；苛关市之征，以难其事。（《富国》）

（3）之所与为之者，之人则举义士也。（《王霸》）

（4）之主者，守至约而详……（《王霸》）

以上10例加着重号的"之"字都是指示代词，其中只有例（1）中两个后接成分"与"字都是动词，受指示代词"之"字的功能投射影响，具有指称属性，根据上下文义，转指动作的受事，发生了完全名词化，当时属于高频用法。

对以上"之"字用法，何乐士（1989：7—9）持有不同观点，他认为"夺＋之＋名"结构属于"双宾"结构，即"之"字是对前文名词的复指，而不是表示领属；领属只能用"其"标识。这可能是受吕叔湘（1957）关于先秦"之""其"用法观的影响，吕先生认为"之"字"只限于作止词及补词，不能作主语或领属性加语"，"其"字"只能用在领格"（同上：157）。我们认为"之"字有表示领属的功能，例（3）和（4）中的"之"字都是与后接名词一起构成名词短语，在句中作主语，足以说明"之"字可表领属。此外，他们对"其"字的用法存在偏见，我们下章将作进一步论证。"之"作指示代词，主要是沿用马建忠和王力的规定，另外也考虑到其"指别"而非"称代"的特殊功能。

## 六　小结

"主＋之＋谓"结构，其"主""谓"之间存在多种逻辑语义关系，并在句中表现出不同的语法属性。我们所讨论的"主＋之＋谓"结构主要限于"主语"为"施事""当事"或"主体"的情形，其他用例分别在定中结构、受事前置结构、状中结构和定语后置结构中考察。这样处理可以容纳更多的"之"字用例，比如"之"字标记小句作定语的情形；

也便于发现结构的属性，比如"之谓"结构的歧义多用。涉及名词化现象的还有"之"字作指示代词用法。"之"作代词和动词，以及组合用法，因为不涉及名词化而不予讨论。

# 第 四 章

# "其"字结构中的名物化

## 第一节 "其"字用法概况

### 一 马建忠的观点

马建忠（1898）关于"其"字的研究主要集中于实词用法，在"指名"和"接读"两类代词中都有论述。关于"指名"，马建忠认为"其"字有"两用"，"一为读之起词而居主次"，即单独用作小句的主语；"二以附名而居偏次"，即后接名词并作它的限制成分。关于"接读"，"其"字"仍居主次"，为"承接之读"（同上：49—50）。

（一）"其"字作"指名"代词

"其"作指名代词，在语义上"回指前文"，即《韵会》所解"指物之辞"。所谓"物"者，"兼人物言，且兼人己言"；在句法功能上，"其"字存在如下表现：

1）在从句或分句中承担小句的主语。如："其为人也好善。"（《孟·告下》）句中，"其为人也"为一读，整体作动词"好"的起词，其中"其"字充当"主次"。又如："其至，尔力也，其中，非尔力也。"（《孟·万下》）句中，两"其"字都是各自分句的"主次"。

2）作定语，修饰后接名词。如："我非爱其财而易之以羊也。"（《孟·梁惠王上》）句中，"其"在"偏次"，修饰"正次"的"财"；"其"指前文出现的"百姓"，"其财"即为"百姓之财"。"其"字的这种用法最为常见。

3）作宾语。如："孟尝君使人给其食用，无使乏。"（《韩·齐策》）句中，"其"字作动词"给"的"宾次"，相当于"之"。不过，这种用法较为少见。

4）相当于"指示代词"。如："苟有其备，何故不可。"（《左传·昭王五年》）句中，马建忠认为，"其备"即"如是之备"，"其"作"指示者"。

5）用于更换话题。如：《书·无逸》中"其在高宗"和"其在祖甲"两句中，两"其"字都表示话题的更换。

6）作定语，而且与中心语之间形成语义包含关系。如：《孟·公下》中"恶得有其一以慢其二哉！"句中，"其一"即"三者中之一"，"其二"即"三者中之二"，"其"字在形式上与"一"或"二"形成偏正结构，但在语义上形成类似分母和分子之间的包含关系。

7）用于回指，但限于同一小句或句子。如：《孟·梁惠王上》中"彼夺其民时"句中，"其"字回指同一句中的施事"彼"；又如：《孟·公下》中"谏于其君而不用，则怒，悻悻然见于其面。"句中的两个"其"字都指说话人自身。

（二）作接读代字

马建忠规定，接读代字指"顶接前文，自成一读"。这种代词主要有三个：一是"其"字，位于"读首"；二是"所"字，位于"读领"；三是"者"字，位于"读脚"。三字所指含义不同，其用法也不同。其中，"其"字常在句首以引导小句，又分两种情况：一在"主次"（单独作小句的主语，以下前三种情形属于此类），二在"偏次"（与后面的名词短语一起作小句的主语，以下第四类情形属于此类）。

1）单独引导从句或分句，句中作主语。如：《荀子·议兵》中"秦人，其生民也狭隘，其使民也酷烈"句中，两"其"字各引导一个小句，并在其中作主语。这种"其"字用法往往要求前面有先行词，以便通过回指获得语义。

2）单独引导从句，其中作主语，但其先行词为代词。如《庄·秋水》中"此其过江河之流，不可为量数"以及《荀子·荣辱》中"是其为相悬也，几直夫刍豢稻粱之悬糟糠尔哉！"两句中，两"其"字均引导从句并在其中作主语，它们的先行词"此""是"同为代词，同为各自主句的主语。

3）单独引导从句，其中作主语，但与先行词之间存在间隔。如：

《孟子·离下》中"有人于此，其待我以横逆，则君子必自反也"句中，"其"引导所在从句并在其中作主语，但其先行词为在前一小句中的"人"字，两者并非紧邻。这种用法与前两种的区别在于，"其"字引导的小句与先行词的关系较之于前两种更为松散，相当于英语中的非限定性定语从句。

4）和名词短语一起引导从句，作后接名词的定语。如：《左·僖公七年》中"夫诸侯之会，其德刑礼义，无国不记"句中，"其"字修饰"德刑礼义"并与之一起作"无国不记"的受事主语，但"其"字语义仍需要通过回指先行词"诸侯之会"方可获得。

（三）特殊用法

马建忠还谈到"其"字单独后接形容词的用法，他认为"静字不附名字，而先以'其'字者，必有所指也"；如果形容词后附"者"字，"则各有所指"；"至'其'字为母，则附其后者概为滋静之字，所以言全中之几分也"（1898：114）。其实，这种用法与前文所说的作"指名代词"的第六种用法颇为相似。

总之，接读"其"字，有别于指名"其"字，因为"其"字在与前置先行词形成回指的同时，又承担所在小句的引导词。

## 二　其他学者的观点

（一）王引之的贡献

总体而言，王引之（2014：105—112）将"其"字用法概括为以下几种：1）"指事之词"；2）"状事"，又分两类，一是"先言事而后言其状"，如"击鼓其镗""雨雪其雱"等，二是"先言其状而后言其事"，如"灼灼其华""凄其以风"等；3）"拟议"，根据所在句义，大致相当于"殆""将""尚""若"，或"乃""之"或"宁"等；4）"更端"，即马建忠所说的更换话题；5）作"语助"，可在句中，如《易·小畜·初九》中"愎自道，何其咎？"；可在句尾，此时为"问词之助"，如《书·微子》中"予颠跻，若之何其？"。

（二）杨树达的贡献

杨树达（1928：158—163）将"其"字用法概括为代名词、指示形容词、副词、连词和助词5类。其中，1）代名词，相当于代词"彼"，可进一步分为"人称"和"指示"两种,可用于"主位"和"领位"。
其中,"指示代名词"可用于"宾位"用法,相当于代词"之",如:
《书·盘庚》中"不其或稽,自怒曷瘳?";2)指示形容词,相当于现代
汉语的指示代词"那",如:《左传·襄二十五年》中"晏子立于崔氏之
门外。其人曰:'死乎?'";3)副词,又分为四种,即表示"拟议不
定",相当于"殆";表示未然的"时间",相当于"将";表示"反诘"
语气,相当于"岂";表示"命令"语气,相当于"当";4)连词,再
分为三种,即表示"转接""陪从"或"假设";5)助词,又分为三种,
即a. 句中主谓之间,无义;b. 句中代词之后,无义;c. 语末助词,表
疑问。

（三）王力的贡献

王力（2000:59）将"其"字用法概括为5类,即人称代词、指示
代词、副词、句末语气词及组合用法。其中,1)人称代词,用于"领
位",如《诗·周南·桃夭》中"桃之夭夭,灼灼其华。之子于归,宜其
室家";2)指示代词,指"意之所属的那个",如《史记·项羽本纪》
中"今欲举大事,将非其人不可";3)副词,可表示"揣测""祈使"或
"强调"等语气,兼有"足句"作用;4)句末语气词;5)组合用法,
如"彼其"等。

（四）杨伯峻的贡献

杨伯峻（1981:110—114）将"其"字用法概括为"代词""副词"
"连词"、组合用法及"语气词"5种。其中,1)作"代词",一般表示
"领位"。有时作"他称代词",分两种情况,一是在有"兼词的动词"
（三价动词）后面作"兼词",如《左传·哀公十三年》中"吴人告败于
王。王恶其闻也,自刭七人于幕下";二是用作"宾语子句的主语",如
《史记·滑稽列传补》中"呼河伯妇来,视其好丑。""其"字还可以在
句中作"定语",一般表示"远指",可译为"那"。如《论语·八佾》
中"尔爱其羊,我爱其礼"。2)作副词,表示"估量、推测、不肯定"
等情态,或表示"未来时",还可以作"反诘副词",或"命令副词"。
3)作连词,表示"选择"或"假设",有时用于句中,既无意思,作用
也不明显,仅仅多一音节罢了,如《诗·邶风·击鼓》中"击鼓其镗,
踊跃用兵"。有时用在主语为代词的句中,如《孟子·梁惠王上》中"若

是其甚与?"4)组合用法,如"彼其""何其"① 等。5)语气词,表疑问,秦以后不用。

### (五) 何乐士的贡献

何乐士等(1985:412—418)将"其"字用法分为代词、副词、连词和助词四种用法。其中助词分两种,一是用在修饰语与被修饰语之间标记两者逻辑关系;二是用在单音节形容词或象声词之前起强调作用或"重言"作用。

何乐士(1989)关于"其"字的研究主要集中在虚词方面,至于作为实词用法主要是区别了构式"动+其+名"中的"其"与构式"动+之+名"的"之"。何乐士认为,"动+之+名"和"动+其+名"是"两种不同的语法格式,表达不同的语法意义",前者"之"字多作间宾,而后者"其"字多作定语(同上:3—4)。此外,他专章考察了《左传》中语气副词"其"的用法,发现大约95%出现在主谓之间或谓语之前,5%在主语之前。"其"配合上下文可以表示推测、判断、决心、愿望、命名、劝诫、祈使、反诘、疑问、假设等多种语气。其中表示推测、判断的用法最多,表反诘的用法次之,表命令、劝诫、祈使的又次之,表疑问或假设更少,表决心、愿望最少。何乐士认为"推测、判断"语气常常或多或少地蕴含在其他语气之中,成为"其"的基本用法,但各种语气之间有时很难"截然区分"(同上:357—370)。

### 三 本书的观点

综观以上先贤观点,我们认为,"其"字用法,首先是"指名"代词,其下可分两类:一类为单独用于指称人、物及事件,可作小句的主语或宾语,由于两者彼此之间不存在任何形式上的差异,我们将其统一命名为"人称代词";另一类为后接名词或名词短语的情形,我们将其命名为"物主代词"。"其"字第三种用法是用作"指示"代词,表示特指,其后也接名词或名词短语,它与物主代词的区别在于后者是对具体人、物或事件的指称,而前者是对自身所接名词短语的限定,相当于

---

① 杨伯俊(1981:113)将"其"字的这些组合用法视为"多余",甚至为"病句",如《左传·昭公三年》中"彼其发短心甚长,其或寝处我矣"。

"那，那些"或"这，这些"。关于"接读"代词的使用，其下也分两种情况，一是单独引导小句，在句中修饰主句的某一成分，二是后接名词或短语一起引导小句，在句中修饰主句的一个名词性成分，由于两者的句法作用相近，我们统一命名为"连接代词"。第五类为"其"后接形容词或副词的情形，我们将其命名为"副词"，表示性状或程度。第六类为介词（马建忠术语，相当于结构助词），指用于修饰语与中心语之间的衔接词。第七类作连词，表并列关系，下分两种情况，一是用于两个形容词之间，二是用于两个小句之间。第八类，语气词，对小句或句子的情态予以标记，位置可以是句中，也可以是句末。第九类，组合用法，指"其"与其他词固定共现的情形，两词可以紧邻也可以有所间隔。

简言之，"其"字用法可以概括为：1）人称代词，2）物主代词，3）指示代词，4）连接代词，5）副词，6）介词，7）连词，8）语气词，9）组合用法9种。

# 第二节 《荀子》中"其"字用法考察

## 一 《荀子》中"其"字用法统计

我们依据上节"其"字用法的分类，对《荀子》前24篇中的"其"字用例进行了统计，结果如表4—1所示，下文将就各类用法进行考察。

表4—1 《荀子》前24篇中的"其"字统计①

| | 人称代词 | 物主代词 | 指示代词 | 连接代词 | 副词 | 介词 | 连词 | 语气助词 | 组合 | 引文 | 合计 |
|---|---|---|---|---|---|---|---|---|---|---|---|
| 功能 | 单独指称 | 标记领属 | 标记有定 | 引导从句 | 表示强调 | 表示修饰 | 标记连接 | 标记情态 | 固定共现 | 出自他文 | 累加结果 |
| 共计 | 194 | 560 | 195 | 7 | 1 | 11 | 3 | 4 | 1 | 33 | 1009 |
| 百分比（%） | 19.88 | 57.38 | 19.98 | 0.71 | 0.10 | 1.13 | 0.31 | 0.41 | 0.10 | 不计 | 100 |

---

① 《荀子》中引自其他文献的"其"字用例不在各类用法统计范围之内。

## 二 《荀子》中"其"字用法考释

### （一）"其"作人称代词

"其"字作为人称代词，主要是对第三方（说话人和听话人双方之外的人或事物）的称代，指代对象可以是单数，也可以是复数，可以在上下文中出现，也可以是上下文虽然没有出现但交际情景实际存在的对象，甚至可用于上下文及交流现场都不存在但交流双方可以彼此共享的指称对象。《荀子》中"其"字作人称代词的句法环境非常丰富，几乎涵盖简单句、并列句和复合句等各种类型。"其"字承担的句法功能主要是主语，计 189 例（其中包括存在兼语可能的 20例），作宾语的仅 5 例（见表4—2）。

表4—2　《荀子》前24篇中"其"作人称代词用例统计（194例）

| 篇次 | 一 | 二 | 三 | 四 | 五 | 六 | 七 | 八 | 九 | 十 | 十一 | 十二 | 十三 | 十四 | 十五 | 十六 | 十七 | 十八 | 十九 | 二十 | 二十一 | 二十二 | 二十三 | 二十四 | 合计 |
|---|---|---|---|---|---|---|---|---|---|---|---|---|---|---|---|---|---|---|---|---|---|---|---|---|---|
| 频次 | 3 | 8 | 10 | 6 | 10 | 1 | 1 | 16 | 0 | 9 | 12 | 24 | 0 | 0 | 13 | 6 | 10 | 5 | 14 | 7 | 14 | 15 | 8 | 2 | 194 |

#### 1. 作主语（189 例）

"其"字在先秦语法系统中能否充当主语经历了长期的争论。先贤马建忠（1898：49—50）、杨树达（1928：158）、黎锦熙（1957：48）等人都认为"其"字可以作主语，后来遭到王力（1989：238—239）等学者的反对。随着研究的不断深入及语言事实的不断发掘，越来越多的学者（周法高 1959，易孟醇 1989，杨伯峻、何乐士1992，朱城 2003，等等）倾向于"其"可作主语；但对"其"作主语的条件看法不一。为此，我们主要对《荀子》前 24 篇中"其"字作主语的句法环境进行梳理和界定。

1）作简单句的主语

"其"字作为人称代词，其意义具有依附性，往往需要借助上下文实现指称功能。考察发现，《荀子》中不存在单一小句使用"其"字作主语的案例。

2）作并列小句的主语

（1）君子之求利也略，其远害也早，其避辱也惧，其行道理也勇。（《修身》）

（2）（乐者）其感人深，其移风易俗。（《乐论》）

上章考察已知，"之"字用于主谓之间，其作用并非与前面名词一起形成真正意义上的属格形式，"名词＋之"的黏附性及称代功能大大弱于现代汉语的"名词＋的"，仅仅限于作为取消句子独立性的手段，或非定式谓词的语法标记。例（1）中的四个小句之间彼此构成并列关系，"之"不是黏附于"君子"，后面的三个"其"不必也不应理解为"君子之"，它们所在结构都是主谓结构，"其"字均为人称代词，是对首句主语"君子"的回指，也是所在小句谓词的施事，作小句主语。同理，例（2）中两个"其"字所在小句彼此形成并列关系，都是对前文先行词的复指，同时也都是所在结构中的施事和主语。

3）作复合句中主句的主语

所谓复合句，主要是指句中的各个小句之间并不都是并列关系，至少有一个小句充任从句。我们首先讨论"其"作复合句中主句主语的情形。

（3）事之弥烦，其侵人愈甚，必至于资单国举然后已。（《富国》）

（4）（易者）其累百年之欲，易一时之嫌，然且为之，不明其数也。（《正名》）

以上两句均为复合句，例（3）含结果状语从句，例（4）含原因状语从句，"其"字所在小句都为主句，而且"其"字都在其中扮演施事和主语角色。

4）作复合句中体词性从句的主语

复合句中从句类型多变，除了谓语主要由动词充当外，其他成分都可以由小句承担。体词性从句，指句法属性相当于名词的从句，主要包括主语从句、宾语从句及表语从句，都由主谓结构充当。这三种从句的主语范畴都有"其"字参与。

(5) 是其为相县也，几直夫刍豢稻粱之县糟糠尔哉！（《荣辱》）

(6) 百姓晓然皆知其污漫暴乱，而将大危亡也。（《富国》）

(7) 故人主不务得道，而广有其埶，是其所以危也。（《仲尼》）

以上例（5）中的"其"字结构是复合句中的主语从句，例（6）中的是宾语从句，例（7）中的是表语从句，"其"字在各自从句中都占据主语位置。

需要说明的是，表语从句指主谓结构作谓语，有的语法书称为体词性谓语，有的称为表语从句，我们采用后者。先秦汉语中"也"字具有联系动词的句法功能（王统尚、石毓智，2008；张俊、苗兴伟，2015），主谓结构充当表语时多借助"也"字，只是位置是在主谓结构的后面，这可能与远古汉语句序有关。现代汉语有时可省略系词（赵元任著、吕叔湘译，1968/1979；黄伯荣、李炜 2012）。

5）作复合句中定语从句的主语

定语从句，即关系小句，指对名词性成分形成限定作用的小句。《荀子》中定语从句较为常见，其中不少是由"其"字充当从句主语的情形。如：

(8) 是君子小人之所同也；若其所以求之之道则异矣。（《荣辱》）

(9) 以其可道之心与道人论非道，治之要也。（《解蔽》）

例（8）中名词"道"带有自己的限定小句"其所以求之"，两者之间的"之"为标记语。传统语法把"之"定性为结构助词，我们采用现代句法观点将"之"称为关系小句的标记词。其中，"其"字是对上文"君子小人"的复指，充当限定小句的主语。同理，例（9）中名词"心"的定语从句"其可道"的主语也由"其"字充当。

6）作复合句中状语从句的主语

《荀子》中状语从句的类型已经较为完备，这一点单单从"其"字作主语的情形就可窥见一斑。《荀子》前24篇中"其"字作主语的状语从句至少包括表时间、地点、原因、条件、让步、结果等功能的六种类型。

(10) 及其綦也，索为匹夫不可得也，齐湣、宋献是也。(《王霸》)

(11) 不求之其所在，而求之其所亡，虽曰我得之，失之矣。(《正名》)

(12) 然则人之所以为人者，非特以二足而无毛也，以其有辨也。(《非相》)

(13) （今君人者）若其所以统之，则无以异于桀纣……(《强国》)

(14) 将以穷无穷，逐无极与？其折骨绝筋，终身不可以相及也。(《修身》)

(15) 兼是数具者而尽有之，然而县之以王者之功名，则偶偶然其不及远矣！(《强国》)

例（10）中小句"其綦"为主句谓词"索为匹夫不可得"交代了时间，是时间状语从句。例（11）中两个小句"其所在""其所亡"都在各自句中作谓词的地点状语。这里涉及"所"字特殊用法，即由一般意义上的用在动词前作代词转变为动词表存在义时作副词的用法，相当于英语中的 everything 变成了 eveywhere。这在《荀子》前24篇中是孤例。例（12）中小句"其有辨"为原因状语从句，连词"以"是标记语。例（13）中小句"其所以统之"为条件状语从句，连词"若"为标记语。这里的条件句包括传统语法所说的条件句和假设句，我们这么处理主要是基于这两种小句的共性，即它们不同于原因小句，都是对未然事件的假设，而且都是主句叙述的事件或动作行为成立的前提。例（14）中小句"其折骨绝筋"与主句"终身不可以相及"之间虽然存在一定因果关系，但不构成充分条件，我们视为让步状语从句。例（15）中小句"其不及远"为结果状语从句，连词"则"为标记语。其实，原因句、条件句和让步句也都与主句在逻辑上存在因果关系，只是表示结果的小句是句子的主句而已。

2. 作宾语

《荀子》前24篇中"其"字作宾语仅5例，尽数列举如下：

    （16）（魏氏之武卒）中试则复其户，利其田宅。（《议兵》）

    （17）既，楚发其赏，子发辞。（《强国》）

    （18）验之所为有名，而观其孰行，则能禁之矣。（《正名》）

    （19）验之所缘以同异，而观其孰调，则能禁之矣。（《正名》）

"其"字作宾语，没有单独作宾语的案例，主要是承担间接宾语，这对谓语动词提出了一定要求，即谓语动词必须是三价动词。例（17）中的动词"发"是三价动词，人称代词"其"不是对主语"楚"的复指，而是复指下文的"子发"，因而"其"应理解为动词"发"的间接宾语，"赏"为"发"的直接宾语。例（18）和（19）中的动词"观"也都带有双宾语，"其"作间宾，不同于例（17）之处在于直宾由主谓结构"孰行"充当。例（16）似乎存在争议，动词"复"和"利"·似乎不是三价动词，但根据语义选择限制可知，它们在句中都属使动用法，即"使其复""使其利"，后面名词"户""田宅"在逻辑上应该是动词的工具，但由于介词省略，形式上表现为直接宾语。

3. 作兼语

"兼语句"作为术语最早见于丁声树（1961）主编的《现代汉语语法讲话》，但这种现象得到学界关注的时间要更早些，如王力（1944）提出的"递系式"就是对这一句式的不同表述。兼语句主要特征是句中包含兼语，正如杨伯峻（1956/2016）指出，"兼语式必有兼位"，"兼位"即"为上一动词的宾语，同时又为下一动词的主语"，它"兼有不同动作的受事者与施事者两重身份"（同上：258—259）。此外，杨伯峻还列举了该句式的五种形式，即"使令"式、"拜……为……"式、"命名"式、"原因"式和"以有字起"式（同上：259—263）。出于表述规范，我们把兼语句标识为（NP1 + ）VP1 + NP2 + VP2。事实上，这种连续出现两个动词短语的句式，不只有兼语句，还有连动句、主谓短语作宾语句以及含有一个谓词性宾语的双宾语句。由于汉语的谓词缺乏形态标记,因而这种动词结构的句式归属一直存在争议①。

我们统计出《荀子》前 24 篇中"其"字作兼语的语料大约 20 例,但大都存有争议,只有符合杨伯峻(同上)所列句式的较为确定,主要有"使令"或"原因"两类。如:

(20)今使污邪之人论其怨贼而求其无偏,得乎哉!(《君道》)

(21)夫厚其生而薄其死,是敬其有知,而慢其无知也,是奸人之道而倍叛之心也。(《礼论》)

例(20)中"求其无偏"可归为"使令"式,(21)中的 4 例"其"字所在兼语结构可归为"原因"式,这些兼语结构应不存在争议。

(二)"其"字作物主代词

前文交代,"其"作物主代词,仅限于和名词或名词性短语组合使用并标记它们的领有者的用法。这种用法,前贤们都将其归在人称代词名下(马建忠,1898;杨树达,1928;等等),现代学者也大都沿用这一做法(马梅玉②,2012;等等)。我们将其单列旨在表明两点,一是"其"字在《荀子》中作物主代词业已成熟,具有独立性;二是便于更好说明"其"字的多种句法表现,以及这些表现之间的语法特征区别。传统观点认为"其"字只能在句中作定语,不能作主语或宾语,如吕叔湘(1948/2002:156)认为,"其"字是"专作表领属的加语",王力(1980)和朱德熙(1983:31)也都持有相近观点。这种观点现在依旧存有影响,如吴可颖(2010)等。其实,他们对"其"的语法性质定位近似于我们所说的"物主代词",但需说明的是,这些观点是以牺牲"其"字的人称代词及其他用法为前提的,并不是对"其"字的全面准确认识。

《荀子》前 24 篇中,"其"作物主代词共计 559 例(具体分布见表

---

① 质疑兼语说的有萧璋(1956),张静(1977),朱德熙(1982),杨月蓉(1992),张祎(2010),苏丹洁(2013),等等。

② 马梅玉(2012)对"其"的解读也是总体放在人称代词框架之下进行,但她对"其"的各种用法及彼此之间渊源进行了考察,并形成了许多有价值的观点。

4—3），占总数 1009 例的一半以上。"其"字在句中主要作定语，对后接名词发挥限定作用。考察发现，"其"字所限定的后接成分，除名词和名词短语外，还有形容词和形容词短语以及动词和动词短语。为讨论方便，我们将"其"字连同其所修饰的后接成分一起称为"其"字短语。下文就"其"字短语的句法表现展开讨论。

表4—3　　　　《荀子》前24篇中"其"作物主代词统计

| 篇次 | 一 | 二 | 三 | 四 | 五 | 六 | 七 | 八 | 九 | 十 | 十一 | 十二 | 十三 | 十四 | 十五 | 十六 | 十七 | 十八 | 十九 | 二十 | 二十一 | 二十二 | 二十三 | 二十四 | 合计 |
|---|---|---|---|---|---|---|---|---|---|---|---|---|---|---|---|---|---|---|---|---|---|---|---|---|---|
| 频次 | 8 | 6 | 12 | 34 | 17 | 25 | 8 | 48 | 31 | 63 | 36 | 18 | 6 | 2 | 39 | 22 | 16 | 20 | 30 | 25 | 35 | 26 | 27 | 6 | 560 |

1. 后接名词短语

1）一起作主语

"其"后的名词成分可以是任何形式，包括单音名词、复音名词以及名词短语，但不含其他限定成分，如：

（1）故其法治，其佐贤，其民愿，……，夫是之谓上一。(《王霸》)

（2）（人主）其德音足以填抚百姓，……夫是之谓国具。(《君道》)

（3）其耕者乐田，……，其卿相调议：是治国已。(《富国》)

（4）故百里之地，其等位爵服，足以容天下之贤士矣……(《王霸》)

例（1）中的"法""民"（"佐"为动转名词，下文讨论）属于光杆名词或单音名词。例（2）和（3）中的"德音""卿相"都是复音词，其中"耕者"属于派生名词。例（4）中"等位爵服"是名词短语。

"其"字作为物主代词，可以指人、物及事件，可以指单数，也可以指复数，其先行词可以在前文出现，也可以不出现但交流双方彼此互明的实体（见表4—3）。如：

（5）君贤者其国治，君不能者其国乱……（《议兵》）

（6）譬之是犹立直木而恐其景之枉也，惑莫大焉。（《君道》）

（7）礼之理诚深矣，……其理诚大矣，……（《礼论》）

（8）令不进而进，犹令不退而退也，其罪惟均。（《议兵》）

例（5）中的先行词"君"指人，例（6）中"直木"指物，例（7）"礼"为抽象事物，例（8）中"其"的先行词没有出现，但可以推断。

2）一起作宾语

"其"字短语作宾语，大约有 170 例。其中心语主要由单音名词充当，不带其他修饰成分，出现于各种句型之中。如：

（1）君子之学也，以美其身；小人之学也，以为禽犊。（《劝学》）

（2）故新浴者振其衣，新沐者弹其冠，人之情也。（《不苟》）

（3）故杀其父而臣其子，杀其兄而臣其弟。（《君子》）

（4）知强大者不务强也，虑以王命，全其力，凝其德。（《王制》）

（5）厌其源，开其渎，江河可竭。（《修身》）

以上 5 例中所有"其"字短语的中心语都是单音名词，都没有其他限定成分。这些短语出现的句型各不相同，例（1）"其身"在目的状语从句中作宾语，例（2）用于并列句的两个子句，例（3）分布于结果状语从句中的两个并列小句，例（4）中两个"其"字短语所在小句也是并列关系，例（5）中分布在两个并列的假设（或者说条件）状语从句中。"其"字短语的中心名词与物主代词"其"之间的逻辑语义关系主要是领属关系，但又可分为多种类型[①]，仅以上 5 例已涉及物质与载体（"君子"与"身"）、主体与衣着（"沐浴者"与"衣冠"）、伦理关系（"父"与"子"，"兄"与"弟"）、事物与属性（"强大者"与"力"和"德"）整

---

① 领属关系类型可参阅陆俭明、沈阳（2003：392—393），他们列举出 20 多种由具体到抽象的类型。

体与部分关系（"江河"与"源""渎"），等。

此外，派生名词作中心语且整体在句中作宾语的用例在《荀子》前 24 篇中只有 5 例，列举如下：

（6）观其朝廷，则其贵者贤；观其官职，则其治者能；观其便嬖，则其信者悫：是明主已。（《富国》）

（7）循其旧法，择其善者而明用之，足以顺服好利之人矣。（《王霸》）

（8）先王之道，礼乐正其盛者也。（《乐论》）

以上 3 例中的"贵者""治者""信者""善者""盛者"这 5 个双音词都是由动词或形容词派生出来的名词。

名词短语作中心语且整体作宾语的"其"字短语共计 19 例①。先秦时期双音词是非主流现象，这从作宾语的"其"字短语的中心语的成员比例就可见一斑。这 19 例"其"字短语的中心语大都是复音名词。如：

（9）是犹使人之子孙自贼其父母也。（《议兵》）

（10）正其衣冠，齐其颜色，嘿然而终日不言。（《非十二子》）

以上 2 例的中"父母""衣冠""颜色"这些双音词的词义可能与现代汉语中的实际用法存在出入，但也具有不透明性，不等于成员词素的简单叠加，应该已经固着成词了，都可算作复音词。

3）一起作介词宾语

"其"字短语除作主语和宾语外，还可以作介词的宾语，共 6 例，如：

（1）安以其国为是者王/霸②。（《王制》）

（2）生民之属，孰不愿也！雕雕焉县贵爵重赏于其前，县明刑

---

① 不包括没有任何形式标记的动转名词短语或形转名词短语。

② 此例为两个例句的合成形式。

大辱于其后,虽欲无化,能乎哉!(《议兵》)

（3）故有血气之属莫知于人,故人之于其亲也,至死无穷。(《礼论》)

（4）欲观圣王之迹,则于其粲然者矣,后王是也。(《非相》)

以上6例作介宾的"其"字短语中,5例为名词作中心语,另外1例"粲然者"为形容词派生名词。例（1）中介词为"以",其他例句中都是"于"。两者都与后接"其"字短语一起在句中充当状语,前者作方式状语,后者作地点或比较状语。

4）一起作状语

方位名词作中心语的"其"字短语,可以作介词的宾语,与宾语一起在句中充当状语,但也可以省略介词单独充当状语,这种现象前24篇中有7例,如:

（1）然后昆虫万物生其间,可以相食养者,不可胜数也。(《富国》)

（2）明君者,必将先治其国,然后百乐得其中。(《王霸》)

（3）故君子上致其隆,下尽其杀,而中处其中。(《礼论》)

（4）推贤让能,而安随其后。(《仲尼》)

（5）故君子务修其内,而让之于外;务积德于身,而处之以遵道。(《儒效》)

（6）若是,则人臣轻职业让贤,而安随其后。(《王霸》)

（7）三者具而天下尽,无有是其外矣。(《王霸》)

以上7例中的方位名词"间""中""后""内""外"等,都和"其"字一起组成定中结构,在句中作地点状语。它们可以视为介词"于"的省略形式。

2. 接动词短语

何元建、王玲玲（2007）认为,汉语没有领格代词,因为从类型学角度看,缺乏形态变化的汉语名物化过程可能涉及句法转换,即它的名物化结构应该是从相应的谓词结构转换而来（同上:22）。不过,他们所谈的"汉语"指现代汉语,至于先秦汉语,我们认为存在领格代词,至少"其"作物主代词时具有领格功能。王力(1989:231)曾指出"其"等于"名词+之",具有领位功能。现在看来,"名词+之"未必表示领位,"其"字功能也不限于领位,两者有交叉但不吻合。先秦汉语的动词或形容词名物化不必通过句法转换,只是由于汉语形态缺乏,不少动词或形容词兼类作名词时形态不变而已。

《荀子》前24篇语料统计显示,动词及动词短语充当物主代词"其"的中心语的实例共计116例,其中单音动词76例(作主语29例,作宾语47例),复音动词20例(作主语12例,宾语8例),动词短语20例(作主语19例,宾语1例)。这些"其"字短语在句中只承担主语或者宾语的作用,没有出现其他如介词宾语或定语或者状语的情况。

1)单音动词作中心语,如:

(1)心容,其择也无禁,必自现,其物也杂博,其情之至也不贰。(《解蔽》)

(2)其言有类,其行有礼,其举事无悔,其持险应变曲当。(《儒效》)

(3)凡百事之成也,必在敬之;其败也,必在慢之。(《议兵》)

前两例中的"择""言""行"都是及物动词,所在小句都发生了论元缺省,省略了宾语或受事。这种情形得以成立的条件只能是所在小句降级为短语,缺省论元包含在动词名词化转指之中(何元建、王玲玲,2007)。我们认为,"其"作物主代词可以对后接成分进行名词性投射。例(1)中的"其择"与名词短语"其物"处于并置位置,都在各自小句中承担主语,它们应该具有相同句法功能和属性,即"择"为名词,根据语义选择限制,语义自指行为本身。同理,例(2)中的"言""行"也都发生名词化,只是语义都转指行为结果或产品。例(3)中"败"为不及物动词,"其败"与前句中"百事之成"并置,都作各自小句主语,应具有相同句法属性。"其"等于"百事之","败"发生了名物化自指。

"其+单音动词"作宾语的实例大大多于作主语(47:29),理由可能在于单音动词的名化程度较低,难以胜任主语角色的高名词性需求(王冬梅,2001;董秀芳,2013)。我们认为,更主要原因在于"其"字作为物主代词的依赖性。如:

(4)故仁人之用国,非特将持其有而已也,又将兼人。(《富国》)

(5)(故)为之钟鼓、管磬、琴瑟、竽笙,……不求其余。(《富国》)

"其"字短语在句中作主语时,其中动词的名词性并非不存争议,因为"其"在句首存在作施事即人称代词的可能性;但在作宾语时,其确定性就会高些,例(4)中"其有"的名词性较为确定,因为作动词"持"的宾语,"其"作人称代词的可能性减弱,而且"有"的宾语的缺失,语义选择限制要求其名词化转指进行补偿。同理,例(5)中"其余"在句中作宾语,受动词"求"的语义制约,动词"余"转指动作结果,实现名词化。

2)复音动词作中心语

复音动词作中心语的"其"字短语,在句中作主语略多于作宾语的情形,但大大多于单音动词,这显然支持王冬梅(2001)提出的"双音动词比单音动词的名词性更强"的观点。我们认同这一观点,并认为复音动词名词性增强的原因在于,它们往往都不表示具体事件,甚至不表示类属事件,而多是物化事件。如:

(1)故其知虑足以治之,其仁厚足以安之,……(《富国》)

(2)是何邪?则其道易,其塞固,其政令一,其防表明。(《富国》)

(3)其言议谈说已无异于墨子矣,然而明不能别。(《儒效》)

(4)度其功劳,论其庆赏,……冢宰之事也。(《王制》)

(5)故率其群徒,辨其谈说,明其譬称,将使人知情之欲寡也。(《正论》)

前三例中加着重号的"其"字短语在句中充当主语，后两例在句中作宾语。例（1）和（2）中"知虑""防表"都为双音词，（3）中"言议谈说"虽为多音词，但各词素均为动词，结构属性相同，所以列为一处。这些多音动词随着词素增多，都不宜表示具体事件，因为词义内涵也相应丰富了，很难同时受到同一时间因素的限定，去谓词性成为必然，句中它们都发生了转指名词化。同理，例（4）和（5）中"庆赏""谈说""譬称"都在各自句中作宾语，语义也都发生了转指，转指动作的工具或产品，因而发生了名词化，至今它们都有名词用法。

3）动词短语作中心语

中心语由动词短语充当的"其"字短语，在句中主要表现为作主语，作宾语仅发现1例。考察发现，这些动词短语表现出高名词性的原因是多方面的，有句法强制作用，也有话题功能的影响，更主要的是这些动词短语都具有特殊性，它们的聚合性要强于离散性，因而其中动词无法受时间因素影响，整体表现出名词特性。如：

（1）夫声乐之入人也深，其化人也速，故先王谨为之文。（《乐论》）

（2）空石之中有人焉，其名曰觙。其为人也，善射以好思。（《解蔽》）

（3）百工将时斩伐，佻其期日，而利其巧任。（《王霸》）

前两例中"化人""为人"都是动宾短语，都在句中作主语，例（3）中"巧任"为状中结构作宾语。这些动词短语都拥有一个共性，聚合性强，接近于词汇化，在句中表现出整体性。例（1）中"其"与"声乐之"并置，都对后接动词短语形成名词性投射，连同主语位置影响，动词短语"化人"名词化了。同理，例（2）中"为人"与前句名词"名"对应，且在句中兼有主语和话题功能，也名词化了。例（3）中"巧任"与前句名词短语"期日"对应，都受宾语位置的压制和领格代词"其"的投射，发生了名词化，转指产品。

3. 接形容词短语

形容词短语（含形容词）作中心语的"其"字短语，在《荀子》前

24 篇中共计 59 例。这种"其"字短语在句中主要表现为作主语或宾语，没有发现作介词宾语或其他成分的用例。与单音动词的情形相似，形容词短语作主语的比例要明显低于宾语（14∶45），两种用法呈现不平衡分布。

1）一起作主语

形容词短语（含形容词）作句子或小句主语，《荀子》前 24 篇中共计 14 例，分别是"穷"1 例，"曲"1 例，"端诚"1 例，"仁厚"1 例，"巧拙强弱"1 例，"善"9 例。因所在的句法环境相似，"善"字我们只选取 1 例，而其他 5 个形容词或短语都是孤例，悉数列举如下：

（1）其仁厚足以安之，其德音足以化之……（《富国》）

（2）其穷也俗儒笑之；其通也英杰化之，……（《儒效》）

（3）（世俗所谓善用兵者）是其巧拙强弱则未有以相君也。（《议兵》）

（4）木直中绳，輮以为轮，其曲中规，……（《劝学》）

（5）（人主）其端诚足使定物然后可，夫是之谓国具。（《君道》）

（6）人之性恶，其善者伪也。（《性恶》）

以上例句中形容词短语都同物主代词一起作句子主语，其中形容词的名词化存在不确定性，其名词性依赖多种因素的共同制约得以确认。例（1）中"仁厚"名词化存在争议，因为主语位置的"其"存在作人称代词的可能性。但更多因素可以保证该形容词的名词性，首先是该短语所处的主语位置，其次是与之并举结构中的对应成分"德音"的名词属性。因此，"仁厚"属于形容词名化，但只属于临时活用。同理，例（2）中形容词"穷"的名词性仅靠"其"的领格作用也难以维系，还需要所肩负的话题功能的支持。其后小句主谓宾齐全，其中代词"之"对"其穷"形成复指，从而赋予它句中话题地位（参看徐烈炯、刘丹青 2007）。总之，形容词"穷"名词化，也属临时活用。例（3）中形容词短语"巧拙强弱"的名词性还得到自身多音节的辅助。例（4）和（5）中"曲""端诚"的形容词名化的驱动因素一样，都是主语位置、物主代词投射和话题功能。例（6）中形容词"善"的名词化动因增加了一个名词化标记语"者"。后几例名词化也都属于临时活用。

2）一起作宾语

在43例形容词作中心语的"其"字短语中，20个单音形容词（"诚""独""巧""实""文""默""呐""怒""微""敝""外""差""详""凶""隆""平""齐""盛""明""安"）各出现1例，6个单音形容词（"乐""劳""善""美""厚""和"）各出现2例，2个单音形容词（"宜""能"）各出现3例，复音形容词2个（"便辟""便嬖"其实为异形同义词，当为同一词）各出现2例，形容词短语"无偏"1例。相比于主语，宾语位置对用词的名词性要求较低，形容词短语作宾语，名词化争议较小。如：

(1)（圣王）皆使民载其事而各得其宜。(《正论》)
(2) 随其长子，事其便辟，举其上客，……(《儒效》)
(3) 今使污邪之人论其怨贼而求其无偏，得乎哉！(《君道》)

例（1）和（2）中单音词"宜"及复音词"便辟"在句中都作宾语，根据上下文义可知，前者发生语义自指，后者语义转指当事或主体；但两者都是临时名词化。各自并举结构中相对应成分的名词或短语可对其名词性作辅助说明，但不影响其名词化程度。例（3）中形容词短语"无偏"作宾语可能存在歧义，但这可以通过确定其并举结构对应成分的名词化得到消解。其对应成分"其怨贼"作为小句因论元缺省而难以成立，成立条件只能是降格为短语，缺省论元可在动词名化转指中补偿，即"怨贼"名词化转指受事，"其"恢复其物主代词用法。相应地，形容词短语"无偏"也应名词化，根据上下文义可知，其语义转指该性质的评论结果。

4. 小结

物主代词，顾名思义，是交代说明人、物或事件领有者的代词。物主代词有别于人称代词，我们将后者仅限于单独使用的代词，在句中可以作主语，也可以作宾语，但不能作定语（先贤们所说的"偏次"或"领位"）；它也不同于指示代词，我们定义的指示代词，其词汇意义更加虚化,主要功能在于标记所接名词短语的有定性;物主代词语义更充实,可以具体表明后接名词的领主。由于汉语缺乏形态标记成分,先秦汉语"其"字的人称代词、物主代词及指示代词这三种用法存在模糊性,尤其是后两者之间,但总体区分还是清楚明了。

通过对《荀子》前24篇中"其"作物主代词的实例考察,我们有如下发现:

第一,"其"作物主代词,其中心语有三种形式,即名词短语、动词短语和形容词短语,其中名词短语充当中心语的情形最为常见,占总数的三分之二以上;动词和形容词短语较少,合计不足三分之一;形容词最少。第二,就句法作用而言,"其"字短语在句子中主要充当主语或宾语成分。当中心语为名词短语时,该结构还可以在句中作介词的宾语;当中心语是方位名词时还可以作状语。当复音动词或动词短语作中心语时,该结构作主语的情形明显多于作宾语;但单音动词作中心语时,"其"字结构作宾语的用例反而多于作主语。同样,形容词作中心语时,"其"字短语作宾语也明显多于作主语。第三,上述现象的内在动因较为复杂,既有主语位置对用词的名词性高于宾语的需求,也有动词和形容词的名词化程度受音节数量的影响,还有"其"字用法确定与"其"字短语所在主宾位置的关联,以及与"其"字短语并置结构相应位置所用词语的句法属性影响。第四,动词或形容词短语作中心语的"其"字结构作主语时,往往兼有连词性质,间接标识所在小句与句中复指词或主句的内在逻辑关系。为避免同连接代词及连词用法混淆,我们将连词范围严格限定为不在句中承担句法成分的虚词,这样得以将物主代词"其"排除在连词之外;至于连接代词,我们也仅限于那些和中心语一起引导定语从句的特殊案例。第五,"其"字作物主代词,具有形容词语法特征,对进入其限定范围的中心语具有强制作用,即强行赋予后接成分以名词属性,所以当后接成分为非名词性词语时,如动词或形容词,这些成分去谓词性,语义往往发生转指或自指,词性名词化。这种动词、形容词的名词化在实际使用中往往同时受到句法位置的赋值。但总体而言,它们大都属于临时用法,不论自指或转指,都很少进入词库。

（三）"其"字作指示代词

**表 4—4　　　　　《荀子》前 24 篇中"其"作指示代词统计**

| 篇次 | 一 | 二 | 三 | 四 | 五 | 六 | 七 | 八 | 九 | 十 | 十一 | 十二 | 十三 | 十四 | 十五 | 十六 | 十七 | 十八 | 十九 | 二十 | 二十一 | 二十二 | 二十三 | 二十四 | 合计 |
|---|---|---|---|---|---|---|---|---|---|---|---|---|---|---|---|---|---|---|---|---|---|---|---|---|---|
| 频次 | 14 | 0 | 3 | 6 | 4 | 1 | 2 | 1 | 13 | 14 | 9 | 17 | 15 | 5 | 6 | 8 | 26 | 4 | 17 | 14 | 6 | 6 | 2 | 2 | 195 |

"指示代词"这一术语沿用已久，马建忠（1898）把它界定为"皆先乎名而居偏次，与静字无异"，同"回指前文"和"称代己字"存有共性。传统观点大都与此相近，如杨树达（1928）、王力（1980）等。我们认为，这种概念有失宽泛，因为"其"字的物主代词用法也涵盖其中。前文交代，指示代词有别于人称代词（传统所说的复指代词），也不等同于物主代词（传统所说的偏次、领位或属格）；"其"字的指示代词用法是指，和后接名词性成分一起使用并共同表述一个实体或指称一个对象，其作用仅限于标记所指实体或对象的有定性①。

《荀子》前 24 篇中，我们统计出"其"字作指示代词 195 例（见表4—4），其中 7 例处于指示代词和物主代词的模糊地带。稳妥起见，我们将限于讨论 188 例确定的"其"作指示代词的用例，其中后接单音名词的 100 例，接名词短语（含双音名词）的 33 例，接动词短语（含单、双音动词）的 19 例，接形容词短语（含单、双音形容词）的 36 例。

1. 后接单音名词

1）与先行词重复

《荀子》前 24 篇有 1 例后接单音名词与先行词重复的情形，如：

（1）（故学者）以圣王之制为法，法其法以求其统类，……（《解蔽》）

---

①　由于汉语形态欠发达，名词短语常常不需要形态标记，只需借助特殊句法位置就可直接表达自身的有定性。但指示代词可以凸显或强化这种有定性。

上例中"其法"的"法"是对前文"以圣王之制为法"中的"法"的回指（关于回指可参阅许余龙，2004），"其"字不存在作人称代词或者物主代词的可能性，更为合理的解释只能是"其"字作指示代词，标记中心语"法"的有定性，相当于现代汉语"这"或"那"。

2）属于先行词的上位概念①

《荀子》前24篇中有5例后接单音名词属于先行词的上位概念，如：

(2) 故天子唯其人。（《正论》）

(3) 以两易一，人莫之为，明其数也。（《正名》）

例（2）中后接名词"人"是其先行词"天子"的上位概念，"其"没有复指对象，只表示"人"的特定性，作指示代词。同理，例（3）中的"数"是其先行词"一"和"两"的上位概念，"其"作指示代词，标记"数"的特定性。

3）属于先行词的平行概念

所谓平行概念，指后接名词与先行词为平行或同级概念，它们拥有一个共同的上位概念。这种现象在《荀子》中较为常见，如：

(4) 物类之起，必有所始。荣辱之来，必象其德。（《劝学》）

(5) 夫耀蝉者，务在明其火，振其树而已；……（《致士》）

例（4）中后接名词"德"没有显性的先行词，但与先行词"荣辱"具有共同的载体"某（类）人"，即它们都属于"整体—部分"语义关系中的不同部分；"其"标记"德"的特定性，即与"荣辱"的载体的同一关系。正常而言，先行词"荣辱"前也应有"其"标记其有定性。由于主语成分被赋予有定性（赵元任，1968；石毓智，2000），"荣辱"的有定标记语得以省略。同理，例（5）中的"火"和"树"，也都是构成"耀蝉"这一事件的两个组成要素，即两者为平行概念，两个"其"字彼

---

① 黎路遐（2013）认为，"其＋NP"结构中"其"表定指的条件之一为NP为"概括名词"。我们认为，表定指基本等于指示代词用法，但"概括名词"不是必要条件。

此共指，都是指示代词。

4）无显性先行词

"其"作指示代词，其后中心语的先行词有时不是一个名词，甚至不是一个名词短语，而是一个动词短语，或者一个小句，甚至一个整句。Quirk 等（1985：375）称这种先行词为"句子先行词"（sentential antecedent）。考虑到还有语篇中根本就不出现先行词的情形，即有定名词短语的所指只能靠交流双方或者读者从当时的交际语境或上下文合理推断才能确认的情形，所以我们把名词短语作先行词之外的情形一并称为"非显性先行词"。这种现象在《荀子》前24篇中也比较常见。如：

（6）故明君者，必将先治其国，然后百乐得其中。（《王霸》）

（7）循法则、度量、刑辟、图籍，不知其义，谨守其数，……（《荣辱》）

（8）是其人①也，大用之则天下为一，诸侯为臣。（《君道》）

例（6）中"其中"尚未成词，"中"是方位名词，其先行词是动词短语"治其国"，"其"标记该过程的有定性。同理，例（7）中的"义""数"两名词拥有共同的先行词，即动词短语"循法则、度量、刑辟、图籍"，两者构成平行概念，两个"其"彼此互指，并共指一个复杂事件。例（8）中"其人"也是有定名词短语，"人"无显性先行词，其回指对象是胜任下文所述行为之人，"其"表"人"的特定性。句首"是"为整句主语。

5）类似专有名词

吕叔湘（1944：216）最早发现先秦指示词具有定冠词的性质，他注意到《诗经》中有些专有名词（如人名、地名）前面的指示代词在句中"仅起装饰而无指定作用"，如："太任有身，生此文王。维此文王，小心翼翼。"（《诗经·大雅》）朱淑华（2011：215）认为，先秦指示代词只是具有"明显的标记 NP 作用"，具有"冠词化"倾向；但"由于出现的

---

① "是其人……"中"其"有不同解释，杨树达（1928）认为"其"属于结构助词，等于"之"，马建忠（1898）认为"其"为指示代词，与"是"各司其职，后者为整句主语。

频率较低,且始终没有发展出句法强制性,未能成为如其他语言中出现的定冠词"(同上: 215)。《荀子》前 24 篇中也发现少量专有名词前加指示代词"其"的用例,主要有"道""义""君"等,这类单音名词不多,但出现频率较高,因而也有一定说服力。如:

(9) 汤武者,修其道,行其义,……天下归之。(《王霸》)
(10) 是以臣或弑其君,下或杀其上,……(《富国》)

两例中"道""义""君"都不是普通的单音名词,而是一个专有名词,它们的限定词"其"应为指示代词。"其"字用于标记无须标记有定性的专名的有定性,应该具有定冠词的性质,但实例有限,如果再细究专有名词的种类数量(是 type,而非 token)的话,确实难以构建定冠词范畴。

2. 名词短语作中心语

后接单音名词与名词短语对指示代词"其"来说,性质上没有明显区别。我们之所以这样加以分类,目的在于顺便了解《荀子》行文中复音词的使用情况,从而间接验证先秦复音词尚属形成初期这一观点的现实性。从《荀子》前 24 篇语料统计结果看,受"其"限定的名词短语只有 31 例,其中真正可以称为双音名词的只有"疆域""经纬""蹊径""制度""官秩""百姓""节奏""干戚"8 例,其他都应视为短语,如"严亲""铭诔""缀兆""统类""乱百姓者""雅颂之声""累百年之欲""隐而难察者"等,或者属于作者的个人创新,能否成词都有待于同期文献语言事实的佐证,如"天君""天官""天养""天政""天情"等。

考察发现,"其 + 单音名词"字结构所呈现的 5 类语义特征,"其 + 名词短语"大都保持下来,但也有所变化,这主要表现在:中心语与先行词同形重复几乎不再可能;两者的逻辑关系更加多样化,包括先行词内隐程度更深,甚至出现不少难以确认的情形;作为回指的一种手段,后者大大丰富了回指的语用功能。如:

(1)(其人)纵不能用,使无去其疆域,则国终身无故。(《君道》)

（2）百官则将齐其制度，重其官秩。（《王霸》）

（3）将原先王，本仁义，则礼正其经纬蹊径也。（《劝学》）

（4）凡诛，非诛其百姓也，诛其乱百姓者也。（《议兵》）

（5）有尝试深观其隐而难察者①，志轻理而不重物者，无之有也。（《正名》）

例（1）中"疆域"为复音词，因其词义确定且非词素意义叠加；"其"为指示代词，因为"疆域"的有定性而非所有者得到凸显。从中也可感受到指示代词在回指表达方面优越于物主代词的地方，因其语义内涵更加笼统抽象但不失确定，可以更好地表达作者或言者的意图。同理，例（2）中"制度""官秩"两个复音名词都受指示代词"其"限定，两者之间以及两者与"百官""百吏"之间共享同一上位概念的逻辑关系得到标识。例（3）中"经纬"和"蹊径"两个名词组合成名词短语，它们的先行词是句子层级的，应该是"原先王"和"本仁义"两个动词短语的组合，这种高度内隐的逻辑关系只能由指示代词"其"标识实施了。例（4）中"百姓"为复音名词，"乱百姓者"为名词短语，两者的先行词在上下文中不存在，指示代词"其"标记出两者的对立统一关系，内含两者的先行词为"诛"的对象，即它们的上位概念。例（5）中名词短语"隐而难察者"的先行词不仅在下文，而且是下文多个小句句义的高度概括，"其"字对该短语及其隐含先行词的对应关系加以标注，以示强调。

以上讨论进一步表明，"其"字作指示代词，在语义上比作人称代词和物主代词更加虚化，语法功能随之更加固着，因而在组合搭配上更加灵活多样，其后可搭配更加多样的语言形式一起形成语义内涵丰富的有定名词短语，进而大大减小对先行词的依赖作用。从回指角度讲，指示代词"其"与名词短语构成的"其 + NP"有定名词短语属于低可及性的回指语，对其在句中先行词的距离不再提出要求，可远可近；对先行词的位置也不再形成要求，可以是主语，也可以是宾语；甚至对先行词的内容也不再形成要求，可明示也可隐含，甚至可

---

① 我们采用王先谦（2013：509）修订后的文本。

以缺省。

### 3. 动词短语作中心语

"其 + VP"结构具有多功能性,前文我们先后讨论了"其"作人称代词和物主代词的情形,现在讨论作指示代词时的句法特性。该结构在《荀子》前 24 篇中共计 17 例,其中 10 例("贼"占 2 例,其他"豫""流""敬""养""别""分""成""说"各 1 例)为单音动词作中心语,7 例为动词短语("节奏"2 例,"刑赏""时禁""俯仰屈伸""徙朝改制""不由其礼义而由权谋"各 1 例)。这些结构在句中主要承担宾语和主语角色,其中作宾语的用例大大多于作主语(14:3)。因为句子主宾位的强制作用,这些短语都发生了不同程度的名词化,"其"为这些名词化了的中心语的有定性予以标识。如:

(1)(故知者之举事)曲重其豫,犹恐及其祸。(《仲尼》)

(2)故明主必谨养其和,节其流,开其源,而时斟酌焉。(《富国》)

(3)大事已博,大功已立,则君享其成,群臣享其功。(《强国》)

(4)(流言)不官而衡至者,君子慎之,闻听而明誉之,定其当而当,然后士其刑赏而还与之。(《致士》)

(5)故听其雅颂之声,而志意得广焉;执其干戚,习其俯仰屈伸,而容貌得庄焉;行其缀兆,要其节奏,而行列得正焉,进退得齐焉。(《乐论》)

以上 5 句中加着重号的"其 + VP"结构在句中都作宾语,其中前 3 句中的 VP 为单音动词,后两句中的为复音动词或动词短语。受句中宾语位置的压制,这些结构中的动词都发生了不同程度的名词化。例(1)中动词"豫"本来表示一种活动,此处物化为一个事件。"其"标识后接动转名词"豫"与先行语"知者之举事"之间的关联,是指示代词。同理,例(2)和(3)中动词"流"和"成"也都名词化了,根据语义选择限制,前者转指流水,进而隐喻流出的资金;后者转指动作的成果,并举结构中相应成分名词"功"也可说明其名词性;两"其"字均为指示代词,限于标识后接名词的有定性。例（4）中动词短语"刑赏"转指两种行为的工具，发展为名词，"其"表示各自相应地，属指示代词。例（5）中"节奏"为复音词，"俯仰屈伸"为动词短语，句中两者都发生了自指名词化，前者实现了词汇化，后者属活用；两"其"字仅标记有定性，属指示代词。

　　（6）（敬人有道）其敬一也，其情二也。（《臣道》）

　　（7）三者错，无安国。其说甚尔，其蓄甚惨。（《天论》）

　　（8）唯其徙朝改制为难。（《正论》）

以上3例中的"其+VP"结构在各自句子中都承担主语作用，其中动词都发生了不同程度的名词化。例（6）中动词"敬"自指名词化，物化为一种活动或类事件，"其"的作用更像是强调或凸显该活动，但仍然是指示代词。例（7）中动词"说"转指名词化，指这一动作的成果或产品，"其"表类指，属于指示代词。例（8）中"徙朝改制"由两个动宾结构"徙朝"和"改制"组合而成，由于语义关联度高而呈现较强聚合性，应该词汇化了；句中该短语自指名词化，物化为类事件，"其"标记事件的有定性，也是指示代词。

　　"其VP"结构存在三种可能性，分别对应于"其"字的三种用法。当"其"作指示代词时，跟作物主代词的区别之处在于，后者强调事物或事件的所有者以及对先行语的复指；而前者不关注事物或事件的所有者，仅限于标识其有定性，凸显其本身或类别。两者都存在与人称代词的争议问题，尤其是该结构承担主语角色时，区分难度更大。这从该结构作宾语的用例大大高于作主语的事实中可以说明一二。

　　4. 形容词短语作中心语

　　《荀子》前24篇中指示代词"其"后接形容词短语有36例。在这些形容词短语中，单音形容词31例，其中出现1例的有12词（"明""全""怪""略""宜""美""和""未""次""下""正""长"），出现2例的有5词（"常""详""大""盛""忠"），出现3例的有3词（"乱""余""当"）；另外还有双音词及短语共计5例（"清明""广大""不同""吉凶妖祥""曲直繁省廉肉"）。

　　前文探讨"其+VP"结构时已经指出,"其"字只是标记结构中名化动词短语的有定性,至于名词化的原因我们归因于句子主宾语位置的强制性压制。同样,"其+AP"结构中的中心语形容词短语也普遍发生名词化,其原因也是由于该结构在句中所占据的主宾位置。同"其+VP"结构保持一致的地方还有,都是承担宾语的实例明显多于主语(25:11)。其中,单音词情形尤为突出,作宾语的23例,作主语8例。如:

　　(1)故君子道其常,而小人道其怪。(《荣辱》)

　　(2)凡刑人之本,禁暴恶恶,且征其未也。(《正论》)

　　(3)足国之道:节用裕民,而善臧其余。(《富国》)

　　(4)三节者当,则其余莫不当矣。三节者不当,则其余虽曲当,犹将无益也。(《王制》)

　　(5)君子行不贵苟难,说不贵苟察,名不贵苟传,唯其当之为贵。(《不苟》)

前3例中的"其+AP"结构在句中都作宾语,后2例中的都作主语。例(1)中形容词"常"和"怪"都因句法位置强制作用发生名词化,根据语义选择限制可知,两者都转指具备各自性质的现象或事态,"其"只是标记它们的有定性。同理,例(2)和(3)中的形容词"未"和"余"也都因作宾语而名词化,转指具备各自性质的主体,根据语义选择限制可知,前者义即"未然的行为",后者义即"剩余的财物"。"其"字主要标识有定性,但例(3)中的"其"字另有强调作用,义即"其余所有的"。例(4)和(5)中"余"和"当"都因作主语而发生名词化,根据语义选择限制可知,前者转指"余下的节操",后者转指"适当的方式",都物化为"品质名词","其"字作用都是标记它们的有定性。

　　形容词短语(含复音词)作宾语与作主语的用例几乎相近(2:3),甚至作主语的略多。如:

　　(6)相阴阳,……知其吉凶妖祥,伛巫跛击之事也。(《王制》)

　　(7)(先王)使其曲直繁省廉肉节奏足以感动人之善心。(《乐论》)

（8）故其清明象天，其广大象地，其俯仰周旋有似于四时。
（《乐论》）

（9）然则能不能之与可不可，其不同远矣，其不可以相为明矣。
（《性恶》）

以上四句中的 5 例"其 + AP"结构包含了《荀子》前 24 篇中 AP 为形容词短语的全部实例。前两句中的形容词短语"吉凶妖祥"和"曲直繁省廉肉"，都因作宾语名词化，都属于自指，"其"字作用在于标识有定性，抑或有衬音之嫌。后两句中的 3 例形容词短语"清明""广大"和"不同"都因所在句中的主语位置而发生名词化，三者词义都没改变，都属于自指。句中"其"字都是指示代词，作用都限于标记形转名词的有定性。

5. 小结

考察表明，"其"字作指示代词不同于"复指"，词义更加虚化，主要表现为标记后接名词性短语的有定性，同时还体现出一定的语篇和语用功能。

首先，"其"字既可搭配光杆名词又可限定名词性短语，这大大丰富了语篇回指的类型和方法。正如前文所作分析，"其 + NP"短语同人称动词和物主代词相比大大降低了对先行词的要求，其先行词可同句也可跨句；可居前也可居后；可为单词，也可以为短语，还可以是小句，甚至可以不出现于上下文中；其先行词可以与其中心语的语言形式重复，也可以两者之间形成上下位概念关系或整体部分概念关系，还可以是并置的同级概念关系。

其次，"其 + VP"和"其 + AP"两种结构的大量出现说明，"其"字的指示作用主要体现在入句功能上。两种"其"字短语在句中主要承担宾语角色，其次为少量的主语成分以及极其有限的介词宾语成分。借助于主宾语位置的句法强制性，"其"字短语的名词性属性也得以确立和巩固，凡是进入该结构的语言成分一律赋予名词性，动词或形容词发生名词化，词义或语义发生各种不同的转指，或转指施事、受事、与事、工具、成果，或转指方式、过程、事件等。"其"字作用在于标记派生名词的有定性，有时还有衬音作用，这可以通过省略或并置结构中相应位置的不带"其"字等手段予以证明。

另外，随着"其"字语义虚化或弱化，其句法和语用功能相应固着化及适用范围不断扩展，存在着发展出新语法功能标记的潜质，如"其中""其余""其次"。但根据我们的考察，这些所谓的"其"字短语在《荀子》中都不具备成词的条件，至少它们的语义透明性仍然都很明显，它们的融合程度不够牢靠，在句子中的地位都难以独立，很难满足语法化的条件需求，至少按照短语处理可以获得较高的认可。

（四）其他用法

1. 连接代词

连接代词仍然是属于实词，具有确定的词汇意义，在小句中承担主要句子成分，同时兼具标识所在小句与其他小句或小句中名词性成分的逻辑语义关系。根据我们考察，《荀子》前24篇中"其"字充当连接代词的共7例，其中充当定语从句引导词的4例，充当同位语引导词的3例。

（1）兰槐之根是为芷，其渐之滫，君子不近，庶人不服。（《劝学》）

（2）秦人其生民郏阸，其使民也酷烈，……使天下之民，所以要利于上者，非斗无由也。（《议兵》）

（3）齐人隆技击，其技也，得一首者，则赐赎锱金，无本赏矣。（《议兵》）

以上三句4例"其"字都引导定语从句。例（1）中"其"所在小句修饰主句的主语"兰槐之根"，并在定语句中承担主语。同理，例（2）中两个"其"字引导的小句都是主句主语"秦人"的定语，它们也都在各自的定语从句中充当主语。例（3）中的"其"字略有不同，它不是单独作引导词，而是跟名词一起引导定语句，修饰主句中主语"齐人"。

（4）此亦荣辱、安危、存亡之衢已，此其为可哀，甚于衢涂。（《王霸》）

（5）夫王者之与亡者，制人之与人制之也，是其为相县也亦远矣。（《王制》）

(6) 是亡国之兵也，兵莫弱是矣。是其去赁市佣而战之几矣。（《议兵》）

以上3例中的"其"字都引导同位语从句解释说明其前同位语。从形式上看，这些同位语都由指示代词充当，例（4）中为"此"，例（5）和（6）中均为"是"。这些指示代词都是整个句子的主语。这种处理与马建忠（1898）观点相近，只是他仅限于"彼其"连用。我们认为，指示代词"此"和"是"同"彼"一样，在句中都表示复指，承担整个句子的主语。例（4）中"其为可哀"作主句主语"此"的同位语从句，"此"的谓语为"甚于衢涂"。同理，例（5）"其为相县"作复指代词"是"的同位语，"是"为主句"是亦远"的主语。例（6）"其去赁市佣而战之"作"是"的同位语，"是"为主句"是几矣"的主语。

2. 副词

"其"字作副词，修饰形容词，表示性状、性质的程度。这在先秦较为常见，但《荀子》前24篇中仅发现1例。如：

(1) 孔子曰："周公其盛乎，……胜敌而愈戒。"（《儒效》）

例（1）中"其"放在形容词"盛"之前，语义不变，保留了指示代词的义项"那"或"那样"，但词性变为副词。王力（2000：59）也称为副词，但认为只是"足句"。我们认为这种"其"字不单具有"足句"作用，它的词汇意义仍然保留，只是词性发生了变化，形容词短语"其盛"在句中整体作谓词，"其"字表示形容词"盛"的程度，属于程度副词范畴。

3. 介词

我们所定义的介词，大体沿用王力（2000）对"之"字作介词的第二种解释，即表示"修饰、限制"作用，主要指用于修饰语与中心语之间的衔接词。我们考察《荀子》前24篇"其"字用法发现，"其"字用作介词的情形主要有两类，一是用于副词短语和形容词之间8例（"若是其"4例，"如是其"4例），二是用于动词和补足语之间3例，共计11例。如：

（1）㩴然扶持心国，且若是其固也。（《王霸》）

（2）耳目之明，如是其狭也；人主之守司，如是其广也；其中不可以不知也，如是其危也。（《君道》）

（3）故钟鼓管磬，琴瑟竽笙，韶夏护武，汋桓箾简象，是君子之所以为㤪诡其所喜乐之文也。……是君子之所以为㤪诡其所哀痛之文也。……是君子之所以为㤪诡其所敦恶之文也。（《礼论》）

例（1）中的副词短语为"若是"，例（2）中为"如是"，这种"其"字基本上没有词汇意义，大体相当于介词"之"，作用在于标记副词与形容词两者之间的修饰与被修饰关系或为偏正结构。例（3）中三个"其"字都用于动词和补足语之间，也没有词语意义，其作用也在于标识动词和后接成分之间的动补关系，此处三例都表示动作的原因。

4. 连词

关于连词，我们指不具有实体意义、在句中不承担任何句子成分、仅限于承担句法功能且语法功能已经固着化的表达式。与"介词"不同，介词只能标识短语间关系，而连词既可以标识短语间关系，也可以标识小句间关系。即便标识短语间关系，两者也不一样，介词标识两个短语之间的偏正关系，而连词标识两者之间的并列关系。《荀子》前24篇中，"其"作连词仅3例，如：

（1）故天子七月，诸侯五月，大夫三月，皆使其须足以容事，事足以容成，成足以容文，文足以容备，曲容备物之谓道矣。（《礼论》）

（2）其有法者以法行，无法者以类举，听之尽也。（《王制》）

（3）故圣人之所以同于众其不异于众者，性也。（《性恶》）

前两例中的两个"其"字都是句间连词，（1）中"其"引导4个并置的宾语从句，"其"字起标识和统领作用，（2）中的"其"引导2个并置的主语从句，"其"字也是起标识和统领作用。例（3）中"其"连接两个形容词短语一起作表语，标记两者的并列关系。

5. 语气词

语气词，是对传统语法概念的沿用，有别于一般意义上的副词。现代语法中的副词指修饰动词或形容词的词，而我们所说的语气词是指对于整个句子的语气予以标识的词，包括王力（2000：59）所列举的"其"字用法中的"副词"和"句末语气词"两种用法。至于句中位置，我们接受王引之的观点，即"其"作"语助"，在句中位置不受限制，可以在句首，可以在句中，也可以在句末（2014：105—112）。至于句中作用，可分为三类：1）表示"揣测"语气，2）"祈使"语气，3）"强调"语气（王力 2000；杨伯峻 1981；何乐士 1989；许嘉璐 1992；等等）。

《荀子》前24篇中"其"作语气助词共计4例，句中2例，句首2例，未发现句末用法。如：

（1）人有此三行，虽有大过，天其不遂乎！（《修身》）

（2）以治情则利，以为名则荣，……，乐意者其是邪！（《荣辱》）

（3）然则得胜人之埶者，其不如胜人之道远矣！（《强国》）

（4）人苟不狂惑戆陋者，其谁能睹是而不乐也哉！（《王霸》）

例（1）和（2）中两"其"字都用于句中，其中前者表示"揣测"，结合上下文义，可进一步明确为"反诘"语气；后者表示"强调"语气。例（3）和（4）中两"其"字都用于句首，其中前者表示"强调"语气，后者表示"揣测"语气，结合上下文义可以进一步推断为"反诘"语气。

6. 组合

语法化指一种语言演变，即一个语言表达式通过这种演变可在某种语言环境中获得一种语法功能，语法化具有动态性（Hopper & Traugott 2003：18）。Brinton 和 Traugott（2005）也认为语法化是一种演变，该演变体现在说话人在某些特定语境中对具有某种语法功能的构式或其中一部分的使用，在是否进入词库、词义、词形、功能及能产性等方面表现出九种特征（Brinton 和 Traugott 著、罗耀华等译，2005/2013：165—167）。《荀子》前24篇中真正称得上与"其"字形成组合用法的例子极少，仅发现 1 例，如：

(1) 赏僭则利及小人，……与其害善，不若利淫。(《致士》)

上例中"与其"由动词"与"和人称代词"其"组合而来，此处两个单词各自的词汇意义都发生了"淡化"，整体具有了个别都不具备的句法功能，结合下文并置成分"不若"的功能以及两个小句的逻辑语义关系，可以推断出"与其"已经功能固着化为一个连词，发生了语法化，表示让步关系。

# 第三节　《荀子》"其"字结构中的名物化

上节我们全面考察了"其"字的九类用法，本节将就这九类用法中的名物化现象展开讨论。

## 一　"其"作人称代词

《荀子》前 24 篇中"其"做人称代词实例众多，句中用法丰富多样，主要承担主语、宾语及兼语等句子成分。除简单句之外，"其"字几乎可以在任何句型中作主语，诸如并列小句、复合句中的主句及各种从句；但用作宾语的例子极少，仅 5 例。"其"作兼语近来遭受诸多质疑，鉴于传统语法影响我们保留这一类别；只是在确认上采取谨慎做法，即按照杨伯峻（1956）所列五种形式进行。统计发现，"其"字这一用法大约有 20 例，主要体现为"原因式"和"使令式"。

一般而言，"其"作人称代词，不对句中谓语的语法属性形成影响。但当"其"字作从句主语时，谓语动词的属性会发生变化，因为"从句是一个句子内部的构造成分，不受上下文等语境因素的干扰"，"其语法格式代表的是汉语句子在理想状态下的情况，可以认为是汉语的基本结构"（default structure）（石毓智，2000：180—183）。考察发现，人称代词"其"作从句主语时，句中谓词往往发生不同程度的名词化，其句法性质近似于英语中的独立主格结构。比如：

（1）夫其为人下也如彼，其为人上也如此，何谓其无益于人之国也！（《儒效》）

（2）及其綦也，索为匹夫不可得也，齐愍、宋献是也。（《王霸》）

（3）凡人之有鬼也，必以其感忽之间，疑玄之时定之。（《解蔽》）

以上3例中加着重号的"其"字结构都在句中为从句，例（1）中"其为人下""其为人上"都是主语从句，例（2）和（3）中的"其綦"和"其感忽"分别为时间状语从句和同位语从句。相对而言，主宾语位置的用词名词性最强，例（1）中两个"其"字结构中的动词"为"名词化程度也最高，"其"字有作物主代词之嫌。主宾语之外的其他成分的名词性较弱，例（2）和（3）中的两个"其"字结构中的动词"綦"和"感忽"名词化程度较低，主要失去了受时间因素制约这一谓词特征。

"其"字作宾语实例极少，主要用于双宾语结构，其中"其"作间宾。当直宾由动词短语或小句充当时，也往往伴随名词化现象。如：

（4）既，楚发其赏，子发辞。（《强国》）

（5）验之所为有名，而观其孰行，则能禁之矣。（《正名》）

上2例中"其"字结构均为双宾语结构，"其"都作间宾，例（4）中直宾为动词"赏"，例（5）中为小句"孰行"。由于宾语位置对用词的强制作用，直宾成分都发生了名词化。其中，动词"赏"完全名词化，根据语义选择限制可知，转指动作所用工具；小句"孰行"的谓词"行"发生部分名词化，失去受时间因素制约的属性。

先秦"其"作兼语的用例有限，但该结构中"其"后谓词都发生不同程度名词化，我们将"其"与后接成分一起称为"复合宾语"。其理据在于，"其"后的谓词成分（动词或形容词短语）已经去谓词化，因而所在结构不具备小句地位，整体作主句谓词的宾语，去谓词化的成分充当补足语角色。如：

（6）今使污邪之人论其怨贼而求其无偏，得乎哉！（《君道》）

（7）故乱者乐其政，不安其上，欲其至也。（《议兵》）

上2例中"其无偏"和"其至"都是复合宾语，因为其中谓词成分"无偏"和"至"都不再具有受时间限定的特性，只对其前成分起补语作用。

### 二 "其"作物主代词

"其"作物主代词是主体用法，《荀子》前24篇也可佐证。统计发现，"其"作物主代词共计559次，占"其"字用例总数1009次的一半以上，即比其他各种用法之和还多。在"其"字的后接成分中，虽然名词居多，但动词和形容词短语还是占据了相当高的比例，其中动词116例，形容词59例，两者合计约占总数的三分之一。所有这些非名词成分进入物主代词"其"的限定范围之内都将发生不同程度的名词化，因而，该结构中的名词化在"其"字所有用法中比例最高。在此，我们主要讨论无形式标记的名词化，带"者"字标记的将在"者"字章节进行。

首先，看"其"字后接动词短语（"其+VP"结构）的情形。"其+VP"结构在句子中主要是作主语和宾语，没有发现作介宾的用例。如：

（1）心容，其择也无禁，必自现；其物也杂博，其情之至也不贰。（《解蔽》）

（2）创巨者其日久，痛甚者其愈迟。（《礼论》）

（3）故其法治，其佐贤，其民愿，其俗美，而四者齐。（《王霸》）

（4）故其知虑足以治之，其仁厚足以安之，其德音足以化之。（《富国》）

（5）其言议谈说已无异于墨子矣，然而明不能别。（《儒效》）

前3例中的VP都为单音动词，后2例都为动词短语，受主语位置和物主代词的双重影响，它们都名词化了。例（1）和（2）中的"择"和"愈"都已完全名词化，其并置结构中的相应成分"物"和"日"可以提供佐证，只是属于自指，属于临时用法。例（3）中"佐"的名词化更加彻底，转指施事，且永久性进入词库。例（4）和（5）中"知虑"和"言议谈说"虽然也都属自指名词化，但程度极高，都已作为名词进入词库，这可能与多音节有利于增强谓词的名词性有关。

以上用例中，"其"字短语在句中都是作主语。作宾语的"其 + VP"结构中，VP为单音动词的大大高于作主语的情形（47：29），VP为动词短语的呈相反情况，明显偏低（9：31）。但其中动词发生名词化的情形与作主语的基本一样，我们不再讨论。

其次，我们考察"其 + AP"结构中的名词化。该结构在句中的作用也是作主语和宾语，其中作主语的只有14例，其余45例全部充当动词的宾语。这一结果支持王冬梅（2010）有关动词指称性程度在主语位置和宾语位置存在差异的观点。此外，形容词名词化也与音节数量存在关联，如：

（6）木直中绳，輮以为轮，其曲中规，……。（《劝学》）
（7）其仁厚足以安之，其德音足以化之……。（《富国》）
（8）随其长子，事其便辟，举其上客，……。（《儒效》）

例（6）中AP为单音形容词"曲"，句中作主语名词化，但非永久性名词；而例（7）中"仁厚"的名词化，虽也属于自指，但已进入词库，原因可能与多音节有关。例（8）中"便辟"也是双音节，句中作宾语名词化，转指"便辟之人"，但也难以进入词库。显然，音节数量并非决定性因素。

### 三 "其"作指示代词

《荀子》前24篇中"其"字作指示代词的案例大约188例（其中1例同时后接动词短语 + 形容词短语），其中后接名词短语（单音名词100例，名词短语33例）共计133例，后接动词短语18例，后接形容词短语36例。该结构中的动词和形容词都发生了不同程度的名词化。

首先考察"其 + VP"结构。该结构中VP为单音动词的占10例，动词短语占8例。所有这些"其 + VP"结构在句中主要承担宾语（15例）或主语（3例）作用，主宾语的用例之比支持王冬梅（2010）关于宾语位置比主语位置更容易出现动词名物化的观点。我们认为,这些结构中动词所发生的名词化主要在于句子主宾位的强制作用,指示代词作为名词性功能语类有一定投射影响,但作用有限,其标识作用更为明显。如:

(1) 故明主必谨养其和,节其流,开其源,而时斟酌焉。(《富国》)

(2) 暗主妒贤畏能而灭其功,罚其忠,赏其贼,夫是之谓至暗。(《臣道》)

(3) 污池渊沼川泽,谨其时禁,故鱼鳖优多,而百姓有余用也。(《王制》)

(4) 三者错,无安国。其说甚尔,其蓄甚惨。(《天论》)

(5) 唯其徙朝改制为难。(《正论》)

例(1)和(2)中"流"和"贼"都是单音动词作宾语而名词化,根据句义选择限制,它们都发生了转指,转指对象为主体或施事,词性完全名词化,对举结构相应成分"功"可以佐证。"其"字作用主要限于标识,并举结构中相应成分"贤""能"的名词化不带"其"字可以说明。另外,"贼"已成为永久性名词。例(4)中VP为动词短语"时禁",也因在句中作宾语而名词化,根据句义选择限制,语义自指,词性名化,但属于临时活用。例(4)和(5)中"说"和"徙朝改制"分别为单音动词和短语动词,它们都在句中作主语而名词化,根据句义选择限制,前者语义转指,词性完全名化,并进入词库;后者语义自指,属于整体名词化,其中动词成为非定式谓词。两例中"其"字作用限于标识,另有衬音之嫌。

句子的主宾语位置对这些动词或动词短语的名词化发挥重要作用,此外句义选择限制对名词化的类型及转指对象的确认存有影响。Li 和 Thomson (1981) 曾对动词转指的选择机制有所揭示,他们认为及物动词的宾语论元具有转指优先权,其他如工具、方所、时间、原因、方法等归为边缘论元。这显然是把自指纳入范畴,因为这些边缘论元都不被传统研究所认可。熊仲儒(2005)也曾就"的"字短语的转指机制提出假设,他提出的转指层级为:论元优先于附加语,附加语优先于词汇核心。

我们的考察结果对他们的假设不提供支持，这或许与彼此关注的对象不同有关。他们的研究对象分别针对关系小句或动词短语，我们则限于受指示代词"其"限定的动词短语。不过，我们赞成将自指和转指统一考量的举措。

其次讨论"其+AP"结构。《荀子》前24篇中该结构的AP主要由单音形容词充当（31例，22词），双音词及形容词短语仅占5例。所有这些结构也是主要承担宾语（25例），作主语（11例）的情形大约减半。如：

（1）天见其明，地见其光，君子贵其全也。（《劝学》）

（2）故君子道其常，而小人道其怪。（《荣辱》）

（3）小物引之，则其正外易，其心内倾，则不足以决粗理矣。（《解蔽》）

（4）相阴阳，……知其吉凶妖祥，伛巫跛击之事也。（《王制》）

（5）故其清明象天，其广大象地，其俯仰周旋有似于四时。（《乐论》）

前3例中"明""全""常""怪""正"都是单音形容词，除"正"作主语外，其余都作宾语。由于主宾语位置的强制作用，以上形容词都名词化了，词性均为名词，有的可以通过并举结构中对应成分予以佐证，如例（1）中的名词"光"和例（3）中的"心"。根据句义选择限制可知，"明""全""常""怪""正"5个形容词都属于语义自指，都很难成为永久性名词。这与单音形容词作宾语远多于作主语（23：8）的事实较为一致，也可支持主语比宾语对用词的名词性要求更高的假设（王冬梅，2010）。

后2例中"吉凶妖祥""清明""广大"都是形容词短语，前者句中作宾语，后两者句中作主语。受主宾语位置的强制作用，这些短语都名词化了，但都属于临时活用。根据句义选择限制，它们都属于语义自指。形容词短语作宾语与作主语的用例基本持平（2：3），似乎可以说明音节增多可以增强词语的名词性，但有待进一步论证。"其"字作为指示代词，其作用似乎对名词化影响甚微，多限于标记后接成分的有定性，另可能有语用功能,如发挥衬音或强调作用。

## 四 "其"字其他结构

### (一)作连接代词

前文规定,"其"作连接代词分为两类,一是引导定语从句(即关系小句),二是引导同位语从句(即补足语小句)。两种小句都不是名物化结构(何元建、王玲玲,2007),但小句中动词或形容词等谓语成分的谓词性都有所减弱,所以这两种结构可以视为名物化的过渡形式(Li 和 Thomson,1981:579—593;丛迎旭,2004)。《荀子》前 24 篇中"其"引导的关系小句有 4 例,引导同位语小句的有 3 例,两种结构中的谓词跟其他从句一样,都遵循石毓智(2000)提出的汉语从句不受语境因素影响的规则。如:

(1)兰槐之根是为芷,其渐之滫,君子不近,庶人不服。(《劝学》)

(2)秦人其生民郏陋,其使民也酷烈,……,使天下之民,所以要利于上者,非斗无由也。(《议兵》)

以上两例中"其渐之滫""其生民郏陋"和"其使民也酷烈"等三例小句都作定语从句,即关系小句。尽管小句中谓语动词只是免受时间因素制约,但小句整体名物化,因为小句"总是修饰一个中心语名词,而被其修饰的该中心名词又恰恰指称该关系小句所勾勒的情景中的一个实体"(Li 和 Thomson,1981:585)。

(3)此亦荣辱、安危、存亡之衢已,此其为可哀,甚于衢涂。(《王霸》)

(4)夫王者之与亡者,制人之与人制之也,是其为相县也亦远矣。(《王制》)

以上两句中"其"都引导同位语从句,即 Li 和 Thomson(1981:579—593)所谈的另一种小句名物化现象,又称补足语小句,他们定义的范围仅限于中心语为抽象名词。此处两例都是对先行代词的补充说明，但其作用仍然是作同位语，小句整体名物化，其中谓词为非定式谓词。

（二）作副词

《荀子》前24篇中"其"字只有1例作副词用，但不涉及名物化。

（三）作介词

《荀子》前24篇中有11例"其"字作介词用，也都与名物化现象没有直接关系。

（四）作连词

《荀子》前24篇中存在2例"其"作连词而所在小句整体名物化的现象。其中谓词跟其他从句中相同，失去时间限定特征，部分名词化。如：

（1）皆使其须足以容事，事足以容成，成足以容文，文足以容备，曲容备物之谓道矣。（《礼论》）

（2）其有法者以法行，无法者以类举，听之尽也。（《王制》）

例（1）中的连词"其"引导四个宾语从句，它们整体名词化，其中动词失去时间限定特征。同理，例（2）中"其"引导两个主语从句，情形相同。

（五）作语气词

《荀子》前24篇中"其"作语气助词共计4例，句中谓词性质不变。

（六）组合用法

《荀子》前24篇中存在1例"与其"组合用法。因该组合已语法化为一个连词副词，对句中谓词形成一定影响，动词不受语境因素影响，部分名词化。如：

（1）与其害善，不若利淫。（《致士》）

句中动词"害"不具有时间限定特征，但带有宾语，表现为非定式谓词。

## 五 小结

"其"字九类用法中，人称代词、物主代词、指示代词、连接代词、连词和组合用法都伴有名物化现象发生，但副词、语气词和介词用法都不涉及。《荀子》语料显示，"其"字结构中的名物化不是一个固定、静止、单一的句法现象，而是一个多层级、具有渐变性和连续统性质的语用、语义及句法现象。名物化程度最高的结构是动转名词和形转名词，它们主要出现于物主代词和指示代词用法中，词义大都转指，也有自指，但词性具有名词的多种特征，并广泛地应用于多种结构中，使用频率较高，用法固着化，大都属于永久性转类，动词如"言""说""佐""贼"等，形容词如"忠""善""仁厚"等。其次为临时获得名词性质和地位的动转名词和形转名词，动词如"择""愈""知虑"等，形容词如"详""略""清明"等。再次为动词短语和形容词短语的名词化，这些短语中的动词或形容词仍然保留着部分谓词性，但所在短语整体名词化了，也是临时性质的名词短语，如"养生""时禁"等。独立主格结构或复合宾语结构的名物化程度应该高于小句，因为其中的动词或形容词虽然名词特征仍然较弱，但在时态、体态、情态、语气等典型的动词特征方面都有所丧失。小句名物化的水平最低，因为其中的谓词受到影响不大，基本保留着谓词特性，它们的名物化主要体现为所处句法位置的强制赋值。主语从句和宾语从句，由于占据句子的主语和宾语位置，整体指称化，相当于一个概念名词。关系小句和补足语小句也都是整体与名词性中心语之间形成互指或共指关系，从而获得名词性，发生一定程度的名物化。

此外，音节数量与谓词名词化程度存有一定关系，但不明确；主语位置对用词的名词性要求高于宾语；有关句义选择限制的机制假设都难以信服；谓词转指未必成为永久名词，谓词自指也未必不能进入词库；物主代词和指示代词作为功能语类的名词性投射作用有限，其作用可能限于标识，或者在于语用方面。

# 第 五 章

# "者"字结构中的名物化

## 第一节 "者"字用法概况

### 一 马建忠的观点

关于"者"字，马建忠（1898/1983）首先将《说文》和《增韵》中的两种解释"别事之辞"和"即物之辞"概括为"义有所指"；其次将王引之总结的"起词"用法归结为"煞读"；进而将"者"字的以上用法总体列入"接读代字"，并重新讨论了这一用法的七种分类，即"一为句之起词，二为止词，三为表词，四为司词，五居偏次者，六用若加语者，七有假说词气者"（同上：66）。以下分别作简要说明。

所谓"句之起词"，马建忠未作说明，但通过所举例句可以看出，大体相当于现代语法所讲的主语。这种用法的"者"字大都位于动词短语后面，交代该动作的施事，主要转指"人"，如"为此诗者，其知道乎！"（《孟子·尽上》）句中"者"指动词短语"为此诗"的施事"人"，双方一起整体作下句"知道"的"起词"，即主语。接读代词"者"的第二种用法是作"止词"，即动词的宾语。如："吾闻用夏变夷者，未闻变于夷者也。"（《孟子·滕上》）句中两"者"字，连同各自前面的动词短语都分别作所在小句动词"闻"的宾语。马氏特别指出，"有"后所有之读，习以"者"字为煞读（同上：67）。第三种情形为作"表词"。所谓"表词"，马建忠解释为，"凡有表词之句，即起词与语词同为一事，而以此表彼之为若斯也。表词概为静字者，以静字肖名字已然之境也。故表起两词，先后之次皆同，盖两者同语一事也。"如："取诸人以为善，是与人为善者也。"（《孟子·公上》）句中"者"字短语"与人为善者"就是"句之表词"（同上：68）。"表词"即判断句中的后项，相当于现代语法中的名词性表语。

"者"字第四种用法为作"司词"，如："士为知己者死，女为悦己者容。"（《史记·刺客列传》）句中"知己者""悦己者"两读，皆"为之司词"（同上：68）。"司词"就是介词的宾语。第五种用法为"居偏次"，即作中心语的前置定语，如："不为者与不能者之形何以异？"（《孟子·梁上》）句中"不为者"与"不能者"皆属于"形"字，故"居偏次而先焉"（同上：68—69）。第六种在句中作"加语"，即"前有名代诸字，后续他语以表名代之为何若也，义若静字者然。"（同上：69）如："佗小渠披山通道者，不可胜言。"（《史记·河渠书》）句中"者"字短语"披山通道者"作"佗渠"的"加语"，亦即后置定语。"者"字的第七种用法为"有假设词气者"（同上：69），即引导条件状语从句，如："乐民之乐者，民亦乐其乐；忧民之忧者，民亦忧其忧。"（《孟子·梁下》）句中"者"字所在的两个小句"乐民之乐者""忧民之忧者"分别是"民亦乐其乐""民亦忧其忧"两主句的条件状语。此外，马建忠（同上：70）还关注了"者"字的组合用法，他主要分析了"所……者"与"所以……者"两种组合，两者都在"句读"中"概为推原事故之词"。

马建忠（1898）将"者"字的语用功能概括为"传信助字"，在句中"助字助读而不助句"，即对词、短语或小句都可能发挥强调作用，但不涉及整体句子层面。"者"作为助词，马建忠（1898）分两类，一类义有所指，即"者"字用于"助本名者、公名与静、动诸字者"，认可王引之总结的"或指其事，或指其物，或指其人"；另一类无指，即"者"字用于助"状字"，如"今者""不者""昔者""且者"等语，此时"皆无所指，借以顿住起下而已"。当"者"没有所指时，"若非代字而殿读焉"，作用主要为"亦惟以推原事理以求其故耳"。"者"作助词时也有组合用法，主要是"也者"并用，其作用在于强调前文中需要"注意之字句"而"为之申解"（同上：360—361）。

## 二 其他学者的观点

### （一）王引之的观点

王引之（2014）对"者"字研究沿用传统训诂，他关注"者""诸"

之间的关联。他对《说文》关于"者"字的释义"别事词"加以诠释，即"或指其事，或指其物，或指其人"。关于语用，王引之指出"者"的具体功能为"起下之词"，有两种表现形式，一为"……者，……也"句式；二为"……也者，……也"句式。王引之认为，"者"字的另一语法功能等同于"也"字；他还较早发现并认同"也者"组合的固着特征（同上：192—193）。

（二）杨树达的观点

杨树达（1928：193—197）将"者"字用法归为三类：1）指示代名词，2）复牒代名词，3）语末助词。

"指示代名词"又分为"附于内动词"和"附于外动词"两种用法。前者指作形容词的后缀，后者指作动词的后缀，两者的语义都是"兼代人物"。关于"复牒代名词"，杨树达是指"者"字与所在短语或者小句中某个词的词义复指或"于文似属冗复"，"者"字作用是标识所在短语或小句在整句中充当主语。针对"者"字的语末助词用法，他总结出"表提示""表疑问""表饰设""表拟度""表商榷""表假设"6种作用。

（三）王力的观点

王力关于"者"字用法的观点主要集中于《王力古汉语字典》和《古代汉语》（第一册）。其中前者更具代表性，后者形成有益补充。

王力（2000）认为"者"字有三种词性，即代词、助词和指代词。其中代词用法最为常用，可以用在谓词或谓词性词组之后，或者放在"主谓结构"之后，抑或放在数词之后，一起构成体词，表示一定数量或种类的人、事或物。"者"字作为助词，没有实际意义，在句中表示"提顿"，可用于说明句的名词主语的后面，亦可用在"复合句前面分句的后尾"，还可加在时间词后面，用以标识其前置成分的主语或话题角色。王力特别强调了"者"在句末的助词用法，认为"者"可以表示"疑问"或"测度"等语气。关于"指代词"，相当于指示代词"这"，应该属于"后起义"（同上：974）。此外，王力（1962/1999：363—365）还讨论了"者"字放在"有"字宾语后面的用法，他认为这种"者"字为助词或语气助词，也是表提顿作用。

（四）杨伯峻的观点

杨伯峻关于"者"字用法的讨论主要集中在《古汉语虚词》和《文言语法》两本专著中，其中前者更为系统，后者也有独到之处。

杨伯峻（1981：335—340）将"者"字用法归纳为四类：一为有意义助词，二为无意义助词，三为作"之"用，四为语气词。所谓有意义助词，指"者"放在"区别词"或"述说词"之后，语义上"多半指人，有时指物"，其作用在于将它们变为"名词语"。"者"字结构的整体作用是作后置定语（加语）。第二类助词"者"，是指"放在副词下，尤多放在时间副词下，或者凑成一音节，便于朗读，或者加强状语作用"。"者"作语气词，具有四种功能：1）表"提示"，2）表"疑问或反问"，3）表"拟度或饰设或商榷"，4）表"假设"。"者"作"之"用没有讨论。

杨伯峻（2016：46—47）在《文言语法》中将"者"字处理为"小品词"；首次提及"所……者"结构。

（五）何乐士的观点

何乐士关于"者"字用法的研究主要集中于《古代汉语虚词通释》和《〈左传〉虚词研究》两本专著，其中前者更为系统，后者有细致之处。

何乐士等（1985：787—790）将"者"字用法分为两大类，一为"助词"，二为"语气词"。其中，助词"者"包括：1）与形容词或动词短语相结合；2）与数词相结合；3）与表时间的词相结合；4）用在名词主语之后；5）用在复合句前一分句之末表结果；6）有时用在复合句前一分句之末表假设。"者"作语气词，仅限于用在句尾，以表示疑问语气，前面常有疑问代词"谁""何"等与之呼应。何乐士（1989）的主要贡献①是讨论了"者"字的组合用法。

### 三　小结

以上我们收集整理了六位先贤关于"者"字在古汉语，主要是先秦

---

①　何乐士（1989）将"助词"分为结构助词和语气助词，后来他（2004）在对原著的修订版中又重新将"语气助词"归入"语气词"概念范畴内。

汉语中的用法研究。这些研究存在以下共性：

首先，所有研究都注重"者"字在实际运用中的概念意义，《说文》最早提出"别事之辞"的解释，王引之进一步指明"别事"的内涵，即"指人""指事""指物"。马建忠将"者"重新概括为"义有所指"；杨树达则将这种概念命名为"兼代人物"，并且发掘出"者"的"复牒代名词"用法，用来指与其所在短语或小句中某词的词义复指现象。王力直接将"有实在意义"、用于所修饰的词或短语或小句的后面可以表示"人"或"事"或"物"的"者"命名为"代词"。杨伯峻也关注"者"字的词汇意义，并且认为是"多半指人，有时指物"，只是将它归为助词范畴。何乐士等也将具有实在意义的"者"字置于助词范畴，他们发现并提出了在与数词组合时"者"字的所指对象包含于上文之中。我们认为更准确的表述应该是，"者"指上文所指对象的上位概念，或含义概括或抽象。

其次，当"者"字不具有实在意义时，先贤们都是从语法意义或语用功能方面着手考量。王引之虽然没有提出语法术语或进行句法命名，但他朴素地提出了"者"在句末等于"也"的用法。马建忠为"者"字最早提出了一些语法术语，如"煞读""词气者""接读代字""传信代字""起词""止词""偏次""加语"等，为开展分析性研究奠定了基础。尤其是"传信助字"概念，以及"者"在句中"助字助读而不助句"作用的发现，都属于创新和突破，引领"者"字研究走向纵深。杨树达对"者"字虚词用法的研究显然发展了马建忠的"语气词"概念，他对"其"字的语末助词用法进行了深入讨论，总结出表"提示""疑问""饰设""拟度""商榷""假设"六种情形。王力关于"者"字助词用法的"提顿"说显然是对马建忠的"煞读"说的继承和发展。杨伯峻将"者"无实际意义的用法分为"助词"和"语气词"两类，前者的作用归于"音节"和"朗读"，后者的讨论虽然充分，但基本是对杨树达观点的继承和沿袭。何乐士对无意义"者"的考察也是放在"助词"和"语气词"两类范畴进行，但考察得更细致充分，尤其是《〈左传〉虚词研究》，采用的是定性和定量相结合的方法，结论更加客观。

最后，除了对"者"字本身的意义和语法功能关注外，对"者"字的句法环境也予以了考察。比如，王引之提出了"者"作"起下之词"

的两种句法表现形式，还介绍了"者"等于"也"的三种句法环境。马建忠不仅考察了"者"字结构中其他成分的不同性质，而且考察了整个"者"字结构在句中的功能和作用，并且辨别了"者"对相应词、短语或小句、甚至整体句子的影响。杨树达对语气词用法作出进一步分类，也正是基于"者"在句中与其他成分甚至句子的关系提炼而出。王力关于"者"字结构体词性特征的定性具有一定的原创性，他对"提顿"用法的研究也取得一些突破性进展，如对"主语"角色和地位的表示以及对复合句中前置小句待"解释"和"说明"的标识，其实主要是对句子话题的标识。杨伯峻提出的"者"字"小品词"属性，还有对"所""者"共现所形成的复杂结构的考察，也都反映出对句子环境的重视。何乐士对"语气词"范畴及其成员的界定的不断修订，以及对多种"者"字所在句式的确定，也都反映出对"者"研究的句法观和语篇观。

# 第二节　《荀子》中"者"字用法考察

## 一　先秦"者"字用法再分类

### （一）"者"字统一用法的探索

#### 1. 朱德熙（1983）的尝试

朱德熙首次利用"自指""转指"及"句法成分的提取"等方法对先秦"者"字的语法功能和语义功能进行研究，他认为过去所谓"者"字的代词和语气词用法实际上都是"名词化形式的标记"，两者的区别在于"前者造成的名词化形式表示转指意义"，"后者造成的名词化形式表示自指意义"，这种意义上的差别可以通过各自所在句法环境中"语法功能上的区别（所提取的句法成分不同）"得到合理的解释；此外，他还认为自指的"者"造成的名词化"兼有谓词性"（同上：16）。

朱德熙对"者"的研究是深刻而又系统的，他认为"者 t"（表转指的者）的功能是"提取主语"，其所在结构"VP + 者 t"成立的条件是"主语必须缺位"，该结构可以表示"施事"或"受事"，但很少指"工具"（同上：19—21）。关于"者 s"（表自指的者），朱德熙否定了它作"语气词"的观点，他认为，一个"VP"加上"者 s"以后，从语法上说是"从谓词性成分转化为名词性成分"；从语义上说，是"从陈述转化为指称"。单从语义角度看，"VP＋者 s"的作用就是把 VP 所表示的意义加以事物化。如果说 VP 用以表示行为、动作、状态，那么"VP 者 s"即表示事物化了的行为、动作、状态。只有在"VP＋者 s"前边不带"若"和"如"而独自表示假设功能时，它才变成"谓词性结构（从句）"，后头的"者 s"方为"语气词（或从句句尾）"用法（同上：25—27）。

朱德熙还对"者 s"和"者 t"进行了统一解释的尝试，他将"者 s"视为"者 t"的一种特例，认为"者 s"的句法作用也是"提取主语"。但同时也承认这种作用有其局限性，即"'X＋者 s'相应的陈述形式只限于主语和谓语之间有同一性的那种类型的主谓结构"（同上：30）。

2. 姚振武（1994）的观点

姚振武（1994）在朱德熙（1983）有关先秦"者"字研究的基础上进行了深入考察，他认为"朱先生的研究仅局限于有形式标记的那部分"，而传统语法中被视为"词类活用""词义引申"等内容则未曾涉及。他进一步指出，朱德熙的"凡是真正的名词化都有实在的形式标记"的论断"过于绝对化"（同上：11）。关于"者 s"，姚振武认为，所谓"VP＋者 s"，取消了"者 s"之后，"其 VP"不一定是陈述性的，也可能是指称性的。因此，"者 s"为表指称的形式标记一说难以成立，"VP＋者 s"定为名词性成分也缺乏足够根据，过分夸大"者 s"的形式标记作用有悖于词类划分的原则（同上：15）。

3. 袁毓林（1997）的观点

袁毓林（1997）也在朱德熙（1983）研究的基础上进行了后续研究。他借助于"谓词隐含"假设以及转换生成理论对"者"字的语法功能和语义功能进行考察，旨在完善朱德熙关于"者"字自指和转指作出统一解释的理论。他指出，朱德熙"者"字理论的问题主要在于，一是"者"字用于"名词性成分后头"的定性存在偏差，二是对"VP＋者"结构的歧义性认识不足。他认为，"者"加在名词性成分之后的语法功能也是名词化，语义功能也是表示转指；"VP＋者"结构是"所谓＋VP＋者"经历两次名词化转换后紧缩而成，该结构表示自指或转指只能根据上下文；由主谓结构组成的"VP＋者 t"的提取对象必须是该结构的"主语"或"谓语的从属成分"。他的结论为"VP＋者 s"跟"VP＋者 t"并非截然对立，"者 s"和"者 t"可以统一在"者 t"范畴之内（同上：160—

178)。

4. 吴怀成、沈家煊（2017）的观点

吴怀成、沈家煊（2017：277—289）也对先秦"者"字各种用法的统一解释进行了探讨。他们认为，朱德熙（1983）关于"者"字统一为"名词化标记"的观点不能成立，将"者"统一为"转指标记"的观点得失各半，造成两种问题的原因在于过分看重主谓结构的地位和对"名动分立"的默认，没有彻底摆脱印欧语观念的束缚。他们的解决办法是，将"者"字根本上定性为"自指性"的"提顿复指词"，将转指视为"衍生的"功能，从而实现"在逻辑顺序和历史顺序上达成一致"；他们的理论依据为沈家煊（2016）的"名动包含说"。根据该学说，汉语的动词本应属于名词，"者 s"和"者 t"都不存在名词化标记一说，后者也只是转指标记而已；甚至自指和转指没有直观的形式区别，所谓语义上的区别，其实界限既不清晰，也不重要。他们的结论为，自指和转指可以统一，但转指只是自指的一种特例，如图 5—1 所示：

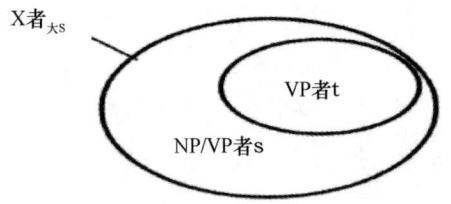

**图 5—1　"者"的统一包含格局**

资料来源：转引自吴怀成、沈家煊，2017：288。

(二)"者"字用法的重新分类

1. "者"字语法地位的反省

不少学者把"者"视为词缀（赵元任，1968；朱德熙，1982；Packard，2000，等等），但也有学者认为"者"是黏着词根（何元建，2011），Aldridge（2009）则从句法功能的角度把"者"分析为限定词（determiner），Yap 和 Wang（2011）运用"轻名词"（light noun）假设将古汉语"者"字归为名词化标记语（nominalizer），而董秀芳（2002，

2004）和齐冲（2014）都认为"者"是居于词根和词缀之间的附着形式（clitic），后者还利用形态句法和韵律理论对此予以了论证。

文献考察可知，"者"不仅可以和单词组合，还可以和短语或小句结合，一起形成"者"字结构。我们采用朱德熙（1983）和吴怀成、沈家煊（2017）的方法，将"者"字结构标记为［X＋者］，其中 X 为结构主干，范畴成员包括动词或动词短语（VP）、形容词或形容词短语（AP）、名词或名词短语（NP）、副词或副词短语（AdvP）、数词或数词短语（NumP）以及小句（SP）。由此很难认定"者"字的词根或词缀属性，更大可能是附着形式。附着形式作为语法单位一般具有如下性质：（1）韵律方面常和主干（host）形成一个整体单位；（2）形态上一般表现为单音节的黏着语素；（3）词性常为介词、助词或代词；（4）句法上可以依附词或短语，明显区别于词缀；（5）在语义上不具有特质（idiosyncrasies），同词缀不一样，具有不可预测性；同时，它的功能更具语法性，如表示体、格、情态、指称等。其中最后一点也是附着形式区别于词或词根的最重要的一点（齐冲2014：192—193）。

先秦"者"字完全符合以上五条性质描述。第一在形态上，"者"为单音节的黏着语素；第二在词性上，"者"与结构助词相近；第三在句法上，"者"可依附于词或短语或小句；第四是"者"字结构具有组合性，语义不透明，具有不可预测性，同时"者"具有语法功能，可使谓词成分名词化；第五在韵律方面，"者"依赖性强，不单独成"读"。因而我们认为，先秦"者"的形态句法属性整体表现为附着形式。

2. "者"的语法功能分析

前文指出，"者"字结构在很多情况下为短语结构，有时甚至表现为小句结构，这在形式上都超出了词的内部形态，而且"者"字结构具有很强的能产性，因而对"者"的功能考察不应局限于词汇形态，而应将词汇与句法视为一体。事实上，朱德熙（1983）的成分提取法正是基于词汇—句法层面上所进行的操作。齐冲（2014）所用的"论元结构饱和法"与之异曲同工，但涵盖范围更广。齐冲（同上）对"者"的研究发现，实例中"者"字结构中的论元结构实际上是对名物化之前谓词论元结构的继承，"者"占据域外论元成为施事，如果占据域内论元则成为受事，"者"字结构中不存在的论元必须在更大的语篇出现。也就是说，论元结构的饱和是形成"者"字结构的基本条件（同上：190）。

综合朱德熙和齐冲两家理论，我们认为，先秦"者"字结构的主要特征包括：主干为谓词性结构，其论元须饱和化，论元结构范围为短语或跨短语。"者"是它的一个论元，并使其名物化。由于"者"前的主干可为词、短语或小句，"者"字结构的论元可出现在短语小句里，也可在语篇中，"者"的词汇—句法特征应该比词缀更自主，但因为其语法意义占主导，它又不能被视为词。总体而言，"者"属于"非词缀"和"非词"的"附着形式"特性。

依据齐冲（2014）提出的是否具有名物化功能和表"人"功能这两个标准，可以划分出"者"的三种不同类型的功能：（1）存格；（2）谓词成分后的名物化标记［－人］；（3）谓词成分后的名物化标记［＋人］。第一种（存格）仅限于形态句法功能，即用作被描述部分的后缀，标记该主干的存在状态。后两种事实上同朱德熙（1983）的"自指"和"转指"的分析基本吻合。"者"的第二种功能［－人］大致相当于朱德熙的"自指"，即谓词性成分所产生的单纯的词类转化。而朱德熙所说"转指"大致等同于这里的第三种功能，即除了词类的转化外，词义也发生明显的变化。由于第三种"者"字不仅具有形态句法功能（后缀和名物化），还兼有语义功能（指某类人），因此它的实词语义较另外两类会相对更强一些。

3."者"字用法再分类

朱德熙（1983）将"者"分为"自指"和"转指"两种功能具有划时代意义，后人关于"者"的相关研究都无法回避这一经典论述。前人所谓"者"的"语气词"用法，其实朱德熙并没有完全抛弃，他只是将这一用法的适用范围加以严格限制而已，仅限于自指的"者"置于不含假设连词却承担假设作用的谓词性小句之后的情形（1983：27）。后人对朱德熙（1983）关于"者"字的批评都与以上根本论述无关，往往多是针对他以上观点的延伸论述，比如姚振武（1994）就是针对他将"者"概括为"名词化形式的标记"，认为他的"凡是真正的名词化都有实在的形式标记"的论断"过于绝对化"了。姚振武通过大量语言事实证明，"VP 者 s"具有指称性并非一定归因于"者 s"，因为取消了"者 s"之后，其中的 VP 不一定是陈述性的，也可能是指称性的。也就是说，添加

"名词化标记"不是谓词名物化或名词化的必要条件。姚振武（同上）认为，者 s 的句中作用实际上只是"加强指称语气"，这也正是传统语法把它视为语气词原因所在。

袁毓林（1997）关于"者"的研究，虽然指出了朱德熙的"者 s"观点对于用在名词性短语后面的"者"的解释仅限于语义而无关句法功能，但更多的篇幅或者说内容都是在完善朱德熙关于将"者 s"和"者 t"统一起来的构想，试图证明前者只是后者的一种特例，只是结果不被认同（芮月英，1999；孙洪伟，2015；吴怀成、沈家煊，2017；等等）。吴怀成、沈家煊（2017）对朱德熙（1983）的批评主要是针对"者"的"名词化标记"与"转指标记"不兼容，反对的其实主要是"者"作为"名词化标记"，至于"自指或转指标记"，他们并未否认。吴怀成、沈家煊（2017）解决朱德熙"者"字理论不兼容问题的方法颇为激进，把朱德熙"自指是转指的一种特例"的设想完全加以颠倒，将"转指"视为"自指"的一种特例，贯彻沈先生的汉语"名动包含"说这一理论假设，认为动词本来就是属于名词，至于"者"的句法作用是"复指前面那个指称性成分并起提顿作用"，即"提顿复指词"。该学说曾受到一些学者的批评（张爱朴，2012；陆俭明，2013；等等）。

客观而论，朱德熙（1983）关于"者"的研究方法符合语言实际，因而也具有实效性，其"成分提取法"附以跨句考察俨然勾勒出"者"的完整的句法甚至语篇环境，他的"自指""转指"论也确实揭示了"者"的语义功能和句法功能的实质。朱德熙（1983）有关"者"的研究结论受到不同研究路向的支持（如石定栩，2011；齐冲，2014；等等）。

综合以上各家的理论观点，我们主要以朱德熙（1983）、何乐士（1985，1989，2004）及齐冲（2014）有关"者"的研究结论为主要依据，将先秦"者"的用法分为以下 6 类：（1）转指论元的结构助词，（2）自指事件本身的结构助词，（3）表状态或存现的结构助词，（4）失去语义的句尾语气助词，（5）组合用法，（6）引语，排除在我们的考察范围之外。

## 二　《荀子》中"者"字用法统计

我们按照以上分类，就《荀子》前 24 篇中的"者"字用例进行考察，统计结果如下（见表5—1）。以下就各种用法展开讨论。

**表5—1** 《荀子》前24篇"者"字用法统计

| | 一类 | 二类 | 三类 | 四类 | 五类 | 六类 | 总计 |
|---|---|---|---|---|---|---|---|
| 功能 | 转指论元 | 自指事件或状态 | 时间或空间上永存 | 表示语气 | 组合整体作用 | 引自别文 | 累积数值 |
| 共计 | 790 | 217 | 326 | 0 | 50 | 12 | 1395 |
| 百分比（%） | 57.12 | 15.69 | 23.57 | 0 | 3.62 | 不计 | 100 |

### 三 《荀子》中"者"字用法考释

#### （一）"者"表转指

转指用法，朱德熙概括为"从语义的角度看，谓词性成分的名词化有两种"，其中"第二种除了词类的转化以外，词义也发生明显的变化"，这种"名词化造成的名词性成分与原来的谓词性成分所指不同，这种名词化可以称为转指"（1983：16）。他认为在先秦汉语里，"者"加在"谓词性成分后头"构成"表示转指的名词性结构"，"VP者"往往"指施事，有时也指受事"（同上：18）。"施事""受事"一说实际上揭示了"者"字结构中"者"字与"谓词性成分"的逻辑语义关系以及这种关系的常见类型。齐冲（2014）关于"者"字转指的论述在朱德熙（1983）的观点上更进一步，他认为，"者"字结构的主干为"谓词性成分"，该结构的"论元须饱和化"，也就是说"它的论元结构承续名物化前的形式"；"者"作为"主干的一个论元，其功能就是使谓词性成分名物化"；"者"字结构的"论元结构范域为短语或跨短语"（同上：201—202）。

我们在《荀子》前24篇"者"字语料的基础上对其转指用例进行了考察，统计结果如下（见表5—2）。以下就这些"者"字的不同转指用法分别予以考察。

表5—2　　　　　　《荀子》前24篇"者"表示转指用法统计

| 篇次 | 一 | 二 | 三 | 四 | 五 | 六 | 七 | 八 | 九 | 十 | 十一 | 十二 | 十三 | 十四 | 十五 | 十六 | 十七 | 十八 | 十九 | 二十 | 二一 | 二二 | 二三 | 二四 | 共计 |
|---|---|---|---|---|---|---|---|---|---|---|---|---|---|---|---|---|---|---|---|---|---|---|---|---|---|
| 施事 | 14 | 13 | 6 | 31 | 15 | 35 | 10 | 25 | 60 | 42 | 66 | 44 | 26 | 6 | 71 | 38 | 23 | 59 | 52 | 8 | 44 | 45 | 23 | 11 | 767 |
| 受事 | | | | | 1 | | | | 3 | 3 | | | | | 5 | | | 2 | | | | 2 | 3 | | 19 |
| 工具 | | | | | | | | | | | | | | 2 | 2 | | | | | | | | | | 4 |
| 总计 | 14 | 13 | 6 | 31 | 16 | 35 | 10 | 25 | 63 | 45 | 66 | 44 | 26 | 8 | 78 | 38 | 23 | 61 | 52 | 8 | 44 | 47 | 26 | 11 | 790 |

1. 转指"工具"（4例），如：

（1）夫言用贤者，口也；却贤者，行也。（《致士》）
（2）彼仁义者，所以修政者也。（《议兵》）
（3）殷之服民所以养生之者也，无异周人。（《议兵》）

以上为"者"字转指"工具"的所有实例。例（1）和（2）中三个加着重号的"者"字结构"用贤者""却贤者""修正者"的主干都是动宾短语，根据句义选择限制可知，三"者"字的所指均为主体实施行为的工具。例（3）中"者"字结构的主干是小句"殷之服民所以养生之"，句中动词"施事""受事"都已出现，结合上下文义可知，"者"字应为动词"养生"的工具。

2. 转指"受事"（19例），如：

（4）仁人之兵，不可诈也；彼可诈者，怠慢者也，路亶者也，君臣上下之间，涣然有离德者也。（《议兵》）
（5）地来而民去，累多而功少，虽守者益，所以守者损。（《王制》）
（6）夫感而不能然，必且待事而后然者，谓之生于伪。

(《性恶》)

(7) 故仁者之兵,所存者神,所过者化,若时雨之降,莫不说喜。(《议兵》)

以上所选四句(5例)中"者"字都转指受事。其中例(4)和(5)中两"者"字短语"可诈者""守者"的主干动词都不带宾语,结合上下文义可知,例(4)中"者"是对上文"兵"复指,是动作"诈"的受事;例(5)中"者"应该复指"地",即动词"守"的受事。例(6)中"者"字短语的主干为两个无主小句,结合上下文义可知,"者"字复指下文"伪",对应于前文的"人之性",因而也是主干动词两个"然"字的产品或结果,即"受事"①。例(7)中的两个"者"字结构均为"所 + VP + 者"②,我们认为,该结构当分析成"所 + VP 者","者"转指受事,"所"字虚化为指示代词。

3. 转指施事、当事、感事等(767 例),如:

(8) 其耕者乐田,其战士安难,……是治国已。(《富国》)

(9) 丧礼者,以生者饰死者也,大象其生以送其死也。(《礼论》)

(10) 夫微者,至人也。至人也,何忍! 何强! (《解蔽》)

(11) 故鲁人以糖,卫人用柯,齐人用一革,土地刑制不同者,械用、备饰不可不异也。(《正论》)

《荀子》前24篇中"者"字用于转指施事(含当事、感事等)的用例占绝对优势,达767例,占转指用例总体的97%。例(8)"耕者"中的"者"是动词"耕"的施事,例(9)两例"者"字结构"生者""死者"中"者"都指当事。例(10)中的"微者","者"与形容词"微"的逻辑关系需要借助上下文义推理可得,"者"是感事,不是当事。以上

---

① 受事有广义和狭义之别,此处受事用例有限,采用广义一说。

② 朱德熙(1983)持有不同观点,他将该结构解析为"所 VP + 者",其中"者"为自指用法,理由是"所 VP 者"与"所 VP"所指相同(同上:21—22)。

三例中的"者"都是转指"人"。例（11）"土地刑制不同者"中"者"转指前三个平行小句相同句法成分"鲁""卫""齐"的上位概念"国家"，"者"字转指当事，为非人实体。

4. "者"字转指的句法作用

"者"的转指用法占其所有用法的一半以上，它所在的句法环境类型多样，以下我们就其句法作用展开讨论。由于"者"具有实际语义内容，使用方面又存在依附性，所以"者"的句法作用只能结合其所在"者"字结构一起分析。考察发现，表转指的"者"字结构在构成成分及句中承担作用等方面都存在差异，下面分别讨论。

首先讨论"者 t"结构的组成成分。

"者"字在《荀子》前 24 篇中的所有用例全部为后置成分，在语义上表示转指时，"者"前成分一律为谓词性成分，主要表现为动词短语（含动词）、形容词短语（含形容词）、介词短语以及小句。如：

（12）彼学者，行之，曰士也；敦慕焉，君子也；知之，圣人也。（《儒效》）

（13）凡攻人者，非以为名，则案以为利也；不然则忿之也。（《富国》）

（14）故近者歌讴而乐之，远者竭蹶而趋之。（《儒效》）

（15）凡事行，有益于理者，立之；无益于理者，废之。（《儒效》）

（16）天下胁于暴国，而党为吾所不欲于是者，日与桀同事同行，无害为尧。（《王制》）

例（12）中"者"前成分为光杆动词"学"，例（13）中为动宾短语"攻人"，例（14）两"者"前成分"近""远"均为形容词。例（15）两个"者"前成分"有益于理""无益于理"都是表示性质的形容词短语，前者表肯定，后者表否定；例（16）的"者"前成分"吾所不欲于是"为小句。

其次，我们考察"者 t"结构的句法作用。

成分多样的"者 t"结构，在句中所承担的角色也是多功能的，主要

包括主语、宾语、前置或后置定语,同位语等句法成分。如:

> (17) 夫王者之与亡者,制人之与人制之也,是其为相县也亦远矣。(《王制》)
>
> (18) 造父者,天下之善御者也,无舆马则无所见其能。(《儒效》)
>
> (19) 呼先王以欺愚者而求衣食焉。(《儒效》)
>
> (20) 吾语汝学者之崟容。(《非十二子》)
>
> (21) 夫公道通义之可以相兼容者,是胜人之道也。(《强国》)
>
> (22) 彼其所与至者,必其民也。(《王制》)

例(17)中的"王者""亡者"连同后面的并列结构一起作全句的主语;例(18)中"善御者"作名词性表语;例(19)中的"愚者"作动词"欺"的宾语;例(20)"学者"作名词短语"崟容"的前置定语;例(21)中"兼容者"作名词短语"公道通义"的后置定语;例(22)中"其所与至者"说明代词"彼"的所指,是其同位语,按照马建忠(1898)的观点,"彼"作全句的主语,"其"作小句主语。

(二)"者"表自指

关于"自指",我们仍然沿用朱德熙(1983)的定义,即自指是"谓词性成分的名词化"的两种方式之一,"单纯是词类的转化,语义保持不变",这种"名词化造成的名词性成分与原来的谓词性成分所指相同"(同上:16)。考虑到"者"字结构的跨短语甚至跨小句特性,我们将"者"字的作用定位于"者"字结构的主干成分,而不限于光杆谓词。我们根据《荀子》前24篇217例(见表5—3)"者s"用例的考察结果,依次讨论"者s"主干成分及"者s"的句法功能。

表5—3　　　　　《荀子》前24篇"者s"用法统计

| 篇次 | 一 | 二 | 三 | 四 | 五 | 六 | 七 | 八 | 九 | 十 | 十一 | 十二 | 十三 | 十四 | 十五 | 十六 | 十七 | 十八 | 十九 | 二十 | 二十一 | 二十二 | 二十三 | 二十四 | 共计 |
|---|---|---|---|---|---|---|---|---|---|---|---|---|---|---|---|---|---|---|---|---|---|---|---|---|---|
| 数目 | 9 | 4 | 12 | 18 | 10 | 1 | 0 | 4 | 14 | 21 | 19 | 11 | 1 | 3 | 17 | 10 | 10 | 5 | 15 | 4 | 0 | 3 | 26 | 0 | 217 |

1. "者 s"结构的主干成分

"者 s"结构与"者 t"结构在主干成分上基本一致,主要包括动词短语（含动词）、形容词短语（含形容词）以及小句,但不再出现介词短语的情形。如:

（1）祭者,志意思慕之情也。(《礼论》)

（2）顺其类者谓之福,逆其类者谓之祸,夫是之谓天政。(《天论》)

（3）故厚者,礼之积也;……明者,礼之尽也。(《礼论》)

（4）君子小人之所以相县者,在此耳。(《天论》)

例（1）"者 s"结构的主干"祭"为光杆动词,根据上下文义可知,"者"字无语义,自指行为本身。例（2）两个"者 s"结构的主干"顺其类""逆其类"均为动宾短语,其中"者"字无语义,都属于自指用法。例（3）两"者 s"结构的主干"厚""明"都是形容词,"者"字都无语义,都是自指。例（4）"者 s"结构的主干"君子小人之所以相县"为小句,"者"字也属自指用法。

2. "者 s"的句法功能

前24篇"者 s"用例达217例,占"者"字用例总体的15%强。同"者 t"一样,"者 s"所在的句法环境也是类型多样,"者 s"在使用中同样具有依附性,所以"者 s"的句法作用同样需要结合其所在结构加以说明。"者 s"结构,也属于跨短语甚至跨小句单位,因而在句中所承担的作用也是多功能的,主要包括主语、宾语等句法成分。如:

（5）凡兼人者有三术:有以德兼人者,有以力兼人者,有以富兼人者。(《议兵》)

（6）是岂以丧猪为辱也哉!然而不惮斗者,恶之故也。(《正论》)

（7）故赏庆、刑罚、埶诈之为道者,佣徒鬻卖之道也。(《议兵》)

（8）凡奸人之所以起者,以上之不贵义,不敬义也。(《强国》)

以上四句中"者 s"结构在各自句中都作主语,其中"者"字都是自指用法。例(5)中"兼人者"的主干为动宾短语,根据句义选择限制可知,"者"表自指,因为"三术"隶属于"兼人"活动本身比隶属于动作施事更为合适;后面三个"者"字也属于自指用法,标记主干"以德兼人""以力兼人""以富兼人"构成"三术"的内涵。同理,例(6)"者 s"结构的主干"不惮斗"受"者"字标记后自指该行为本身,整体作后面谓词短语的主语。例(7)"者 s"结构的主干"赏庆、刑罚、埶诈之为道"为一个完整小句,添加"者"字得以整体指称化而作后面小句的主语。例(8)"者 s"结构的主干"奸人之所以起"也是小句,加"者 s"后不是作主语而是作主题,因为后接成分是原因状语从句。

(9)不先虑,……应变不穷,是圣人之辩者也。(《非相》)
(10)君子……为其人以处之,除其害者以持养之。(《劝学》)
(11)所志于天者,已其见象之可以期者矣。(《天论》)
(12)如是者,岂非人之情固可与如此、可与如彼也哉!(《荣辱》)

以上 4 例"者 s"结构在句中都作宾语,其中"者"字也都表自指。例(9)"者 s"标记动词"辩"名词化,例(10)中"者 s"标记形容词"害"的名词化。例(11)"者"字结构的主干"象之可以期"为小句,加"者"字指称化后作动词"见"的宾语从句。例(12)"者"字标记副词短语"如是"名物化,表示假设的条件。

(三)"者"字的存格用法(326 例)

存格(essive case),是一种"语法描写",用来指"表示存在状态的曲折形态"。存格多见于芬兰语和其他一些语言,与近处格、在内格及其他几个格一起表达"当时""当地"的意思(克里斯特尔编,沈家煊译,2000:131)。齐冲(2014)将存格视为"指状态和性质的一种语法格",并且指出"各语言中的存格在句子中的表现形式也不一样,有的以词组或词的形式,如英语和法语。有的以词缀的形式,如芬兰语",特别指出"芬兰语中这个存格还可以用于指称时间和地点","这同古汉语'昔者'

'古者'中的'者'的功能也是相同的"（同上：198）。我们依据齐冲（2014）和克里斯特尔（同上）的观点，将"存格"定义为"一种附着在名词性成分后面的语言形式，用以标记时间、地点、存在状态或具有性质的形式标记"。

我们对《荀子》前24篇"者"字用例考察发现，"者"字用于存格用法的共计326例（见表5—4），占所有用法总体的23.57%。下文将就"者"字的存格用法展开讨论。

表5—4　　　　　《荀子》前24篇"者"字存格用法统计

| 篇次 | 一 | 二 | 三 | 四 | 五 | 六 | 七 | 八 | 九 | 十 | 十一 | 十二 | 十三 | 十四 | 十五 | 十六 | 十七 | 十八 | 十九 | 二十 | 二十一 | 二十二 | 二十三 | 二十四 | 共计 |
|---|---|---|---|---|---|---|---|---|---|---|---|---|---|---|---|---|---|---|---|---|---|---|---|---|---|
| 数目 | 7 | 3 | 12 | 7 | 7 | 5 | 2 | 22 | 22 | 8 | 42 | 19 | 11 | 7 | 7 | 17 | 2 | 33 | 31 | 11 | 9 | 9 | 27 | 6 | 326 |

## 1. 语义特征

"者"作为存格标记，可以标识时间、地点、数量、存在等。如：

（1）古者帝尧之治天下也，盖杀一人，刑二人，而天下治。（《议兵》）

（2）昔者瓠巴鼓瑟，而流鱼出听；伯牙鼓琴，而六马仰秣。（《劝学》）

（3）川渊者，鱼龙之居也；山林者，鸟兽之居也；国家者，士民之居也。（《致士》）

（4）三德者诚乎上，则下应之如景向，虽欲无明达，得乎哉！（《富国》）

（5）造父者，天下之善御者也，无舆马则无所见其能。（《儒效》）

"者"标记"时间"，前24篇里主要附着在"古"和"昔"后面，如例（1）"古者"和例（2）"昔者"，都交代了句中行为或事件发生的时间。"者"标记处所或方位的用例只有8例，这些地点用词主要是名词和名词短语，如例（3）中的"川渊""山林""国家"。"者"字用于数目词语之后，标识数目所计量的实体在更高范畴内共同存在。《荀子》前 24 篇用于存格"者"前的数词主要是"三""两""二""五""四""六""十二"以及不确定数词"数"，这些数词大都直接添加"者"，有时后面可带有名词，甚至前面添加定指词"此""彼"等。例（4）中数词"三"后都带有名词"德"，由于名词本身已对前文所举事例进行抽象概括，因而"者"字语义更加虚无，形式标记作用更强。"者"标记存在，其前主干均为名词或名词短语，受标记后这些名词短语物化程度进一步增强，存在感得到凸显。如例（5）"者"前成分"造父"为专有名词，"者"的语义弱化，作用限于标记存在的真实性或可信度。

2. 语法功能

由于存格"者"的标记对象全是名词短语（含名词和相当于名词的时间词、地点词及数量词），"者"的作用只是物化这些名词短语为一个整体存在，因而此类"者"字结构也可以在句中承担各种名词性短语的句法角色，主要是主语，另有少量作宾语和表示领有的定语等，甚至个别作状语，但作状语的仅限于表示时间和地点的名词，而且在句中都具有一定的话题性质，因而名词性很强。

（四）"者"字的组合用法

我们对《荀子》中"者"字组合用法的鉴定标准较为谨慎或保守，主要是选取"者"前有语气词连用的情形，"者"后有语气词连用的情形将排除掉"也"字的案例，因为"也"字太过普遍，而且"者"字本来就是后置的黏着成分。这样，我们统计出的"者"字组合主要有"也者""焉者""者焉"和"者哉"四种类型，共计 50 例（见表 5—5）。以下我们依次对这四种组合分别考察。

表 5—5　　　　　　《荀子》前 24 篇"者"字组合用法统计

| 篇目 | 一 | 二 | 三 | 四 | 五 | 六 | 七 | 八 | 九 | 十 | 十一 | 十二 | 十三 | 十四 | 十五 | 十六 | 十七 | 十八 | 十九 | 二十 | 二十一 | 二十二 | 二十三 | 二十四 | 总计 |
|---|---|---|---|---|---|---|---|---|---|---|---|---|---|---|---|---|---|---|---|---|---|---|---|---|---|
| 数目 | 1 | 1 | 7 | 2 | 0 | 0 | 0 | 7 | 0 | 2 | 0 | 1 | 0 | 2 | 0 | 2 | 0 | 2 | 1 | 3 | 6 | 11 | 1 | 1 | 50 |

1. "者哉"（1 例）

（1）其谁能以己之潐潐，受人之掝掝者哉！（《不苟》）

郭锡良认为，"语气词连用，各自保留原来所表示的语气，组成一种复合的语气"（1989：81）。"哉"表示"感叹语气"，句子反诘语气应归于"其谁"，"者"字去掉似乎不会影响到句子语气，所以我们认为，"者"应当视为"掝掝"的附着成分，标记其状态，属于存格用法。因此，严格意义上讲，这一组合不成立。

2. "者焉"（1 例）

（2）能虑能固，加好者焉，斯圣人矣。（《礼论》）

郭锡良认为，"焉"是一个有指代作用的语气词，指代和提示是相通的，它的提示语气由它的指代作用虚化而成，往往提示范围（1989：76—77）。"者"字作用应当是"好"的附着成分，一起作动词"加"的宾语，标记一种兴趣品质，属于自指用法。"者"和"焉"同现是孤例，不算复合语气词。

3. "焉者"（6 例）

（3）君子絜其身而同焉者合矣，善其言而类焉者应矣。（《不苟》）

（4）天下无隐士，无遗善，同焉者是也，异焉者非也。（《正论》）

（5）故浊明外景，清明内景，圣人纵其欲，兼其情，而制焉者理矣；夫何强！何忍！何危！（《解蔽》）

（6）虽左尧而右舜，未有能以此道得免焉者也。（《富国》）

6 例尽列于上。例（3）和（4）"焉者"的前置成分"同""类"或"异"均为形容词，语气词"焉"表示动作范围，相当于副词；"者"属于保留语义的转指用法，在此转指"当事"。例（5）和（6）"焉者"的前置成分"制"和"免"是动词,"焉"表示行为发生的范围;"者"保留语义表示转指,前者转指"施事",后者转指"受事"。以上6例"焉者"显然也不属于复合语气词,因为"者"保留着自身的附着成分性质,但是它们应该算一种组合,因为它们的前置成分具有共性,即都属于谓词,具体到以上6例则一律为动词;其中"焉"限定动作或行为发生的范围,"者"标记其转指施事或受事,三者一起表达一个完整概念。"焉者"两者分工明确,互相依存,可以视为一个固定搭配。

4. "也者"用法(42例)

《荀子》前24篇42例"也者"实例中,"者"字性质仍然没有超出自身的"转指""自指"及"存格"等三种用法,"也者"组合以"者"字语义和功能为主,"也"字只发挥辅助作用,两者不是"复合语气词",但属于固定搭配,整体对前置成分,甚至全句形成影响。比如:

(7)小人也者,……,禽兽之行而欲人之善己也。(《不苟》)

(8)学也者,固学一之也。(《劝学》)

(9)陋也者,天下之公患也,人之大殃大害也。(《荣辱》)

(10)身日进于仁义而不自知也者,靡使然也。(《性恶》)

(11)故土之与人也,道之与法也者,国家之本作也。(《致士》)

例(7)中"也者"的前置成分"小人"为名词短语,"者"字作用在于标记存在,属于存格用法;"也"用于名词短语后属于判断标记的扩展用法,标记焦点(王统尚、石毓智,2008)。因而,"也"可视为对存格"者"的强化。例(8)和(9)中"也者"的前置成分"学"和"陋"都是派生名词,分别由动词和形容词名化而来。因而,"者"字作用为标记存在,属于存格用法;"也"字仍然属于焦点标记功能,对"者"形成强化。例(10)"也者"的前置成分"身日进于仁义而不自知"为完整小句,"者"的作用将该小句物化为一个整体概念,属于自指,并且标识与后面句子成分的逻辑关系,"也"仍属于焦点标记性质,强化"者"的物化作用。例(11)中"也者"的前置成分为两个并列短语,而且两者后面都带有"也"字,所以它们似乎更应该视为"者"前加"……也"

小句结构。从中可以看出,"也者"组合的松散性。

"也者"组合,前置成分可以是名词短语(含名词),也可以是动词或形容词短语(含动词或形容词),甚至可以是小句或并列小句。其中,"者"的作用有两种,当前置成分为名词短语时,"者"为存格;当前置成分为动词短语或小句或并列小句时,"者"为自指用法;"也"的作用是确定的,即"焦点标记",对"者"形成强化。"也者"组合虽然存在松散性,可离析,但它们的整体作用是确定的,即无论前置成分如何变化,统一都是整个句子的主语,名词短语或谓词短语的作小句主语,小句或并列小句的作主语从句。

(五)"者"字用法小结

《荀子》前24篇中"者"字主要存在转指、自指、存格和组合四种用法,其中转指占据大半,其次为存格用法,自指略少于存格,组合用法所占比率极小。这与战国初期文献所显示的"者"字特点(参阅李晓军、刘利,2008)非常吻合。

"者 t"主要表现为转指施事(包括感事、当事等),泛指各种域外论元(菲尔墨著,胡明扬译,1968/2012;顾阳,1994),共计767例,占总数的97.09%。用于转指受事的只有19例(包括与"所"共现的结构),仅占总数的2.4%;转指"工具"的仅有4例,不到总数的0.51%。"者 t"具有实际语义内容,使用方面又存在依附性,在所有用例中都作为后置成分出现,而且"者"前成分一律为谓词性成分,主要表现为动词短语(含动词)、形容词短语(含形容词)、介词短语以及小句。"者 t"结构的句法作用主要是在句中承担主语、宾语、前置或后置定语等句法成分。

"者 s"字结构与"者 t"字结构的主干成分基本一致,但不包括介词短语。"者 s"的句法功能同样表现出依附性,同样表现为附着后置成分,在句中所承担的作用主要包括主语、宾语等句法成分,但没有出现定语用法。

"者"字的存格用法明显多于"者 s"(326 Vs 217),在语义方面可以表示时间、地点、数量、存在等。"者"表示"时间"主要附着在"古""昔"二字之上;表示处所或方位只有8例。"者"可以用于标识数目所计量的实体存在,这些数词大都直接添加"者",但有时后面可带有名词,甚至前面添加定指词"此"。存格"者"标记典型的名词短语,包括专名在内,主要限于标记存在,其语义弱化,但仍肩负一定语义作用,如果需要补出的话,可以是所标记名词的上位概念。语法功能方面,"者"字结构也可以在句中承担各种名词性短语的句法角色,如主语、宾语,但也有定语和状语,不过这些定语和状语也都体现一定名词性。

"者"字组合用法并不多见。50 例"者"字的组合用例中只有"也者""焉者""者焉"和"者哉"四种类型,其中"者焉""者哉"都只有 1 例,而且"者哉"巧合成分大,很难算作组合。其余组合中,"者"字和组合成分大都可以保留自己的语义和句法功能,组合的词汇化或语法化程度都不是很高。

"者"字不存在语气词用法,首先"者"没有处于句末用例,而且也没有表现出单独表示所谓"语气"的用例,所谓"语气"往往由其他语气词或者句间关系所承担,"者"字主要作用是标记或强化。

# 第三节 《荀子》"者"字结构中的名物化

上节我们在"者"字所作分类的基础上,对《荀子》前 24 篇中出现的 1383 例(共计 1395 例,剔除引语 12 例)"者"字进行了考察。本节将就各类"者"字用法中的名物化现象展开讨论。

## 一 "VP + 者 t"结构

### (一)主干为形容词

《荀子》前 24 篇共计 141 例形容词短语充当"者 t"前置成分,具体分布(见表 5—6)。

表 5—6　　《荀子》前 24 篇"者 t"结构主干为形容词用例统计

| 篇目 | 一 | 二 | 三 | 四 | 五 | 六 | 七 | 八 | 九 | 十 | 十一 | 十二 | 十三 | 十四 | 十五 | 十六 | 十七 | 十八 | 十九 | 二十 | 二十一 | 二十二 | 二十三 | 二十四 | 总计 |
|---|---|---|---|---|---|---|---|---|---|---|---|---|---|---|---|---|---|---|---|---|---|---|---|---|---|
| 数目 | 1 | 5 | 2 | 16 | 5 | 6 | 3 | 3 | 4 | 17 | 7 | 7 | 6 | 2 | 5 | 2 | 1 | 10 | 11 | 2 | 10 | 6 | 10 | 0 | 141 |

"者 t"结构主干为形容词短语（包含形容词），一般转指具备该短语所描述性质的主体，我们称这种现象为转指"当事"；但有时转指感知该性质的主体，我们称为"感事"。如：

（1）敬人有道，贤者则贵而敬之，不肖者则畏而敬之。（《臣道》）

（2）夫微者，至人也。（《解蔽》）

（3）周之子孙苟不狂惑者，莫不为天下之显诸侯，（《君道》）

（4）若挈裘领，诎五指而顿之，顺者不可胜数也。（《劝学》）

（5）主能治近则远者理，主能治明则幽者化，主能当一则百事正。（《王霸》）

以上所有"者"字结构主干均为形容词短语，根据句义选择限制可知，"者"字都发生了转指，其中前五例中的"者"字都指人，后两例中的指物。例（2）中"者"字转指"微"的"感事"，即对"微"所表性状具有感知能力的人，而非具有该性状的主体本身。其他例中的"者"字都转指"当事"。以上所有主干为形容词短语的"者"字结构在句中都作主语，其中形容词都发生了名词化，有的成为了永久性名词，如例（1）中"贤"，但大都属于临时名用；"者"字为转指标记，但不是必要条件，例（5）中与"远""幽"对举的形容词"近""明"，都不带"者"字依旧在句中发生了名词化转指。

例（3）中的"者"字结构存有歧解①，我们认为是一个主干为形容词短语的"者 t"结构，在句中作中心语"周之子孙"的后置定语，即马建忠所说的"加语"。进一步分析的话，"者"字的语法属性其实发生了变化，不单是转指标记，而且具备关系代词性质，即在语义上既转指其主干的当事，又回指其先行语"周之子孙"，引导一个定中关系小句。

---

① 按照 Yap & Wang（2011）的观点，此句"者"为轻名词，前面小句"周之子孙苟不狂惑"为定语从句。

（二）主干为介词短语

《荀子》前24篇中主干为介词短语的"者t"结构共计22例，它们在句中主要充当主语、宾语或者定语等名词性成分，其中"者"字均转指当事，可指人、物或事，其先行语可以在上下文中出现，也可以不出现（见表5—7）。如：

**表5—7　《荀子》前24篇中"者t"结构主干为介词短语的用例统计**

| 篇目 | 一 | 二 | 三 | 四 | 五 | 六 | 七 | 八 | 九 | 十 | 十一 | 十二 | 十三 | 十四 | 十五 | 十六 | 十七 | 十八 | 十九 | 二十 | 二十一 | 二十二 | 二十三 | 二十四 | 总计 |
|---|---|---|---|---|---|---|---|---|---|---|---|---|---|---|---|---|---|---|---|---|---|---|---|---|---|
| 数目 | 1 | 0 | 0 | 0 | 0 | 0 | 0 | 1 | 3 | 2 | 0 | 0 | 0 | 0 | 0 | 0 | 5 | 0 | 3 | 0 | 0 | 5 | 2 | 0 | 22 |

（1）上则能大其所隆，下则能开道不己若者。（《儒效》）

（2）之所以接下之人百姓者则好取侵夺，如是者危殆。（《王制》）

（3）必先修正其在我者，然后徐责其在人者，威乎刑罚。（《富国》）

（4）礼之敬文也，……在天地之间者毕矣。（《劝学》）

（5）在天者莫明于日月，在地者莫明于水火，在物者莫明于珠玉，在人者莫明于礼义。（《天论》）

例（1）主干"不己若"为介词短语的否定形式，根据上下文义可知，"者"字转指处于该状态下的当事人，结构整体在句中作动词"开道"的宾语。例（2）中"者t"结构的主干为介词短语"如是"，结构整体在句中作主语，其中"者"都指当事，但前者指人，后者指物，复指其先行词"天职"。例（3）两例"者"字结构的主干分别为介词短语"在我"和"在人"，根据上下文义可知，两"者"字都转指当事，此处指人的德行。例（4）"者"字结构主干"在天地之间"与"者"字一起作主语，其中"者"字转指当事，结合上下文义可知，该当事为其先行语的上位概念"万物"。例（5）含四个主干为介词短语的"者"字结构，其中"者"所转指的当事同样指物，这些当事也都复指其先行语（存在于各自小句的下文）的上位概念。

同形容词短语作主干一样，介词短语作主干的"者 t"结构也都发生了转指名词化，都变成了名词短语，其中"者"没有转指感事用例，全都转指当事，而且这些当事更加抽象，往往需要结合上下文义对其先行语进行概括推理。

（三）主干为小句

小句后加"者"字，一般都是表示自指，标记出该小句在句中的话题性质，并隐含与下句的逻辑语义关系。但我们发现，《荀子》前24篇中有24例"者"前小句不宜视为整体物化表示指称，而是"者"字表示转指，充当小句的中心语（见表5—8）。如：

表5—8　　《荀子》前24篇"者 t"结构主干为小句的用例统计

| 篇目 | 一 | 二 | 三 | 四 | 五 | 六 | 七 | 八 | 九 | 十 | 十一 | 十二 | 十三 | 十四 | 十五 | 十六 | 十七 | 十八 | 十九 | 二十 | 二十一 | 二十二 | 二十三 | 二十四 | 总计 |
|---|---|---|---|---|---|---|---|---|---|---|---|---|---|---|---|---|---|---|---|---|---|---|---|---|---|
| 数目 | 0 | 0 | 0 | 0 | 0 | 0 | 0 | 0 | 0 | 0 | 2 | 1 | 0 | 0 | 13 | 0 | 1 | 1 | 4 | 2 | 0 | 0 | 0 | 0 | 24 |

（1）创巨者其日久，痛甚者其愈迟。（《礼论》）

（2）国者，巨用之则大，小用之则小；……小巨分流者存。（《王霸》）

（3）且夫暴国之君，将谁与至哉？彼其所与至者，必其民也。（《议兵》）

（4）如是，则德厚者进而佞说者止，贪利者退而廉节者起。（《君道》）

例（1）两个"者"字结构的主干"创巨""痛甚"都是主谓结构，根据句义选择限制可知，两"者"字都有意义，指两个主谓结构主语"创""痛"的领有者"人"。同理，例（2）"小巨分流"也是主谓结构，"小""巨"分别转指"小用""巨用"，并且都因居于主语位置而名词化；该主谓结构作"者"的定语从句，"者"回指前文的"国"，也是该主谓结构主语"小巨"的领有者。"小巨分流"作"者"的定语，失去句子独立性，整体发生名词化。例（3）"其所与至"是另外一种主谓结构，其后附成分"者"转指"人"，即前文的"谁"，同时也是它们的共指成分，即下文的"其民"。该主谓结构也是"者"的定语从句，它们一起作"彼"的同位语。例（4）中"者"字结构的前置成分"德厚"也是主谓结构，也与后附成分"者"形成修饰与被修饰的关系，因而也都失去句子独立性，发生名词化。这种"者"字结构有个共同特点，即"者"是其前定语从句主语的领有者或上位概念。

（四）主干为动词短语

鉴于本章第二节已对主干为动词短语的"者 t"结构的句法作用进行过相应讨论，本节重点考察这些结构中的动词特征变化（见表5—9）。

表5—9　《荀子》前24篇"者 t"结构主干为动词短语的用例统计

| 篇目 | 一 | 二 | 三 | 四 | 五 | 六 | 七 | 八 | 九 | 十 | 十一 | 十二 | 十三 | 十四 | 十五 | 十六 | 十七 | 十八 | 十九 | 二十 | 二一 | 二二 | 二三 | 二四 | 总计 |
|---|---|---|---|---|---|---|---|---|---|---|---|---|---|---|---|---|---|---|---|---|---|---|---|---|---|
| 数目 | 15 | 8 | 6 | 15 | 11 | 29 | 7 | 21 | 56 | 27 | 57 | 36 | 21 | 6 | 60 | 39 | 18 | 50 | 34 | 5 | 34 | 36 | 15 | 15 | 621 |

首先，"者 t"结构转指"处所"时的情形。

（1）蟹八跪而二螯，非蛇蟺之穴，无可寄托者，用心躁也。（《劝学》）

句中"者"字转指"处所"，该结构相当于"无所可寄托"。其前置成分"可寄托"作"者"的定语，其中动词"寄托"失去时间限定特征，部分名词化，两者一起构成"者"字结构作小句谓语"无"的宾语，从而整体名词化。

其次，"者 t"结构转指工具时的情形。

（2）夫言用贤者，口也；却贤者，行也。（《致士》）

（3）彼仁义者，所以修政者也。（《议兵》）

（4）殷之服民所以养生之者也，无异周人。（《议兵》）

以上 4 例为"者"字转指工具的全部用例。其中主干全部为动宾短语，例（2）的"用贤""却贤"，例（3）和（4）中的"修政"和"养生之"。根据句义选择限制可知，它们在句中都转指动作或行为的工具，实现整体名词化，"者"为转指标记。

第三，"者 t"结构转指受事时的情形。

转指受事的"者 t"结构共计 19 例，其中 10 例前面带有"所"字，9 例不带。我们首先考察后者。

（5）地来而民去，累多而功少，虽守者益，所以守者损。（《王制》）

（6）仁人之兵，不可诈也；彼可诈者，怠慢者也……。（《议兵》）

（7）夫感而不能然，必且待事而后然者，谓之生于伪。（《性恶》）

例（5）加着重号的"守者"在句中作主语，根据上下文义可知，整体转指"守"的受事"地"，整体名词化。同理，例（6）中"可诈者"也在句中作主语，根据上下文义可知，整体转指动词"诈"的受事，即上文的先行语"兵"，整体名词化。其中，动词"诈"带有情态动词"可"一起作"者"的限定成分，说明它只是不再受时间因素限定，转变为非定式谓词。例（7）"者"字结构主干"感而不能然，必且待事而后然"为复合动词短语，其中包含四个普通动词"感""然""事""然"，后附"者"字在句中作主语，根据句义选择限制可知，整体转指它们共同的受事"伪"，整体名词化。其中四个动词全部不受时间因素制约，成为非定式谓词，部分名词化。

其次考察 10 例"所 + V + 者"结构。如：

（8）故民归之如流水，所存者神，所为者化。（《议兵》）

（9）礼义者，圣人之所生也，人之所学而能，所事而成者也。（《性恶》）

以上 2 例中"者"字结构的主干都为"所 + V"。例（8）中"所存者""所为者"在句中都作主语，根据句义选择限制可知，它们都整体转指各自所含动词"存"和"为"的受事，整体名词化。作为形式标记，"者"与"所"形成重叠。相比而言，"者"标记受事更符合汉语 VO 语序，"所"可转而标记程度或范围。结构中动词"存"和"为"都失去时间限定特性，成为非定式谓词。同理，例（9）中"所学而能""所事而成"两个动词短语共同后接一个转指标记"者"字，整体名词化，在句中作判断句的后项，根据句义选择限制可知，整体转指所含动词的共同受事，即先行语"礼义"。其中动词都失去时间限定特性，成为非定式谓词。相比而言，两个"所"字都紧跟动词而无一省略，"者"字只在后一个短语后实则对两者都形成统辖，这似乎说明动词的转指对"所"的依赖比"者"更大。此处"者"字有脱离动词结构作其中心语的可能性，如果成立的话，"者"恢复其轻名词用法，前面两短语则成为"者"的定语从句。

### 二 "VP + 者 s" 结构

考察发现，《荀子》前 24 篇共计 217 例"者 s"结构（见前文表 5—3），其主干成分也主要包括动词短语（含动词）、形容词短语（含形容词）、介词短语以及小句。这些结构也属于跨短语甚至跨小句单位，在句中所承担的作用也是主要包括主语、宾语、同位语等名词性句法成分，但没有发现作定语的情形。下文我们将考察这些结构中的名词化情况（见表 5—10）。

表5—10　　《荀子》前 24 篇"者 s"结构主干成分为动词短语的用例统计

| 篇次 | 一 | 二 | 三 | 四 | 五 | 六 | 七 | 八 | 九 | 十 | 十一 | 十二 | 十三 | 十四 | 十五 | 十六 | 十七 | 十八 | 十九 | 二十 | 二十一 | 二十二 | 二十三 | 二十四 | 共计 |
|---|---|---|---|---|---|---|---|---|---|---|---|---|---|---|---|---|---|---|---|---|---|---|---|---|---|
| 数目 | 6 | 4 | 4 | 9 | 1 | 0 | 0 | 0 | 7 | 13 | 10 | 10 | 0 | 3 | 8 | 4 | 6 | 0 | 3 | 2 | 0 | 3 | 12 | 0 | 105 |

（一）"者"前成分为动词短语（含动词）

首先，"者"前成分为光杆动词，如：

（1）祭者，志意思慕之情也。（《礼论》）

（2）古之学者为己，今之学者为人。（《劝学》）

（3）不能治近，又务治远；……是悖者也。（《王霸》）

（4）既能治近，又务治远；……是过者也，过犹不及也。（《王霸》）

以上4例中"者"字结构主干均为单音动词，其中例（1）和（2）中的"祭"和"学"都在句中作主语，例（3）和（4）中的"悖""过"都为判断句后项，是名词性表语。根据句义选择限制可知，以上所有"者"字结构跟去掉"者"相比，语义基本不变。其中动词的名词化特性依赖于句中的主宾位置，"者"字作用在于标识，这一点可以得到例（4）尾句"过犹不及也"的支持，其主语"过"的动词名化就不带任何形式标记。以上单音动词在句中都是完全名词化，有的已永久进入词库，如"祭"等。

其次，"者"前为动词短语，如：

（5）取天下者，非负其土地而从之之谓也，道足以壹人而已矣。（《王霸》）

（6）君子至德，……不怒而威：夫此顺命以慎其独者也。（《不苟》）

（7）固以为主天下，治万变，材万物，养万民，兼制天下者，为莫若仁人之善也夫。（《富国》）

（8）能论官此三材者而无失其次，是谓人主之道也。（《君道》）

以上4例中的"者"前成分都为动词短语，其中例（5）中"取天下"为动宾短语，例（6）中"顺命以慎其独"为动补结构，例（7）"主天下，治万变，材万物，养万民，兼制天下"为5个并列关系的动宾短语，例（8）中"能论官此三材而无失其次"是"者"字依附前者却统辖两者的2个并置的动宾结构。它们在句中都作主语或从句主语或名词性表语（判断句后项）等体词性成分，因而都整体名词化了，根据句义选择限制可知，都属于语义自指。其中"者"字作用主要在于标识，标识

"者"字结构整体名词化自指,如果主干为多项成分,则兼负统辖作用,如例(7);如果主干为多项成分,而"者"不在最后成分之后,则又兼负凸显所依附成分的作用,如例(8)。短语中的动词,由于都带有补足成分,或宾语或状语或补语,都保留一定谓词性,但都已失去时间限定特性,成为非定式谓词。

最后,"所 + V + 者"结构,如:

(9)巢非不完也,所系者然也。(《劝学》)

(10)得贤师而事之,则所闻者尧舜禹汤之道也;得良友而友之,则所见者忠信敬让之行也。(《性恶》)

(11)(主无)所使于四邻诸侯者非其人谓之孤,孤独而晻谓之危。(《君道》)

以上3句中的"者"字结构前面都带有"所"字,一起形成"所 + V + 者"结构。我们在上节5.3.1中将这种结构视为"者 t"结构,认为"者"字转指动作的受事,"所"字标识程度或范围。此处我们将其视为"者 s"结构是因为,"者"字的转指功能弱化。以上"者"字结构在句中都承担主语而整体名词化,根据句义选择限制可知,四个动词"系""闻""见""使"都在句中发生了转指,而标识转指的功能由"所"字承担更为合适。例(9)中"系"转指"处所",而"所系"本义如此,比"系者"优势明显。例(10)中"闻""见"都转指受事,"所闻""所见"至今仍在使用,也明显优于"闻者""见者"。例(11)中"使"也转指受事,"使者"似乎更为合适,但介词短语"于四邻诸侯"大大疏远了两者的黏合关系,倒是"所使"更为紧密。朱德熙(1983)将"所 + V + 者"结构解析为:"所"表转指,"者"表自指。我们在上述情形下表示认同。

(二)"者"前成分为形容词短语(含形容词)

"者"前为形容词短语的用例共计21例,主要为光杆形容词,其中包括单音和双音形容词,形容词短语极少。如:

(1)故厚者,礼之积也;大者,礼之广也;高者,礼之隆也;

明者，礼之尽也。(《礼论》)

(2) 其善者少，不善者多，桀纣盗跖也；全之尽之，然后学者也。(《劝学》)

(3) 故公平者，听之衡也；中和者，听之绳也。(《王制》)

(4) 快快而亡者，怒也；……綦之而俞瘠者，交也。(《荣辱》)

以上 4 句中加着重号的"者"前成分都为形容词短语，其中例 (1) 和 (2) 中"厚""大""高""明""善"都为单音词，例 (3) "公平""中和"为双音词，例 (2) 和 (4) 中"不善""快快而亡""綦之而俞瘠"都为形容词短语。这些形容词或短语在句中都居主语位置，都被赋予名词特性，有的已经成为永久性名词，如"善""公平"等；根据句义选择限制可知，所有这些形容词或短语在句中语义不发生变化，属于语义自指名词化。"者"字作用主要是标记这种名词化，有时兼负标记小句间逻辑关系功能，如例 (4) 中的"者"；有时需要指示代词"其"的辅助，如例 (2)。形容词名词化，短语的程度更低，它们只是整体名词化。

(三)"者"前成分为介词短语

(1) 如是者，岂非人之情，固可与如此，可与如彼也哉！(《荣辱》)

(2) (周之子孙) 莫不为天下之显诸侯，如是者，能爱人也。(《君道》)

(3) 君臣上下之间者，彼将厉厉焉日日相离疾也，……(《王制》)

(4) 如是，则老弱有失养之忧，而壮者有分争之祸矣。(《富国》)

前 3 例中"者"前成分均为介词短语，在句中它们都具有话题功能，根据句义选择限制可知，附加"者"字语义保持不变，属于语义自指名词化，但程度较低，应归为名物化。例 (1) 和 (2) 中两个"如是"都是介词短语，后附"者"字用作话题，但语义不变，其中"者"字为自指标记。例（4）可以提供参照，句中介词短语"如是"后没有"者"字，但句中功能和语义与带有"者"字几乎没有差异；句中形容词"老弱"和"壮"都发生转指，但前者不带而后者带"者"，其语义和句法功能也没有多大差异，至多有"衬音"作用。所以"者"字功能，其显著之处可能还是衬音，另外是凸显或标记功能，至于标记自指或转指可能取决于上下文。同理，例（3）中"者"前成分"君臣上下之间"也属于介词短语，后附"者"字后语义和功能不变，但"者"字标记或凸显了这种语义自指。

（四）"者"前成分为小句

"者"前为小句的用例共计 80 例，见表 5—11。

表 5—11 　《荀子》前 24 篇"者 s"结构主干成分为小句的用例统计

| 篇次 | 一 | 二 | 三 | 四 | 五 | 六 | 七 | 八 | 九 | 十 | 十一 | 十二 | 十三 | 十四 | 十五 | 十六 | 十七 | 十八 | 十九 | 二十 | 二十一 | 二十二 | 二十三 | 二十四 | 共计 |
|---|---|---|---|---|---|---|---|---|---|---|---|---|---|---|---|---|---|---|---|---|---|---|---|---|---|
| 数目 | 0 | 0 | 8 | 1 | 9 | 1 | 0 | 4 | 4 | 5 | 6 | 0 | 0 | 0 | 9 | 3 | 2 | 5 | 8 | 1 | 0 | 0 | 14 | 0 | 80 |

首先，"者"前为单一小句，如：

（1）用此观之，然则礼义积伪者，岂人之性也哉！（《性恶》）

（2）凡人之欲为善者，为性恶也（《性恶》）

（3）是非仁人之情也，是奸人将以盗名于晻世者也，险莫大焉。（《不苟》）

以上 3 例中"者"前成分均为小句，根据句义选择限制可知，添加"者"字后句义和功能保持不变，"者"字作用限于标识。例（1）中"礼义积伪"形式上是主谓结构小句，但逻辑语义上表现为受事前置，而且在句中作主语，该小句已经整体名词化，"者"字作用限于标识，此处标识自指名词化。同理，例（2）中"者"前小句"人之欲为善"的主谓之间带有"之"字，小句独立性已被取消，其中动词已经失去时间限定特性。"者"字作用也是限于形式标识。例（3）"者"前小句"奸人将以盗名于晻世"在判断句中作名词性表语,与主语"是"为同一性结构,本身已经整体指称化,因而"者"字作用也限于标记前置成分的自指名词化。由于"者"所在小句前面还有一个并列小句,"者"还兼负对两者的统领作用。

其次,"者"前为多重小句,如:

（4）今人见长而不敢先食者,将有所让也;劳而不敢求息者,将有所代也。(《性恶》)

（5）礼者,贵贱有等;长幼有差,贫富轻重皆有称者也。(《富国》)

（6）是以臣或弑其君,下或杀其上,粥其城,倍其节,而不死其事者,无他故焉,人主自取之。(《富国》)

以上3例中所有加着重号的"者"前成分均包含两个或以上的小句,"者"字对原句的意义和功能不发挥作用,其作用限于标识。此处,"者"字标识内容有三,首先是其前置成分的整体名词化,其次是兼负对所有主干成分的统领作用,最后是对所依附小句或动词短语的焦点强化功能。小句或动词短语中的动词,都失去时间限定特性,成为非定式谓词。

最后,"者"前为含"所"小句,如:

（7）人之所恶者,吾亦恶之。(《不苟》)

（8）故薄薄之地,……危足无所履者,凡在言也。(《荣辱》)

（9）是百王之所同也,未有知其所由来者也。(《正论》)

（10）凡奸人之所以起者,以上之不贵义,不敬义也。(《强国》)

以上4例中的"者"前小句都含有"所"字,其中例（7）和（8）含前文多次讨论过的"所+V+者"结构,例（9）和（10）含下文将讨论的"所+介+V+者"结构。

前2例中的动词"恶"和"履"在句中都发生了转指,根据句义选择限制可知,前者转指受事,后者转指处所。例(7)虽然存歧,但存在解析为"所"标记受事,"者"标记自指的可能,而且"者"作自指标记还便于解释"者"前小句的主语和话题重合的事实。同理,例(8)"所"比"者"标记转指处所更有优势,"者"标记自指也可解释所在小句的话题功能。例(9)和(10)中"所"字都和介词连用,而且句中动词"来"和"起"均为一价动词,根据句义选择限制可知,它们都只是语义自指,"者"字标记自指顺理成章。以上所有"者"前小句中的动词都是非定式谓词,失去时间限定特性。另外,"者"字还兼负小句间逻辑关系的标识作用。

### 三 "者"字存格结构

我们对存格(esseive)的界定是建立在 Fillmore(1968)、克里斯特尔(2000)及齐冲(2014)定义的基础之上的。存格指"一种附着在名词性成分后面的语言形式,用以标记时间、地点、性质或存在状态的语法标记"。上一节对316例"者"字存格用法考察发现,《荀子》前24篇中"者"用以标记时间、方所、数量、存在等都有表现,本节将就存格"者"字结构中的名词化进行探讨。

第一,前置成分为时间名词。

时间名词充当存格"者"字结构的主干,在前24篇中只有"古""昔"两词,其中"古"字13例,"昔"字4例。如:

> (1)昔者武王伐有商,诛纣,断其首,县之赤旆。(《正论》)
> (2)古者帝尧之治天下也,盖杀一人,刑二人,而天下治。
> (《议兵》)

例(1)"者"字后附于时间名词"昔"一起构成"者"字结构,"昔"的时间概念得以凸显,其句中作用不再局限于对邻近名词的修饰,而是升格为整句的时间状语。"者"字作用有二,一是标记前置名词的相对独立性,二是衬音。同理,例(2)的"古者"也不用于作后面名词短语"帝尧"的定语,而是存格化为全句的时间状语。

第二,"者"前成分为方所名词。

《荀子》前24篇中受存格"者"标记的方所名词只有5例，另一例为程度副词，不单独列类，放在一起讨论。如：

（3）川渊者，鱼龙之居也；山林者，鸟兽之居也；国家者，士民之居也。（《致士》）

（4）（圣王之子）内则百姓疾之，外则诸侯叛之，近者境内不一，遥者诸侯不听，令不行于境内，甚者诸侯侵削之，攻伐之。（《正论》）

例（3）中三个"者"前成分"川渊""山林""国家"都是普通名词，后附"者"字，概念所指实体意义强化，同时标记其在句中的话题功能。本句中，三个名词短语都作主语。例（4）中三个"者"前成分"近""遥""甚"中，前两者为形容词，后者为程度副词。后附"者"字，"近"和"遥"方所概念得以凸显，在句中地位相对独立，此处有话题功能。"甚"字后附"者"，其隶属范畴"程度"概念得以凸显，其句法地位也相对独立，此处升格为全句的条件状语。

第三，"者"前成分为数词短语①。

《荀子》前24篇中，"者"前出现数词短50例（见表5—12）。数词在接受存格"者"字的限定方面体现出一些特点。一是数量有限，二是方式灵活，既可单独后附，也可后接名词后再后附，还可以先后接名词、再前加指示代词后再后附。如：

表5—12　　《荀子》前24篇存格"者"标记"数量"用例统计

| 篇次 | 一 | 二 | 三 | 四 | 五 | 六 | 七 | 八 | 九 | 十 | 十一 | 十二 | 十三 | 十四 | 十五 | 十六 | 十七 | 十八 | 十九 | 二十 | 二十一 | 二十二 | 二十三 | 二十四 | 共计 |
|---|---|---|---|---|---|---|---|---|---|---|---|---|---|---|---|---|---|---|---|---|---|---|---|---|---|
| 数目 | 0 | 0 | 1 | 0 | 0 | 5 | 1 | 0 | 6 | 1 | 12 | 3 | 1 | 0 | 0 | 5 | 1 | 3 | 5 | 2 | 1 | 1 | 1 | 1 | 50 |

① 数词后附"者"字，Yap 和 Wang（2011）称为"轻名词"（light noun），Pulleyblank（1995）称为"代名词"（pronominal root），王力（2000）称为代词，我们定性为存格。

（5）故君人者，爱民而安，好士而荣，两者无一焉而亡。(《王霸》)

（6）故君子耳不听淫声，目不视邪色，口不出恶言，此三者，君子慎之。(《乐论》)

（7）此五等者，……王霸、安存、危殆、灭亡之具也。(《王制》)

（8）此数具者，皆道之一隅也。(《解蔽》)

例（5）中存格"者"字结构主干为光杆数词"两"，例（6）中主干"此三"为指示代词加数词，例（7）和（8）中"此五等"和"此数具"均为指示代词加数词再加名词。其中"者"字作用在于，标记这些数词在句中地位的提升，都不再与邻近成分直接发生联系，而是属于句子，甚至语篇。另外，语义内涵也得到充实，都形成对前文相关概念的概括。至于后接名词和前加指示代词，两者都非数词升格的必要条件，但它们都对存格"者"起辅助作用。

第四，"者"前成分为其他名词短语。

如表5—13所示，《荀子》前24篇中存在大量（243例）名词或名词短语后附"者"字的现象①，这些名词短语包括专有名词、具体名词、抽象名词及名词短语等。这些"者"字结构也表现出许多共性。如：

表5—13　　《荀子》前24篇存格"者"前成分为其他名词用例

| 篇次 | 一 | 二 | 三 | 四 | 五 | 六 | 七 | 八 | 九 | 十 | 十一 | 十二 | 十三 | 十四 | 十五 | 十六 | 十七 | 十八 | 十九 | 二十 | 二十一 | 二十二 | 二十三 | 二十四 | 共计 |
|---|---|---|---|---|---|---|---|---|---|---|---|---|---|---|---|---|---|---|---|---|---|---|---|---|---|
| 数目 | 3 | 3 | 9 | 7 | 4 | 0 | 1 | 22 | 16 | 6 | 30 | 15 | 10 | 4 | 5 | 9 | 1 | 25 | 26 | 9 | 7 | 8 | 23 | 0 | 243 |

① 唐瑞琮（1982：227—228）把这种现象归为"者"字的三种作用："构成古代汉语判断句的典型结构"的手段；用在"叙述句的主语后"表示"提顿"；"用在疑问句尾，与疑问代词相呼应，表示疑问"。我们认为，这种解释缺乏概括性。

（9）造父者，天下之善御者也，无舆马则无所见其能。（《儒效》）

（10）彼君子者，固有为民父母之说焉。（《礼论》）

（11）礼者，所以正身也；师者，所以正礼也。（《修身》）

（12）治国者分已定，则主相臣下百吏……（《王霸》）

我们认为，以上"者"字用法正是最为典型的存格用法，它们在语义上标记前置语言表达式的所指在物理世界的一种客观存在，在句法上提升前置成分的句法地位。加"者"后，这些成分都不再直接与邻近成分发生关联，而是对应所在小句或主句。对于普通名词而言，一般后附"者"字都升格为句子的主语或话题。特别指出，例（12）中"治国"形式上是动宾短语，但根据上下文义可知，它是定中结构，即名词短语，其中动词"治"已经去谓词化作"国"的定语；后附"者"字，泛指任何一个得到治理的国家，并标记其话题功能。

### 四 "者"字组合结构

上节统计考察后，我们取消了均为孤例的"者焉"和"者哉"的组合资质。下文我们将对其余48例（两类，即"焉者""也者"）"者"字组合结构中的名词化现象进行考察。

首先，"焉者"前置成分的名词化（6例）。

该结构的前置成分具有共性，即都属于谓词，而且一律为动词；其中"焉"限定动作或行为发生的范围，"者"标记其语义转指，三者一起表达一个完整的物化概念。如：

（1）君子絜其身而同焉者合矣，善其言而类焉者应矣。（《不苟》）

（2）虽左尧而右舜，未有能以此道得免焉者也。（《富国》）

例（1）中两个"焉者"的前置成分"同""类"都是形容词，"焉"标记它们的性状"范围"，"者"转指该性状的"当事人"，三者分别构成两个名词短语，作各自所在小句的主语，其中两个谓词都发生了名词化，属于临时活用。同理，例（2）中"焉者"的前置成分"能以此道得免"为动词短语，"焉"标记"得免"的范围，"者"转指动词"免"的间接宾语或"受事"，三者形成一个名词短语，作动词"有"的宾语。该结构中动词"得免"虽然带有情态助动词"能"，也带有方式状语"以此道"，保留较强谓词性，但已失去时间限定特性，成为非定式谓词。

其次，"也者"前置成分的名词化（42 例）。

"也者"的前置成分主要有名词短语、动词短语及小句。"也者"组合以"者"字语义和功能为主，其中"者"字的性质包括"存格"和"自指"两种用法，"也"字只发挥辅助作用，两者不是"复合语气词"，但属于固定搭配，整体对前置成分实施概念物化作用。如：

(3) 小人也者，疾为诞而欲人之信己也，……(《不苟》)

(4) 学也者，固学一之也。(《劝学》)

(5) 陋也者，天下之公患也，人之大殃大害也。(《荣辱》)

(6) 身日进于仁义而不自知也者，靡使然也。(《性恶》)

(7) 利而不利也，爱而不用也者，取天下者也。(《富国》)

例（3）中"也者"前置成分"小人"为名词短语，句中兼有主语和话题双重功能，"也者"的作用在于标记和凸显，其中"者"字属于存格用法，标记"小人"在物理世界的所指"这类人"；"也"属于焦点标记，发挥判断词的延伸焦点功能（张俊、苗兴伟，2014）。同理，例（4）和（5）中"学"和"陋"在都在句中作主语或话题，"也者"作用同上，此处标记或凸显它们的自指名词化。例（6）中"身日进于仁义而不自知"为两个顺承并列的动词短语，"也者"标记整个事件概念化，并标记与后面小句之间的因果逻辑语义关系，其中"者"属于自指标记，"也"为焦点标记，同时"者"兼有标记"原因"语气词的作用。例（7）中的"也者"组合表现出一定离散性，因为将"者"字视为对前两个小句"利而不利也，爱而不用也"的统领和自指似乎更为合理。此外，"者"字兼有标记"方式"的作用。前置小句中的动词都失去时间限定特性，属于非定式谓词。

### 五 小结

本节我们探讨了《荀子》前24篇"者"字结构中的名物化，有如下发现：

第一，"者 t"主要是转指施事（包括感事和当事等），只有少数转指受事、工具或处所。"者"前成分包括形容词短语、动词短语、介词短语以及小句。"者"字转指的论元选择，主要取决于句义选择限制。"者"字功能主要是标记其前置成分的名词化，但非必要手段，姚振武（1994）对朱德熙（1983）关于"转指"的修正基本合理。"者 t"结构在句中主要承担主语、宾语（包括介词宾语）、同位语及定语等句法角色，这些句法位置是主干成分名词化的原因。需要指明的是，真正名词化主要发生在光杆动词或形容词身上；动词短语和小句名词化都属于整体名词化，其中动词只是失去时间限定特性，其他动词特征如带宾语、状语、情态助词、否定词等依然保留。

第二，"者 s"与"者 t"的主干成分基本相同。一般而言，"者 s"无意义，只标记名词化（朱德熙1983）。但考察发现，所谓"自指"主要是不转指动作或行为的受事或施事等优势论元（Li 和 Thomson 1981，熊仲儒2005）；如果考虑"者"前成分与其他分句的逻辑关系，"者"字其实暗含着动作或行为的方式或工具、原因或条件、时间或方所等边缘性论元。此外，"者 s"前置成分中多重动词短语或多重小句的出现概率明显增多，这赋予"者"字对多项成分的统领作用。如果"者"字后附成分非最后一项，则兼负对所附成分强调作用的标识。"者"字也非自指名词化的必要手段。

第三，"者"字存格用法共计316例，作用涵盖对时间、方所、数量、存在等概念的标记。由于这些"者"字的前置成分本身已经是名词或名词性成分，"者"字无须再标记名词化，它们主要标记前置成分在句中地位的提升，即不再与邻近成分发生直接关联，而是相对独立，往往作主语或话题，有时作全句的状语。

第四，"者"字组合用法只有"也者"和"焉者"两种。"焉者"的前置成分主要是谓词，其中"焉"限定动作或行为发生的范围，"者"转指其施事或受事，三者一起表达一个完整物化概念。"也者"前置成分更加复杂，有名词短语、动词短语、形容词短语及小句。相比之下，"也者"的能产性虽然比较高，但具有离散性，尤其是主干为多重并置成分。相应地，"焉者"结构中的动词全部发生名词化，"者"都为转指用法；而"也者"结构中的前置成分往往表现为整体名词化，"者"有"自指"和"存格"用法。当主干为多重并置成分时，"者"字后附最后成分时有统领作用，后附居前成分时附加强调功能。

第五，"者"字没有句末语气词用法，但存在标记其前后小句之间内在逻辑关系的可能性，即存在兼表语气的潜势。不过这些"者"字都位于句中，而非句末。

# 第 六 章

# "所"字结构中的名物化

## 第一节 "所"字用法概况

### 一 马建忠的观点

马建忠（1898/1983：60—66）将"所"字用法总体概括为"接读代字"。

首先，马建忠对王引之提出的"指事之词"作出进一步分析，一是"隶外动"，如"彼，人之所引，非引人也。"（《庄子·天运》）；二是"隶介字"，如"孝者，所以事君也。"（《礼·大学》）。"所"字的这两种用法都是作宾语，而且在语序上一律前置。关于"指事"，马建忠考察了"所"字的"前词"（先行词），将其分为如下三类：

第一类先行词，在"所"字之前，可以紧邻相连，也可以有所间隔。如"赐我南鄙之田，狐狸所居，豺狼所嗥。"（《左·襄十四》）句中两个"所"都回指"南鄙之田"，两者之间有其他词间隔；而"唯是楄柎所以籍幹者，请无及先君。"（《左·昭二十五》）中"所"字回指"楄柎"，两者紧邻。以上两例中"所"字的先行词都是名词短语（含名词），此外还有代词用例，如上文《庄子·天运》中例句，其中"所"字先行词为代词"彼"。"所"字先行词居前还有一种特殊情形，即"包举前文者"，此时"所"字不是回指一个名词或短语而是一个事件，如"抑心所谓危，亦以告也。"（《左·襄三十一》）中，"所"指"论子皮以尹何为邑事，在前文甚远。凡此句法皆以煞段也。"

第二类在"所"字之后，如"仲子所居之室，伯夷之所筑与？抑亦盗跖之所筑与？所食之粟，伯夷之所树与？抑亦盗跖之所树与？"

(《孟·滕下》)句中,加着重号的两个"所"字,一指"室"二指"粟",皆置其后。句中"所"字先行词均为名词,另外也可以为代词,如"其所以放其良心者,亦犹斧斤之于木也。"(《孟·告上》)中,"所"回指代词"者","原其所以放心之事与斧斤伐木无异,故'者'亦空指事理耳"。马建忠认为,此时"者"为代词,不指名词短语,而是指一个事件。

第三类在上下文中不显现,即"详观上下文,有可不言而喻者",甚至"上下文并无为所指者"。如"所谓修身在正其心者"和"所谓诚其意者"(《礼·大学》)两句中,"所"字"乃承上文而言",犹云"上文之谓修身在正其心者","上文之谓诚其意者"。而"舟车所至,人力所通,天之所覆,地之所载,日月所照,霜露所队,凡有血气者,莫不尊亲。"(《礼·中庸》)中,六个"所"字皆"先其动字,其先后并无为所指者"。先行词不必明言或不便明言,都"直可视如所指之名",即"所"字连同后面的动词或介词整体视为一个有所指的名词短语。

其次,马建忠讨论了王引之提出的"所"字表假设和作语气助词的用法。他认为,"所"表假设多用于"誓文","盖誓文必有假设之词",如"所不归尔帑者,有如河。"(《左·文十三》)中,"所"指"者",此句含"余如"两字之意。至于"所"字作"语助",马建忠认为,"所"字为其后动字之"止词",大体相当于"焉"字。如"能进不能退,君无所辱命。"(《左·成二》)中,王引之以"所"字为语助解,"所"合动字,其先加"有"或"无"字以决其事之有无。马建忠认为,"无所辱命"即"无辱命焉"。"焉"表"于此","所"代"于此",因为转词在先,"于"字省去不用,因而这种"所"字应当为"止词"。

最后,马建忠还指出了"所"字具有表达数量不确定性的用法,如"数问其家金余尚有几所。"(《汉·疏广传》)和"父去里所复还。"(《史·留侯世家》)两例中的"所"字,它们都不再属于"代词",属于"合名静诸字",认为"几所者,几许也。";"里所"者,"里许"也,即作"许"讲。

### 二　其他学者的观点

（一）王引之的观点

上文交代，王引之（2014：206—208）总体上将"所"字归为"指事之词"。具体而言，首先，他认为"所"字具有相当于情态动词"可"的用法，如："圣人非所与嬉也"（《晏子春秋·杂篇》）句中"所与"应当理解为"可与"。其次，他认为"所"字相当于假设连词"若"，如"所不与舅氏同心者，有如白水。"（《左传·僖二十四年》）句中"所"字为"若"义。此外，他还认为"所"字具有"语助"用法，如"君之臣免于罪，则有先人之敝庐在，君无所辱命也。"（《礼记·檀弓》）句中"所"字为语助，无义。

（二）杨树达的贡献

杨树达（1928：334—336）对"所"字的研究综合了王引之和马建忠的成果。第一，他率先提出了"所"字的名词用法，表示"处"，如"为政以德，譬如北辰，居其所而众星共之。"（《论语·为政》）。第二，他提出了"所"字的"被动助动词"用法，相当于"见"或"被"。如："世子申生为骊姬所譖。"（《礼记·檀弓》）。第三，杨树达深化了"所"字的"假设连词"用法，列举了誓词中大量例句加以说明。第四，他肯定了"所"字的"语中助词"用法，并认为"所"字用在"无"字后一起表示"不用""不必"之义，如王引之所引《礼记·檀弓》中例句。第五，杨树达将"所"字用于数词之后的用法称为"语尾"，相当于"许"。

（三）王力的贡献

比较而言，王力（2000：346）已经具备词义发展的历时观。第一，王力首先指明"所"字具有"处所"义，并认为其量词用法是这一用法的引申，如："离宫别馆三十六所。"（《文选·西都赋》）。第二，他也认可"所"字的代词用法，并常用来"作为前置的宾语"，而这一用法引申出"所"字的表"被动"用法，"所"演变为"词头"，如王引之所引《礼记·檀弓》中例句。第三，王力沿袭了"所"字的连词用法，即表"假设"，"多用于誓词"，引例同前人。第四，王力将"所"字用于数词之后"表示约数"的用法称为"词尾"，引例非先秦语料不计。

　　此外，王力（1962/1999：365—370）曾将"所"字的代词用法进一步明确为"特别的指示代词"，通常用在"及物动词的前面"并和动词组成一个"名词性词组"，这种"所"字结构能够被定语所修饰，通常借用介词"之"字连接，如"须臾之所学"（《荀子·劝学》）。而且，他还讨论了"所""者"共现时的各自作用，即在"所＋动＋者"中，"者"字"指代行为的对象"，"所"字"指示行为对象"，这实际上认同了马建忠关于"所"字是对"者"字复指的观点。王力（同上）还就"所"字作介词宾语的用法发表自己的观点，他认为，上古汉语的"所"字本来就可以直接用在及物动词、不及物动词或动宾词组的前面，指代与行为有关的各种论元，介词参与并非必需。"所＋动"结构并未被"所＋介＋动"结构所替代，而是两者并存，如"大官大邑，身之所庇也"和"大官大邑，所以庇身也"（《左传·襄公三十一年》）同时出现于同一篇文章中。

　　（四）杨伯峻的贡献

　　杨伯峻（1981：164—168）也认同"所"字表"处所"的名词用法。此外，他把"所"字结构后接名词时的"所"及用"在动词上，表示被动"的"所"都认定为"助词"。杨伯峻讨论了先秦"所以"表"缘由"和表"方法"的两种用法。杨伯峻（2016：210—214）在《文言语法》中将"所＋动＋者"结构成立的原因归于"所＋动"相当于限定后接名词的"区别词"用法。

　　（五）何乐士的贡献

　　何乐士等（1985：546—550）将"所"字的用法整体概括为"助词"。他们将"所"字与动词或与"介词＋动词"的结合称为"所"字结构；认为"所"字结构具有名词性；被动句式"为……所"结构中"所"字不是必须。其他方面，他们认为，"所＋动"结构在句中可以表示与动作行为相关联的人、事、物等；"所＋介＋动"结构在句中表示跟动词相关的原因、处所、时间，以及动作行为赖以进行的手段或涉及的对象等；"所＋动"结构作其后名词的修饰语；与"所"字经常连用的几个惯用格式有："所谓""有所""无所""非所""何所""所以""所……者"等。何乐士（1989：214—232）将"所"字用法重新划分为：结构助词、假设连词和名词三类，并以此统计了《左传》中的"所"字用例，证实了前人的一些观点。

### 三 本书的观点

#### (一)"所"字的语法地位

"所"字由于自身的多义性及多功能性，其语法属性或地位是多级别的。首先，"所"字具有"词缀"性质。王力（2000）将"所"表被动时的用法称为"词头"，将"所"字用于数词之后"表示约数"的用法称为"词尾"，这些术语大致相当于形态学中的词缀，前者近似"前缀"，后者近似"后缀"。杨树达（1928）认为"所"表被动时为助动词；唐瑞琮（1982）对"所"用于数量词后面的用法只注明语义"表示数目不定"，而不定位其语法地位，这或许默认了其语法地位低于一般词语。

其次，"所"字实词用法非常发达，有名词、代词、指示代词及量词等用法。现已普遍认同名词用法为"所"字的本始用法。"所"字的代词用法是王力（2000）用语，王引之称为"指事之词"，马建忠（1898）称为"接读代字"，其作用主要是代名词，回指上下文中的先行词。朱德熙（1983）将这种用法定性为谓词性成分名词化的转指标记，之后（2000：104）又笼统地称为"语法成分"，不再具体定位。姚振武（1998）对"所"字的指代性不予承认，他认为所谓的指代性应该归于"所"字结构整体。"所"字的指示代词用法也存在争议性。马建忠（1898）、王力（2000）、宋曦（2015，2016）、Yap和Wang（2011）等都认为"所+VP+者"或"所+VP+之+者"结构中的"者"为中心语，"所"字称代功能弱化，相应地其指示功能增强，而且"所"字还有单独表"指示"的用例，如"齐亡地而王加膳，所非兼爱之心也。"（《吕氏春秋·审应》（黄岳州，2005：8；Yap和Wang，2011：20）。朱德熙（1983）、姚振武（1998）也承认"所+VP+者"的内部结构是"（所+VP）+者"，但认为"所"字和后接动词短语一起表示转指；相应地，"者"字作用只是自指，不是称代。"所"字量词用法几无争议。

最后，"所"字虚词用法。这类用法又可分为句内和跨句两种。所谓句内用法，主要包括王力（2000）所说的"词尾"或者杨树达（1928）称为"语尾"的用法，它们具有副词性质，作后置定语；还包括杨树达所说的"语中助词"用法，这一点也存争议，如马建忠认为这种"所"字是实词，相当于"焉"字的语义成分"于此"中的"此"义。"所"字的跨小句功能，是对"所"字常见结构"（S）所 VP（者）"中"所"字作用的重新认识。宋曦（2015，2016）认为，其中"所"字为补足小句的标句词，并指出其历时演变路径为"称代→指示→标句词"。Yap 和 Wang（2011）根据对"所"字在上古、中古以及现代汉语中的各种句法环境以及"所"字所呈现的不同用法之间的渊源关系的考证也认为，"所"字具有标句词功能。

总体而言，"所"字性质多样，既可单独使用，具有典型名词的属性；也具有依附性较高的代词、指示代词及量词等实词特性，还具有跨句功能的连词性质。

（二）"所"字结构的语法功能

鉴别"所"字的语法属性，离不开它所在的句法环境。先秦汉语中"所"字的用法非常丰富，形成的常见构式至少包括"NP1 + 所 + VP"、"NP1 + 所 + VP + 者"、"NP1 + 所 + VP + NP2"、"NP1 + 所 + VP + 之 + NP2"、"NP1 + 为 + NP2 所 + VP"、"NP1 + 所 + J + VP"以及上述构式省去"NP1"的情形。我们把所有包含"所 + VP"的构式统称为"所"字结构，其中"所 + J + VP"构式可视为"所 + VP"结构的一种变体。以下我们讨论"所 + VP"结构的语法属性。

大多数学者都持"所 + VP"结构为名词性结构的观点。王克仲（1980）对先秦 21 部典籍中的"所"字考察发现："所"字共出现 6484 例，其中起名词化作用的有 6252 例，因而提出"所"字结构是"名词性结构"、"所"字是"结构助词"而"不是代词"的观点。朱德熙（1983）认为，"所"是"表示转指的名词化形式"，"所 VP"可以指"受事、与事、工具、处所等，不能指施事"说明，"所 VP"结构呈现名词性。姚振武（1998）支持以上两位学者的观点，并认为"所"是"古汉语谓词性成分名词化指称个别性宾语的必有标记"，凡是"所 V"都是指称个别性宾语的。"所 V"结构指称个别的用法是"通过其前面的 S 对其后的 O 的制约，实现对个别性宾语（O）的指称的"（同上：45—46）。

质疑"所"字结构名词性的学者也不乏其人。杨树达（1928）不赞成马建忠（1898）的"所"字"接读代字"说，原因恰恰在于对"所"字结构的不同认识，他指出"所"字结构为被动结构，相应地"所"字应为"被动助动词"。他的这一观点得到后世学者的论证和支持。朱英贵（2007）明确质疑"所"字结构的"名词性"，他从该结构可以作谓语、带宾语、带补语、作"被动式的动作中心语"以及作主语、宾语和定语的"本质"五个方面展开讨论，结论否认了"所"字结构为"名词性结构"的传统看法。林忠等（2015）是以现代汉语为语料对"所"字结构开展讨论，他们认为"所 V"中的"所"在语法上并没有"转指"的作用，即没有把 V"指称化"或"事物化""名词化"和"名物化"。他们认为 V 可以直接用来作主宾语，V 的指称性属于自身固有。因而，"所"在语法上的作用是"去陈述化"。徐江胜（2017）没有明确否定"所"字结构的名词性，但他通过论证"所"字由"结构助词"演变出"施动关系标记"、再进一步虚化为动词"焦点标记"的发展过程，从而分化出一部分含"所"为"焦点标记"的失去名词性的"所"字结构。陈秀兰（2017）通过对"所"字结构既可"表述"又可"表情"的双重功能的探讨，也将"所"字结构进行分化，进而认为表情的"所"字结构属于表达被动的句式，这与杨树达的观点形成一致。

"所 VP"结构的名词性和动词性之争，王力（1989：75）曾作出评论："从历史发展看，问题就解决了。先秦时代，'所'字确是代词，汉代以后，'所'字除沿用为代词外，又虚化为助动词词头"。董秀芳（1998）认为，王力先生只指出了"所"字的两种功能在出现时间上存在先后之分，但没有说明这二者之间的内在联系。董秀芳（同上：55）认为，"由语义因素诱发的重新分析在'所'字功能的发展中起了关键性的作用，它使判断句中起名词化作用的'所'字变成了被动句中的被动标记"，并推断"在表判断的功能上，'NP 所 VP'结构占优势；在表被动的功能上，'为 NP 所 VP'结构占优势"。

其实，"所 VP"即便是作为表示转指的名词性结构，"所"字的代词用法也是可以进一步细化的。如前文所述，杨树达（1928）、杨伯峻（1981）、宋曦（2015，2016）、Yap 和 Wang（2011）等都程度不同地讨论过"所"字作为小句间或跨句功能词的作用，从中可以知道"所"字结构在实用中存有更多价值。

#### (三)"所"字用法再分类

鉴于"所"字所在构式的多样性以及"所"字语义和句法变化发展的复杂性,我们认为不应以单一标准对"所"字用法进行分类,应当结合它的所在构式以及它在构式中的作用来划分。依据前文有关语法地位及语法特征的分析可知,"所"字的起源或起始用法为名词,语义具体明确,表"处所";位置确定,一般都位于动词之后,其前可以带有修饰性或限定性成分。"所"字的所指发生抽象引申后,句法位置、可带修饰性或限定性成分等语法属性都基本不变。"所"字的名词用法可以形成一个大类,我们将其确定为第一类。

前文分析可知,"所"字发展出指示代词用法,其一为单独使用,其二为后接名词短语。前者争议不大,后者主要表现为"所 + VP + 者"构式,由于存在不同切分的可能性,相应地其中的"者"字有不同处理,我们打算在后面环节开展讨论。因而,第二类"所"字的指示代词用法仅限其于单独使用的情形,如果确实发现"所 + NP"用例,应当可以纳入。

"所 + VP"结构存在多种变式,不同构式性质和用法也不一样,即便是同一种构式也存在不同解析。因此,我们将以构式为单位对其中的"所"字用法展开讨论。承接前两种用法,第三类为"(NP)所 + V"构式中用法,其中(NP)表示施事出现或不出现都在此一并处理,V 表示光杆动词,其中包括名词或形容词活用为动词的情形。第四类为"(NP)所 + V + NP",其中(NP)表示含义同上,V 表示各种光杆动词,NP 表示表示名词或名词短语,其中包括轻名词"者"。第五类为"(NP)所 + VP"①,(NP)表示同上,VP 表示除动宾之外的其他动词短语,包括动词前带情态动词或否定词或副词的情形,也包括动词后带介词短语或副词的情形。第六类为"(NP)所 + J + VP",(NP)表示同上,J 表示介词,VP 表示各种动词短语(包括动宾短语)。第七类为"所"字其他用法,即以上所述用法未包括在内的其他"所"字用法。考虑到《荀子》文献对其他文献的引用现实,我们依旧开设"所"字的引用实例类,即第八

---

① 依据常例,VP 代表各种动词短语,这里 VP 用来表示除去动宾短语之外的其他动词短语。以下皆同。

类，以示与荀子本人用例的区别。

# 第二节 《荀子》中"所"字用法考察

## 一 《荀子》中"所"字用法统计

我们按照上节分类，就《荀子》前24篇中的"所"字用例进行统计，结果（见表6—1）。

表6—1　　　　　　　　《荀子》前24篇"所"字用例统计

| | 一类 | 二类 | 三类 | 四类 | 五类 | 六类 | 七类 | 八类 | 总计 |
|---|---|---|---|---|---|---|---|---|---|
| 数目 | 9 | 0 | 180 | 62 | 55 | 172 | 47 | 9 | 534（525） |
| 百分比 | 1.71 | 0 | 34.29 | 11.81 | 11.48 | 32.76 | 9.14 | 不计 | 100 |

## 二 《荀子》中"所"字用法考释

由于"所"字的指示代词用例为0，9例引语非荀子本人所作，故这两类不予考察。以下我们考察其他六类用法。

（一）"所"作名词

"所"字作为名词，在前24篇中只有9例，故悉数列举于此，穷尽探讨。

（1）国者……不可不善为择所而后错之，错险则危。（《王霸》）

（2）（古之人）修政其所，天下莫不愿，如是而可以诛暴禁悍矣。（《王制》）

（3）物有同状而异所者，有异状而同所者，可别也。状同而为异所者，虽可合，谓之二实。（《正名》）

（4）功名之所就，存亡安危之所堕，必将于愉殷赤心之所。（《王制》）

（5）诚以其国为王者之所亦王，以其国为危殆灭亡之所亦危殆灭亡。（《王制》）

（6）以小人尚民而威，以非所取于民而巧，是伤国之大灾也。

(《王霸》)

例（1）中名词"所"作动词"择"的宾语，根据上下文义可知，表示"处所"，此处引申为"执政者"。同理，例（2）中名词"所"与指示代词"其"一起作动词短语"修政"的宾语，表示"政"的处所，根据上下文义可知，此处引申为"国家"。例（3）中3个名词"所"都带有形容词作修饰成分，根据上下文义可知，均表示"处所"，句中引申为"载体"或"材质"。例（4）中名词"所"为中心语，前面带有"之"衔接的限定成分"愉殷赤心"，两者一起作介词"于"的宾语；根据上下文义可知，"所"表"心"的"处所"，此处引申为"关心的内容或对象"。例（5）中两个"所"字也都是各自定中结构的中心语，均表"处所"义，根据上下文义可知，此处均引申为"场所"。例（6）中名词"所"带有定语"非"，也是表"处所"义，根据上下文义可知，此处引申为"途径"或"方法"。

以上9例"所"字在句中均为名词，有的单独使用，有的带有前置修饰语，一律作动词或介词的宾语。9例"所"字的语义内涵仍然表示"处所"，只是都不同程度地发生了抽象化引申，程度低的如"场所"，较高的如"载体"或"材质"，高的如"途径"或"方法"。"所"字语义泛化，其名词属性受到一定冲击，如例（3）中，名词"状"可在定中结构"同状"中作中心语，也可以在主谓结构"状同"中作主语；而"所"字没有单独作主语这一名词特性。此外，"所"字的句法环境具有了重新分析的可能性，如例（6）"以非所取于民"，已经存在解析为"以非""所取于民"的潜势。

（二）"所 + V"结构

传统语法将句子类型分为叙述句、描写句、判断句，大体上分别与动词谓语句、形容词谓语句、名词谓语句相当（赵元任，1968/1979：53）。杨伯峻（2016：237）认为，句子以谓语性质划分，有"判断句、存在句、描写句、叙述句"。我们将"所"字结构用于存现句的情形纳入第七类用法范围，故此处只讨论赵元任（1968）所说的三种句型中的"所 + V"结构，共计180例（见表6—2）。

表6—2　　《荀子》前24篇中"所"后接光杆动词的用例统计

| 篇目 | 一 | 二 | 三 | 四 | 五 | 六 | 七 | 八 | 九 | 十 | 十一 | 十二 | 十三 | 十四 | 十五 | 十六 | 十七 | 十八 | 十九 | 二十 | 二十一 | 二十二 | 二十三 | 二十四 | 总计 |
|---|---|---|---|---|---|---|---|---|---|---|---|---|---|---|---|---|---|---|---|---|---|---|---|---|---|
| 数目 | 4 | 0 | 6 | 16 | 7 | 4 | 0 | 15 | 8 | 7 | 7 | 8 | 8 | 0 | 10 | 7 | 6 | 6 | 6 | 2 | 4 | 30 | 9 | 10 | 180 |

1. 用于判断句

"所 + V"结构在判断句中可以作前项，也可作后项，其中作主语的只有8例，悉数列举如下。

（1）君上之所恶也，刑法之所大禁也。（《荣辱》）

（2）臣之所道，仁者之兵，王者之志也。君之所贵，权谋埶利也；所行，攻夺变诈也；诸侯之事也。（《议兵》）

（3）人之所恶何也？曰：污漫、争夺、贪利是也。（《强国》）

（4）性之和所生，精合感应，不事而自然谓之性。（《正名》）

（5）故明君之所赏，暗君之所罚也；暗君之所赏，明君之所杀也。（《臣道》）

以上8例"所"字无一用在动词或名词之后，全是与后面动词一起构成"所V"结构，其中"所"字均语义泛化，标记后接动词的宾语或受事。例（1）中"所"为动词"恶"的对象或内容，与下文"所大禁"互指。同理，例（2）三个"所"分别表示后接动词"道""贵""行"的内容或对象，例（3）中"所"表动词"恶"的对象或内容，例（4）中"所"为动词"生"的产品或结果，例（5）中两个加着重号的"所"也都是后接动词"赏"的宾语或"受事"。

"所 + V"结构在判断句中更多用于承担后项，共计60例，其中"所"字主要是作后接动词的受事，但也存在其他可能性。如：

（6）诗者，中声之所止也。（《劝学》）

（7）夫桀纣……埶籍之所存，天下之宗室也。（《强国》）

（8）故圣人也者，人之所积也。（《儒效》）

      (9) 是百王之所同也,古今之所一也。(《礼论》)

      (10) 然则是弃己之所安强,而争己之所以危弱也。(《强国》)

以上例句中的"所V"结构都是判断句的后项①,其中"所"字几乎都可以解释为后接动词的受事,但也存在指称主体论元之外的附属成分的可能性。例 (6) 和 (7) 中的"所"都可以理解为表"处所"义,"止"为不及物动词,"存"虽然有及物用法,但其前主语"執籍"实为受事,"所"字解释为"处所"更为合理。例 (8) 中"所"可以理解为"积"的受事,但也可以解释为"结果"。例 (9) 中两个"所V"结构并列作判断句后项,其中"所同"在前24篇中出现12例,"所一"出现2例。两结构中谓词"同"和"一"理解为形容词更自然,即便理解为动词,也应是不及物动词,所以"所"字还是解释为表"处所"义为上。例 (10) 中"所安强"指受事,也可以指方式,下文平行结构中的对应成分"所以危弱"是最好佐证。

   2. 描写句

   "所V"结构用于描写句共有10例,在句中一律都作小句的主语。如:

      (1) (仁人) 其所是焉诚美,其所得焉诚大,其所利焉诚多。(《富国》)

      (2) (主相臣下百吏) 所闻所见诚以齐矣,则虽幽闲隐辟……(《王霸》)

      (3) 今人所欲,无多;所恶,无寡。(《正名》)

      (4) 皆有可也,知愚同;所可异也,知愚分。(《富国》)

      (5) 仁之所在无贫穷,仁之所亡无富贵。(《性恶》)

以上前四句中8例"所V"结构的动词"是""得""利""闻""见""欲""恶""可"等均为二价动词,相应的8个"所"字都指称各自动

---

① 刘丹青 (2008:56) 认为,系词不是一般动词,系表关系也不是动宾关系。我们认同此观点,因而把判断句后项称为名词性表语,而不是宾语。

词的受事。例（5）中两个"所 V"结构的谓词"在""亡"分别为介词和一价动词，相应地"所"都指称本体外的附属论元，此处均表示"处所"义。

3. 叙述句

《荀子》前 24 篇共计 102 例"所 V"结构用于叙述句，按照在句中所承担角色可以分为作主语、宾语及状语三种情形，下面分别予以考察。

充当句子主语的"所 V"结构共计 22 例，有的同时承担句子话题功能。在这些"所 V"结构中，"所"字大都指称受事，但也有指称"处所""结果"等附属成分的。如：

（1）心之所可中理，则欲虽多，奚伤于治？（《正名》）

（2）其所见焉，犹可欺也，而况于千世之传也？（《非相》）

（3）身之所长，上虽不知，不以悖君；身之所短，上虽不知，不以取赏。（《不苟》）

（4）功名之所就，存亡安危之所堕，必将于愉殷赤心之所。（《王制》）

（5）故百技所成，所以养一人也。（《富国》）

例（1）中"可"为意动用法，"所"表"可"的对象或内容。例（2）中"其所见"虽为主语，其实是后句谓词"可欺"的受事，所以兼具话题功能。其中"所"作动词"见"的受事。例（3）中两例"所 V"结构，也都在形式上作主语，逻辑上是后句谓词"知"的受事，所以也都有话题功能。其中两个"所"字仍与"处所"义相近，"所长"和"所短"即"长处"和"短处"。同理，例（4）两个"所 V"结构，也是兼具主语话题功能，而且受事和谓词之间带有"去谓词性"标记"之"，所以两个"所"字失去指称本体论元的条件，只能指称附属成分，此处应当转指"处所"。例（5）中"所 V"结构也属于受事前置，其中"所"字也失去了指称本体论元的条件，只能转指附属成分，此处当表"结果"义。

"所 V"结构在句中作宾语最为常见，共计 75 例。其中"所"字作用一般是转指"受事"，但仍然存在少量转指附属论元的现象。如：

(1) 遇敌决战必道吾所明,无道吾所疑。(《议兵》)

(2) 故因其惧也而改其过,……曲得所谓焉。(《臣道》)

(3) 故言有招祸也,行有招辱也,君子慎其所立乎!(《劝学》)

(4) 唱和有应,善恶相象,故君子慎其所去就也。(《乐论》)

以上4例中的"所V"结构在句中都作动词宾语。(1) 中"所明""所疑"都分别作"道"的宾语,其中"所"为"明"或"疑"的受事。例(2) 中"所谓"作"得"的宾语,其中"所"为动词"谓"的对象或内容,即复指前文所说的"改其过""除其怨"等,已很难说是受事。例(3) "所立"作动词"慎"的宾语,其中"所"表动词"立"的对象或内容。例(4) 中的"所去就"作"慎"的宾语,其中"去就"为两个彼此反义的语素组成的合成词,为一价动词,由于带有施事"其",所以"所"失去指称本体论元条件,只能指称附属成分,此处转指"处所"。

"所V"结构有时可以充当介词的宾语,如:

(5) 人之情,虽桀跖,岂又肯为其所恶,贼其所好者哉!(《议兵》)

(6) 验之名约,以其所受,悖其所辞,则能禁之矣。(《正名》)

(7) 是何也? 曰:本不利于所私也。(《君道》)

例(5) 中的"所V"结构"所恶"作介词"为"的宾语,两者构成介词短语,一起作谓词短语"贼其所好者"的目的状语。其中"所"作动词"恶"的受事或客体。同理,例(6) 和(7) 中的"所受"和"所私"也都是作介词的宾语,前者和介词"以"一起作谓词"悖其所辞"的方式状语,后者和介词"于"一起作谓词"利"的方位状语,其中"所"字都表动词的受事或对象。

此外,"所V"结构在句中还可以充当状语,有时需要介词帮助,有时不用。如:

(1) 吾尝终日而思矣,不如须臾之所学也。(《劝学》)

(2) 以所欲为可得而求之,情之所必不免也。(《正名》)

（3）邪秽在身，怨之所构。(《劝学》)

（4）夫诚者，君子之所守也，而政事之本也，唯所居，以其类至。(《不苟》)

（5）言无常信，行无常贞，唯利所在，无所不倾。(《不苟》)

例（1）中"所学"连同其附属成分"须臾之"与介词"如"一起构成介词短语，作前句谓词"终日而思"的比较状语，其中"所"作其后置动词"学"的内容或客体。同理，例（2）中"所欲"也是借助于介词"以"作谓词"为可得而求之"的原因状语。例（3）、例（4）和（5）三句中的"所构""所居""所在"都没有借助任何介词在句中充当状语，其中"所构"为原因状语，"所居"和"所在"都是条件状语。

（三）"所 + V + NP"结构

"所 + V + NP"结构虽然在数量上比例不高（62 例，见表6—3），但类型多样，可分为：1）"所 + V + NP"；2）"所 + V + 者"；3）"所谓 + NP"；4）"所谓 + NP 者"。以下分类考察。

表6—3　　　《荀子》前24篇"所"后接动宾短语的用例统计

| 篇目 | 一 | 二 | 三 | 四 | 五 | 六 | 七 | 八 | 九 | 十 | 十一 | 十二 | 十三 | 十四 | 十五 | 十六 | 十七 | 十八 | 十九 | 二十 | 二一 | 二二 | 二三 | 二四 | 总计 |
|---|---|---|---|---|---|---|---|---|---|---|---|---|---|---|---|---|---|---|---|---|---|---|---|---|---|
| 数目 | 3 | 0 | 3 | 1 | 1 | 4 | 0 | 4 | 2 | 2 | 11 | 2 | 0 | 0 | 13 | 5 | 0 | 0 | 4 | 0 | 0 | 0 | 7 | 0 | 62 |

1. "所 + V + NP"（14 例）

该结构中的 NP 只要是光杆名词，前面"所 + V"都作限定成分，作用大致相当于定语从句，有时两者之间附加标记语"之"字。如：

（1）欲审周道，则审其人所贵君子。(《非相》)

（2）损己之所不足，以重己之所有余。(《强国》)

（3）使天下生民之属，皆知己之所愿欲之举在是于也，故其赏行。(《富国》)

例（1）和（2）句中的"所 + V"与 NP 之间没有结构助词"之"，但两者的句法关系都是定中关系。例（1）中"君子"为中心词，"其人所贵"为限定成分，此处为定语从句，其中"所"为动词"贵"的受事，也是对下文"君子"的复指。按照朱德熙（1983）的观点，"君子"就是原句中被"所"字提取的成分，所以"所"字就是定语从句的引导词，或者补足语标句词（宋曦，2015；Yap 和 Wang，2011）。同理，例（2）中心语"余"为动转名词，转指"多余的财物"，其前小句"己之所有"为定语从句，其中"所"为动词"有"的对象或客体，也是对原句中被提取成分"余"的复指。例（3）中"所 + V"和"NP"之间带有结构助词"之"，两者的定中关系得到进一步凸显；其中心语"举"也是动转名词，转指"举措"，小句"己之所愿欲"为定语从句，其中"所"为双音合成动词"愿欲"的对象或内容，也是该关系小句的标记语。"之"的作用在于音节填补以及关系明示。

但是，当"所 + V + NP"结构中的 NP 为主谓短语或小句时，"所 + V"与后者之间不再为定中关系，而是同位关系。《荀子》前 24 篇中仅发现 NP 为小句的"所 + V + NP"结构 1 例，如下：

（4）是（人主）所使夫百吏官人为也，不足以是伤游玩安燕之乐。（《王霸》）

例（4）中"所 + V + NP"结构为所在判断句的后项，与前项"是"为同一性结构，具有名词属性。同时，该结构中的 NP 为小句"夫百吏官人为"，它与"（人主）所使"形成共指，但不是定中关系，而是同位关系。其中"所"为动词"使"的受事，由于"使"为三价动词，其"受事"应该包括"人"和"行为"两项内容。因而"所"同时指称"人"和"行为"，对"百吏官人为"整体复指。

2. "所 + V + 者"（24 例）

该结构属于歧义结构，主要涉及"V"的受事标记问题，一是"所"，二是"者"；同时涉及"者"的自指和转指问题。我们认为，该结构在逻辑主语出现的情况下，"者"字作受事标记更符合汉语的 VO 常规语序，也有利于解释"所"字语义虚化，进而向功能词发展的事实。如：

（1）兵之所贵者埶利也，所行者变诈也。（《议兵》）

（2）故法而不议，则法之所不至者必废。职而不通，则职之所不及者必队。（《王制》）

（3）故仁者之兵，所存者神，所过者化，若时雨之降，莫不说喜。（《议兵》）

（4）君子位尊而志恭，心小而道大；所听视者近，而所闻见者远。（《不苟》）

（5）彼（悍诡之情）其所至者，甚大动也。（《礼论》）

以上 5 句中的"所"字结构，大都带有逻辑主语，没有的可以借助上下文进行确认。其中"所"字，有的转指受事，如例（1）中的"所贵""所行"，和例（4）中的"所听视""所闻见"；有的转指处所，如例（2）中的"所不至""所不及"，例（3）中的"所存""所过"；有的转指时间，如例（5）中的"所至"。这些结构后附"者"字，由于施事论元的存在或者可推理确认，以上"所"字所承担的功能由"者"字替代成为可能，"所 + V + 者"结构从而演变为"所 + V + N"结构。因此，"者"作中心语，"所"字结构作定语从句，其中"所"字为引导词，同时复指"者"字。

3. "所谓 + NP"

"谓"属于言说类动词，但由于其用例（10 例）已经超过"所"作名词的全部用例（9 例），所以单独予以考察。

这类结构可以按照 NP 的类型进一步分为两类，一类为名词性短语，另一类为名词性小句。其中"所谓"的作用也相应地发生变化，形成一定差异。当后接名词短语时，"所谓"作限定性定语；当后接名词性小句时，"所谓"的作用是与后接小句互为同位语。如：

（1）（汤武）皆前行素修也，所谓仁义之兵也。（《议兵》）

（2）此儒之所谓曲辨也。（《王霸》）

（3）是人也，所谓以狐父之戈钃牛矢也。（《荣辱》）

　　（4）此所谓威强乎汤武也。（《强国》）

"所谓"后接名词短语，严格地说只有1例，即例（1）中"所谓"的后
接成分"仁义之兵"。其中两者形成共指，句法上前者作后者的限定成
分。例（2）、（3）、（4）中"所谓"的后接成分"曲辨""以狐父之戈
镯牛矢""威强乎汤武"形式上均为动词短语，但由于都处于判断句的后
项，而且接受关系小句"所谓"的限定，因而都发生了名词化。"所谓"
为关系小句，例（2）的带有逻辑主语，例（3）和（4）的逻辑主语也
可以根据上下文相应补出，它们的各自作用都是限定后接名化的动词
短语。

　　（5）是所谓义立而王也。（《王霸》）
　　（6）此所谓末世之兵，未有本统也。（《议兵》）
　　（7）諰諰然常恐天下之一合而轧已也，此所谓力术止也。（《强
国》）

以上3句中"所谓"的后接成分均为小句，例（5）中的"义立而王"
和例（7）中的"力术止"均为叙述句，例（6）中"末世之兵未有本
统"为存现句，这些小句与"所谓"互指，而且互为同位语。

　　4．"所谓＋NP者"

　　《荀子》中还存在一些"所谓＋NP"结构后附"者"字的现象，前
24篇共计14例。其中，NP为典型名词短语的4例，为名词化的非谓词
短语8例，为主谓结构的1例，为动宾结构的1例。如：

　　（1）古之所谓仕士者，厚敦者也，（《非十二子》）
　　（2）君子之所谓察者，非能遍察人之所察之谓也；有所止矣。
（《儒效》）
　　（3）所谓性善者，不离其朴而美之，不离其资而利之也。（《性
恶》）
　　（4）（田单、庄蹻、卫鞅、缪虮）是皆世俗所谓善用兵者也，
（《议兵》）

例（1）中"所谓＋NP者"结构的NP为名词短语"仕士"，例（2）的NP为自指名词化动词"察"，例（3）的NP为主谓结构"性善"，例（4）中的NP为动宾结构"善用兵"。"者"字在名词或派生名词之后都属于存格用法，如例（1）和（2）；用在主谓结构之后属于自指用法，如例（3）；用在动宾短语之后属于转指，如例（4）。"所谓"用在小句后作同位语，用在名词或名词短语后作定语。

（四）"所＋VP"结构

"所＋VP"结构为"所"后接不含宾语的动词短语的结构，《荀子》前24篇共计55例（见表6—4）。根据附加成分在动词的前后位置，我们将动词后带附加成分的"所＋VP"结构称为"所＋V＋B"（B为补足语），将动词前带附加成分的称为"所＋Z＋V"（Z为状语），将前后都带附加成分的称为"所＋Z＋V＋B"，以下分别予以考察。

**表6—4**　　**《荀子》前24篇"所"后接不含宾语的动词短语的用例统计**

| 篇目 | 一 | 二 | 三 | 四 | 五 | 六 | 七 | 八 | 九 | 十 | 十一 | 十二 | 十三 | 十四 | 十五 | 十六 | 十七 | 十八 | 十九 | 二十 | 二十一 | 二十二 | 二十三 | 二十四 | 总计 |
|---|---|---|---|---|---|---|---|---|---|---|---|---|---|---|---|---|---|---|---|---|---|---|---|---|---|
| 数目 | 0 | 0 | 1 | 6 | 0 | 1 | 0 | 10 | 1 | 0 | 7 | 1 | 0 | 0 | 0 | 2 | 7 | 1 | 2 | 2 | 3 | 10 | 1 | 0 | 55 |

1. "所＋V＋B"

该结构在前24篇中全部表现为动词后接介词短语充当的补足语，共计15例，其中有6例在结尾处附带"者"字。就"所"字功能而言，该结构不带"者"字时，"所"字转指动词的受事，形成对先行词的复指；而当后带"者"字时，"所"字解释存有变化。一种解释为"所"字转指后接动词的受事，与该结构不带"者"字时一样，"者"字表转指；另一种解释为"所"字作指示代词，后面动补短语与"者"字形成动宾结构，"者"转指施事或当事。如：

（1）而师法者，所得乎积，非所受乎性。（《儒效》）

（2）然则所为有名，与所缘以同异，与制名之枢要，不可不察

也。(《正名》)

(3)(人主)所使于四邻诸侯者非其人谓之孤。(《王霸》)

(4)(凡人)所贱于桀跖小人者,从其性,顺其情,安恣睢,以出乎贪利争夺。(《性恶》)

例(1)和(2)中"所得乎积""所受乎性""所缘以同异"3例"所+V+B"结构都没有后带"者"字,其中"所"字分别为动词"得""受""缘"的受事。例(3)和(4)中"所使于四邻诸侯""所贱于桀跖"2例都后带"者"字,根据句义选择限制可知,两例中"者"都为中心语,"所"字短语都作定语,但例(3)中"所"与"者"互指,都是动词"使"的受事;例(4)中"所"指示代词,"者"字为形容词"贱"当事或主体。

2. "所+Z+V"

该结构在前24篇中共计37例,如果按照Z(状语)的功能或性质可以分为四类,其中Z为副词10例,Z为情态动词2例,Z为否定词14例,Z为副词、情态动词及否定词的组合形式11例。在这些结构中,"所"字一律表现为后接动词的受事,而动词之前的状语只对动词形成影响,作限定状语。如:

(1)(人)不以所已藏害所将受谓之虚。(《解蔽》)

(2)以所欲为可得而求之,情之所必不免也。以为可而道之,知所必出也。(《正名》)

(3)此小人之所务,而君子之所不为也。(《荣辱》)

(4)若夫充虚之相施易也,……是聪耳之所不能听也。(《儒效》)

例(1)中"所已藏"的状语都为副词"已";例(1)和(2)中"所将受"和"所必出"两个"所+Z+V"结构的状语都为情态动词;例(3)中"所不为"结构的状语为否定词"不";例(2)和(4)中"所必不免"和"所不能听"两个结构中的状语都是复合结构,都由情态动词和副词充当。根据句义选择限制可知,以上所有"所"字在句中都表后接动词的受事或内容。

3. "所 + Z + V + B"

该结构在前 24 篇中共计 3 例,这三例"所 + Z + V + B"结构之后都带有"者"字,但其中"者"字的用法各不相同。如:

(1) 天下胁于暴国,而党为吾所不欲于是者,日与桀同事同行,无害为尧。(《王制》)

(2) 然则先王以人之所不欲者赏,而以人之欲者罚邪? (《正论》)

(3) 主之所极然帅群臣而首乡之者,则举义志也。(《王霸》)

例 (1) 中"者"不单属于该"所"字结构,而且是前两个小句共同的中心语,同时也是后两个小句的施事或当事。其中"所"字为动词"欲"的内容或客体。例 (2) 中的"者"为"所不欲"的中心语,其中"所"与"者"互指,共指动词"欲"的内容或客体。例 (3) 中的"者"字为前面两个并列小句的中心语,也是后面小句同一性成分;其中"所"字由于后接动词带宾语、小句本体论元完整且与动词间隔较远而失去所指资格,语义虚化,此处作指示代词,表示范围或程度。

(五)"所 + J + VP"

表 6—5　《荀子》前 24 篇"所"后接介词再接动词短语的用例统计

| 篇目 | 一 | 二 | 三 | 四 | 五 | 六 | 七 | 八 | 九 | 十 | 十一 | 十二 | 十三 | 十四 | 十五 | 十六 | 十七 | 十八 | 十九 | 二十 | 二十一 | 二十二 | 二十三 | 二十四 | 总计 |
|---|---|---|---|---|---|---|---|---|---|---|---|---|---|---|---|---|---|---|---|---|---|---|---|---|---|
| 数目 | 1 | 2 | 1 | 10 | 6 | 0 | 1 | 11 | 14 | 4 | 15 | 12 | 1 | 1 | 15 | 7 | 7 | 3 | 36 | 8 | 5 | 9 | 3 | 0 | 172 |

"所 + J + VP"结构在《荀子》前 24 篇中共计 172 例 (见表 6—5),其中介词[1]主要由"以"充当,共 160 例;其次是"由"和"为",两者

---

[1] 据霍生玉 (2009:31) 统计,《荀子》中"所"后介词有五个:以、由、与、从、为,共 189 例。我们就前 24 篇统计结果看,"所"后介词同样是以上五个,共 172 例。

各有 4 例;再次为"与",出现 3 例;最少为"从",该部分仅 1 例。下文就这五种结构分别考察。

1. "所从 + VP"结构

(1) 善用兵者,感忽悠暗,莫知其所从出。(《议兵》)

该部分仅出现 1 例"所从 + V"结构,其中"V"为光杆动词"出","所从"表示动作的"来源"或"路径"。

2. "所与 + VP"结构

(1) 彼其所与至者,必其民也。(《王制》和《议兵》)
(2) 之所与为之者,之人则举义士也。(《王霸》)

3 例"所与 + VP"结构后面都带有"者"字,其中例(1)出现两次,属两例(token)一型(type),后面"者"字均为判断句的前项中心语,根据句义选择限制可知,与"所与"互指,但后者在句中作"与事"或"伴随"状语。同理,例(2)中"者"字与下文"之人"为同位语,同为判断句前项;"所与为之"连同主语"之",一起构成一个本体论元完整的命题,作"者"的定语从句;其中"所与""者"互指,句中表示伴随或"与事"。

3. "所由 + VP"结构

(1) 易一则强,易使则功,易知则明,是治之所由生也。(《正论》)
(2) 难一则不强,……是乱之所由作也。(《正论》)
(3) (是百王之所同也)未有知其所由来者也。(《正论》和《礼论》)

4 例"所由 + VP"结构中,例(1)和(2)中"所由生"和"所由作"的 VP 都为光杆动词,其中"所由"都是一起表示动作"生"或"作"的"源头"或"缘由"。例(3)的"其所由来者"属于两例(token)

一型（type），其中"者"字为中心语，其前小句为定语从句。根据句义选择限制可知，"所由"与"者"互指，在句中表示动作"来"的源头或"出处"。

4. "所为 + VP"结构

（1）凡所为有兵者，为争夺也。（《议兵》）
（2）此所为有名也。（《正名》）
（3）验之所为有名，而观其孰行，则能禁之矣。（《正名》）
（4）然则所为有名，……，不可不察也。（《正名》）

4 例"所为 + VP"结构中，例（1）中"所为有兵"后带有"者"字，其中"者"为自指用法；"所为"的宾语表示动词短语"有兵"的原因。例（2）（3）（4）同属一型，即"所为有名"。其中"所为"表示动作"有名"的"原因"或"理据"。

5. "所以 + VP"结构

"所以 + VP"结构共计出现 160 例，可以进一步分为："所以 + V"（26 例）、"所以 + Z + V"（14 例）、"所以 + V + B"（5 例）、"所以 + Z + V + B"（4 例）、"所以 + V + NP"（97 例）及"所以 + 多重 VP"（14 例）6 种类型。

第一，"所以 + V"

霍生玉（2009：32）认为，"所以"在《荀子》中主要承担四种功能，即"工具"（或"事理"）、"对象"、"方法"（或"手段"）及"原因"，不存在表示"结果"的用法。就"所以"接光杆动词的 26 例而言，上述四种功能都可成立。如：

（1）此六生者，君子慎之，而禹桀所以分也。（《不苟》）
（2）故人主不务得道，而广有其埶，是其所以危也。（《仲尼》）
（3）舍其所以参，而愿其所参，则惑矣。（《天论》）
（4）内不修正其所以有，然常欲人之有。（《王霸》）

例（1）中"所以"表示动作"分"得以实现的工具或凭借的事理。例

(2)中"所以"表示动词"危"的原因。例(3)中"所以"表示动作"参"的"方法"或"方式"。例(4)中"所以"表示存现动词"有"的"对象"或"客体"。需要指明的是,"所以"表示"对象"时,"以"往往不是介词,而是副词,相当于"已"。又如:

　　(5)皆知其所以成,莫知其无形,夫是之谓天功。(《天论》)

例(5)中"所以成"当解析为"所+以成",其中"以"表"已"义,"所"表"成"的对象或客体。霍生玉(2009:32)所举实例"所以守者",也属此理,只是"所"表对象时后面带有"者"字的辅助。

　　第二,"所以+Z+V"

　　14例"所以+Z+V"结构中,状语Z主要由副词充当,有时为否定词或介词短语,其至为用名词或代词,其中"所以"主要是表示"工具"或"原因"。如:

　　　　(1)三者明主之所以谨择也,而仁人之所以务白也。(《王霸》)
　　　　(2)故君子之所以日进,与小人之所以日退,一也。(《天论》)
　　　　(3)用其终为始,……乱所以自作也。(《致士》)
　　　　(4)人主则外贤而偏举,……是其所以不合之故也。(《王霸》)
　　　　(5)齐衰、苴杖、居庐、食粥、席薪、枕块,所以为至痛饰也。
　　(《礼论》)

例(1)中作状语的"谨""务"为副词,例(2)中两"日"字为名词,例(3)中"自"为代词,例(4)"不"为否定词。以上各例中,"所以"一律表原因。例(5)中介词短语"为至痛"作动词"饰"的状语,其中"所以"表示"工具"。

　　第三,"所以+V+B"结构

　　5例"所以+V+B"结构中,补语都由介词短语充当,如:

　　　　(1)故仁言大矣:起于上所以道于下,政令是也;起于下所以

忠于上，谋救是也。(《非相》)

（2）此人所以惑于轻重也。(《正论》)

（3）此亦人所以惑于祸福也。(《正论》)

（4）故圣人之所以同于众，其不异于众者，性也。(《性恶》)

以上5例中，补语全都是介词短语，除例（4）外，"所以"都表示"原因"。例（4）的"所以同于众"存有歧义，局部看是"所以 + V + B"结构，但如果从全局考虑，其完整结构应该是"所以同于众，其不异于众"，它们一起作"者"的定语。其中"其"字用法较为特殊，属于连词"而且"，"所以"表方式或方法。

第四，"所以 + Z + V + B"结构

"所以"结构中，动词前带状语且后带补语的情形只有4例，如：

（1）所以不受命于主有三：(《议兵》)

（2）故死之为道也，一而不可得再复也，臣之所以致重其君，子之所以致重其亲，于是尽矣。(《礼论》)

（3）是其所以不免于冻饿，操瓢囊为沟壑中瘠者也。(《荣辱》)

例（1）中"所以"表示"工具"或"凭借"，例（2）中两个"所以"均表示"方法"，例（3）中"所以"表示"原因"。其中，例（3）的"所以"结构更为复杂，它修饰两个动词短语"不免于冻恶"和"操瓢囊为沟壑中瘠者"。

第五，"所以 + V + NP"结构

"所以 + V + NP"结构在《荀子》前24篇中共计97例，其中26例后面带有"者"字，71例不带。同"所 + V + NP"相比，介词"以"疏远了"所"字跟后接动词的联系，相应地，动词与其后名词的关系得到了强化，这也使"所"字结构的内部结构发生了变化。"所 + V + NP"结构中，"所 + V"常作后接名词的定语；而"所以 + V + NP"结构中，"V + NP"一起构成动宾短语，"所以"作"V + NP"的状语，两者进一步形成状中结构。正是由于介词的介入以及动宾关系的恢复，NP的类型从而变得更加丰富。如：

(1) 礼者,所以正身也;师者,所以正礼也。(《修身》)

(2) 是诸侯之所以取国家也。(《荣辱》)

(3) 是奸人之所以取危辱死刑也。(《荣辱》)

(4) 上之于下,如保赤子,政令制度,所以接下之人百姓。
(《王霸》)

(5) 礼者、人主之所以为群臣寸尺寻丈检式也。(《儒效》)

以上5句中的NP都由名词短语充当,但成分各异,例(1)中"身"
"礼"都是单音名词;例(2)中"国家"为双音名词;例(3)中"危
辱死刑"为名词短语;例(4)中"下之人百姓"为有定短语;例(5)
中的NP作双宾语,直宾为"寸尺寻丈检式",间宾为"群臣"。其中
"所以"的功能还是表示"原因"(如例3)、"方法"(如例4);"工具"
(如例1,2,5)。

(6) 晓然独明于先王之所以得之、所以失之,知国之安危臧否
若别白黑。(《君道》)

(7) 故明主谲德而序位,所以为不乱也;忠臣诚能然后敢受职,
所以为不穷也。(《儒效》)

(8) 是君子之所以骋志意于坛宇宫廷也。(《儒效》)

(9) 郊止乎天子,而社止于诸侯,道及士大夫,所以别尊者事
尊,卑者事卑,宜大者巨,宜小者小也。(《礼论》)

(10) 是君子之所以为惮诡其所喜乐之文也。(《礼论》)

以上5句中的NP结构更加复杂,例(6)中两个"之"均为代词;例
(7)中"不乱"和"不穷"都属于名化短语;例(8)中"志意于坛宇
宫廷"为复合宾语,即"宾语+补足语";例(9)中NP为4个小句充
当;例(10)中NP由多层嵌套关系的结构"惮诡其所喜乐之文"充当。
其中"所以"仍属于常规用法,表示"工具"(如例6和7)、"方式"
(如例8和9)和"原因"(如例10)作用。

该结构后面带有"者"字的情形计26例,由于"者"前为主体论元
完整的小句,"者"大都表示"自指",如:

  （1）人之所以为人者何已也？曰：以其有辨也。（《非相》）

  （2）使天下之民，所以要利于上者，非斗无由也。（《议兵》）

  （3）夫义者，所以限禁人之为恶与奸者也。（《强国》）

例（1）和（2）中"者"字都表示自指，例（3）中的可以理解为转指，因为"者"为判断句后项的中心语，相当于不定代词，和"所以"互指。其中"所以"用法都属常规用法，例（1）中的表"原因"，例（2）的表"工具"或"方式"，例（3）表"方法"。

  第六，"所以 + 多重动宾"结构

  "所以"与中心动词的关系松散化，动词受到的限定相应减弱，"所"字结构的内部结构发展得到更多的自由，由此滋生出后接多重动词短语的复杂结构。《荀子》前24篇共计14例"所以 + 多重动宾"结构，其中"所以"的句法功能仍旧是作状语，表示"工具""方式"或"原因"等。如：

  （1）是庶人之所以取暖衣饱食，长生久视，以免于刑戮也。（《荣辱》）

  （2）故人莫贵乎生，莫乐乎安；所以养生安乐者，莫大乎礼义。（《强国》）

  （3）此人之所以无有而有无之时也，而已以定事。（《解蔽》）

以上3句中"所以"后接的动词短语都是至少包括两个动词的复合结构，例（1）中后接的谓词短语最为复杂，含一个并置的动宾短语和一对并列动词短语；例（2）中后接两个并列的动词短语和"者"字；例（3）为两个并置的动宾短语。其中"所以"仍属于常规用法，例（1）中的表示"方式"，例（2）中的表示"工具"，后面"者"属于自指；例（3）中表示"成因"，整个"所"字构式作中心语"时"的定语从句。

  （六）"所"字其他用法

  "所"字除以上5种用法外，还有几种特殊用法，现一并考察。《荀子》前24篇尚有18例"有所+VP"结构①,25例"无所+VP"结构,以及4例其他结构,共计47例(见表6—6)。下文分别对其考察。

表6—6 《荀子》前24篇"所"字其他用例统计

| 篇目 | 一 | 二 | 三 | 四 | 五 | 六 | 七 | 八 | 九 | 十 | 十一 | 十二 | 十三 | 十四 | 十五 | 十六 | 十七 | 十八 | 十九 | 二十 | 二十一 | 二十二 | 二十三 | 二十四 | 总计 |
|---|---|---|---|---|---|---|---|---|---|---|---|---|---|---|---|---|---|---|---|---|---|---|---|---|---|
| 数目 | 1 | 2 | 2 | 0 | 1 | 0 | 5 | 3 | 3 | 2 | 0 | 1 | 0 | 0 | 0 | 0 | 0 | 1 | 2 | 1 | 8 | 6 | 2 | 5 | 47 |

1. "有所+VP"(18例)

"有所+VP"结构共计18例,其中VP为光杆动词的10例,它们在句中主要承担谓语(包括从句的谓语)。如:

(1)物类之起,必有所始。(《劝学》)

(2)今人见长而不敢先食者,将有所让也。(《性恶》)

(3)所以知之在人者谓之知;知有所合谓之智。(《正名》)

(4)岁虽凶败水旱,使民有所耘艾,司空之事也。(《王制》)

(5)凡人有所一同。(《荣辱》)

以上5例中结构的VP均为光杆动词,"始""让""合"为单音词,"耘艾""一同"为双音词。这些结构在句中都作谓语,例(5)中为单句谓语,例(2)中为复合句的谓语,例(3)中为主语从句的谓语,例(4)中为宾语从句的谓语。其中"所"仍然是名词,表"处所",但意义都已抽象化引申,表现出功能词特征。例(1)(2)和(5)中"所"仍表"处所",但已非物理空间;例(3)和(4)中"所"字很难理解为"处所",可能"内容"更合适。

另外8例"有所+VP"结构的VP均为动宾短语,其中6例"有所谓+N"已经发生了重新分析,即"所谓"已经词汇化;2例"有所止+

① Yap和Wang(2011:21)指出,名词"所"不断抽象引申,逐渐语法化为多义的、高度能产的表处所或方法的名词化标记。

之"中"所"字仍可表处所，但已非物理空间。如：

（1）心未尝不臧也，然而有所谓虚；心未尝不两也，然而有所谓壹；心未尝不动也，然而有所谓静。（《解蔽》）

（2）（不识步道者）意亦有所止之与？（《修身》）

例（1）含3例"有所谓 + N"结构，"所谓"一律作后接名词的定语，"所"标记"谓"的受事，与中心语互指。例（2）"有所止之"中，"所"表"所处"，但意义已不限于物理空间。

2. "无所 + VP"（25例）

与"有所 + VP"相对应的是"无所 + VP"，前24篇中共计25例，其中VP为动词短语的13例，为动宾短语的12例。这些结构在句中的作用及"所"字语义和句法变化都与前者一样，不同处仅限于在语义上呈反义。如：

（1）弟子勉学，无所营也。（《乐论》）

（2）卒然起一方，则举统类而应之，无所儗作；（《儒效》）

（3）故成王之于周公也，无所往而不听，知所贵也。（《君子》）

以上3例中，"营"为单音词，"儗作"为双音词，"往而不听"为动词短语。这些结构在句中都作谓语，其中"所"字意义都发生抽象化引申，具备一定语法功能。

其他12例VP为动宾短语的结构中，代词"之"充当宾语的有8例，名词的有4例。如：

（1）如是，则上下俱富，交无所藏之。（《富国》）

（2）（匹夫）百亩一守，事业穷，无所移之也。（《王霸》）

（3）大儒者，善调一天下者也，无百里之地，则无所见其功。（《儒效》）

（4）心者，形之君也，而神明之主也，出令而无所受令。（《解蔽》）

前两例都是"之"字作宾语,后两例为普通名词,两者对"所"字及整个结构不产生影响。

3. 其他结构（4 例）

4 例特殊"所"字结构中,1 例为"靡所 + VP",1 例为"无有所 + VP",2 例为"所以"后接小句。如:

　　(1) 刚强猛毅,靡所不信,非骄暴也。(《不苟》)

　　(2) 殷之日,案以中立,无有所偏,而为纵横之事,偍然案兵无动,以观夫暴国之相卒也。(《王制》)

　　(3) 所以知之在人者谓之知;知有所合谓之智。所以能之在人者谓之能;能有所合谓之能。(《正名》)

例 (1) 中"靡所不信"在句中作谓语,其中"靡"为孤例,相当于"无"。例 (2)"无有所偏",也是作谓语用,其中"无有"相当于"无",也是孤例。例 (3) 中两个"所以"所引导的句型完全平行对应,可以肯定它们均为连词。结合上下文之间的逻辑关系,"所以"应该表示"结果",即使按照王力 (1980:399) 提出的两个标准"必须用在句首,句末没有语气词'也'"来判断,也符合要求。因此,霍生玉 (2009) 提出的"《荀子》中的'所以'没有一例是因果连词"的观点不能成立,至少此处两例可作反例。

（七）小结

通过对《荀子》前 24 篇"所"字各类用法考察,我们得到如下发现:

1)"所"字有 9 例名词用法,在句中一律作动词或介词的宾语,有的单独使用,有的带有前置定语修饰。9 例"所"字的语义内涵都是表"处所",但在不同程度上发生了抽象化引申。当"所"字作介词宾语时,由于后接动词,其所在句法环境具备了重新分析的可能性,如"以非所取于民",已经存在解析为"以非""所取于民"的潜势,"所"字的名词属性因而受到一定的冲击。

2)"所 + V"结构在判断句、描写句、叙述句三种句型中共计 180 例,其中在判断句 60 例作表语,8 例作主语;在描写句中 10 例全作主语；在叙述句中75例作宾语，22例作主语，5例作状语。在这些结构中，"所"字主要标记后接动词的受事，有时也转指附属论元。该结构在叙述句中作主语时往往兼具话题功能，作状语时大都需要介词帮助。

3）用于"所+V+NP"结构62例，分4种类型："所+V+NP""所+V+者""所谓+NP"及"所谓+NP者"。第一种类型计14例，当NP为光杆名词时，无论前面的"所+V"与NP之间是否有"之"，前者都是后者的限定成分，作用相当于一个定语从句；而当NP为主谓小句时，"所+V"与后者小句"NP"为同位语关系，但仅有1例。第二类"所+V+者"共24例，该结构为歧义结构，既可解析为"（所+V）+者"，也可为"所+（V+者）"。其中后者更符合汉语为VO常规语序的事实，也有利于解释"所"字语义虚化从而向功能词发展的现实；但在标记辨识度较低的转指对象时，"所"字更具优势，"者"表自指。第三类"所谓+NP"有10例，用法基本同"所+V+NP"一样，但"所谓"与"NP"之间不用"之"字。第四类"所谓+NP者"共14例，其中，NP为典型名词短语的4例，为名词化的非谓词短语8例，为主谓结构的1例，为动宾结构的1例。除NP为动宾短语之外，该结构的后附"者"字都属于上一章所讨论的"存格"用法。

4）用于"所+VP"结构共55例，包括"所+V+B"、"所+Z+V"和"所+Z+V+B"三种类型。第一种的补足语全部由介词短语充当，共计15例，其中有6例后附"者"字。就"所"字功能而言，该结构不带"者"字时，"所"字转指动词的受事，形成对先行词的复指；而当后带"者"字时，"所"字解释存有歧义。一种与该结构不带"者"字时一样，"者"字表自指；另一种解释为"所"字作指示代词，后面动补短语与"者"字形成动宾结构，"者"转指施事。37例"所+Z+V"结构中，"所"字一律表现为后接动词的受事，而动词之前的状语只对动词形成影响，作限定状语。3例"所+Z+V+B"都后带"者"字，一作"所"字结构所在小句的中心语，二为"所"字结构的中心语，三属于自指。

5）用于"所+J+VP"结构共172例，其中介词主要为"以""由""为""与""从"5个，用例与霍玉生（2009）的统计基本吻合。"所从"表示动作的"来源"或"路径"；"所与"表示动作的"与事"或

"伴随";"所由"表"源头"或"根由";"所为"表"原因"或"理据"。"所以"承担的功能有四种,即"工具"(或"事理")、"对象""方法"(或"手段")及"原因"。"所以 + V + NP"结构同"所 + V + NP"相比,后者往往是"所 + V"作后接名词 NP 的定语;而前者往往是"V + NP"一起构成动宾短语,"所以"作"V + NP"的状语,整体表现为状中结构。后者由于介词的介入以及结构中动词和后接名词的关系增强,其内部结构类型更加丰富。

6)"所"字其他用法主要表现为存现句及其变体(肯定形式"有所 + VP"18 例,否定形式"无所 + VP"25 例,变体句"靡所 + VP"和"无有所 + VP"各 1 例),另外还有 2 例后接小句的"所以"结构。存现结构中,"所"字基本上仍属于名词用法,但语义虚化,逐渐向指示代词方向发展,近似于马建忠的"此";整体结构也仍然属于小句,但多为从句角色。在"无所 + VP"用例中,发现有的动词(如"见"和"受")具有确定的方向性,有表示被动的含义。2 例"所以"用法符合因果连词的基本要求,已经表现出表示"结果"的连词①用法。

## 第三节 《荀子》"所"字结构中的名物化

### 一 "所"字语义发展及其句法功能

了解"所"字结构中的名物化现象,必须首先确认各种"所"字结构的语法性质以及其中"所"字的各种语义概念及其句法功能。根据上节对《荀子》前 24 篇中出现的各种"所"字用例的分类考察,我们可以大致勾勒出"所"字的语义发展脉络,并由此确定"所"字具有的各种句法功能。

"所"字起源于表示"处所"概念的名词用法,这点已基本形成共识。许慎(1979:300)的《说文解字》依据《诗经》中语料"伐木所所",将"所"字解释为"疏举切,伐木声也,从斤户声。"段玉裁(2004:717)的《说文解字注》对此作出了详细说明,"所,伐木声,此乃本义;用为处所者,假借为处字也;……用为分别之词者,又从处所

---

① 霍生玉(2009)认为,《荀子》中"所以"没有表示"结果"义的连词用法。

之义引申之。"刘淇的《助字辨略》持有相同观点,他认为:"所"应看作"会意字,从户从斤",表示"持斤护卫门户"之义,刘家忠(2006:85)将其解释为"拿起武器护卫首领或酋长居住的柴扉木房",由此引申指"被看护的处所",进而演化为"泛指各种处所"。刘家忠(同上)进一步考察《尚书》、《诗经》以及汉初字书《三苍》等古籍后指出,"所"字在虚化前主要是表"处所"。此外,霍生玉(2009)发现《尚书》里,"所"字只作名词,表处所或抽象的处所义;Yap 和 Wang(2011:18)依据《论语》中的"所"字用例作出同样推断,其起源为表"处所"义的典型名词用法(a lexical noun)。

管春林(2008:52—54)认为,随着意义的抽象和泛化,"所"字在先秦时期由名词发展出代词用法,指代动作的对象,意思和用法相当于"此""何""孰"等,在句中位置也是"必须放到动词或介词的前面"。"所"字的代词用法应该是对段玉裁所说的"别事之词"以及马建忠所说的"接读代词"的继承。马建忠(1898/1983:60)将"所"字代词用法概括为"所字常位领读,或隶外动,或隶介字而必先也"。Yap 和 Wang(2011:20)同样认为,"所"字的发展自词义的抽象引申开始,"所"字发展出的指示代词功能,他们称为"受事名词化标记"(patient nominalizer),可以指"物体""人"以及更加笼统的受事或客体;从句子结构看,其句法位置不再居于动词后面的处所名词的常见位置,而是置于动词之前。"所"字的这种新功能为"所字结构"的产生提供了条件。

所谓"所字结构",不仅是指"所"后接动词的语言形式,管春林(2009:53)认为,其中"所"字虽然可以指代动作的对象,但这些"所"字都不再纯粹是代词,而是更多地带有助词的功能,因为这时"所"的主要作用是帮助动词或动词性词组构成名词性短语,使它们具有名词的语法功能,在句子中可以充当主语、宾语或定语。Yap 和 Wang(2011:22)将"所"字结构解释为一个"高度能产的""核心义为处所的间接构式",即"[所 i 动 _ _ i ] i"及其各种变式。前置处所论元"所"提升了"处所类型"名词化构式,其中轻名词"所"发展为一个施事缺省的、指称处所的名词化标记。管春林(2009)的"助词"说,Yap 和 Wang(2011)的名词化标记说,异曲同工,都说明了"所 V"结构中"所"字的语义弱化，句法功能逐渐固着为标记所在结构的名词属性或地位。"所"字结构改变了动词的性质，使之成为一个名词性结构，在句中可以充当各种句子成分（黄珊，2004：124）。

"所"字结构可以转指的对象不限于受事，该结构还可以转指"与事""工具""处所"等（朱德熙，1983）。"所"字结构借助于介词的参与，在保证转指对象多样性的同时，"所"字结构类型的多样性、准确性及灵活性得到更加充分的体现。先秦文献中用于"所＋介＋动"结构中的介词，主要有"以""为""由""与""从"五个（霍生玉，2009）。关于"所＋V"与"所＋J＋V"两种结构出现的历史顺序，学界现在已基本形成共识，即两者不仅确实存在出现时间先后之分，而且可以肯定的是，后者是在前者的基础上产生的，只不过在相当长的一段时期内两者同时被广泛使用而已（霍生玉，2009：34）。由于介词的使用，"所＋J＋V"结构的转指对象更加明确，很大程度上取决于介词；同时，"所"字跟动词的关系变得松散，动词与其他成分的组合相应地变得复杂多样起来。

"所"字的进一步虚化发展出小句标补词用法（Yap 和 Wang，2011；宋曦，2015，2016），可用于表"假设""原因""被动"等义的特殊结构。

## 二　"所"字结构中的名物化

鉴于"所"字构式的多样性以及"所"字语义和句法功能的复杂性，我们将"所"字用法分为八类，并对《荀子》前 24 篇所出现的 525 例（共计 534 例，剔除引语用例 9 例）进行了考察。本节我们就"所"字各类用法中的名物化现象展开分析和讨论。

（一）名词用法

"所"的名词用法是"所"字其他各种用法的起源，因而名词用法中的名词化主要体现为"所"字语义的泛化，即抽象化引申。

《荀子》前 24 篇中所有 9 例①"所"字名词用法，语义呈现 6 种变

---

① 鉴于上节已对 9 例用例悉数列举，本节不予重复。其他类型讨论如有类似情况，也都不予重复。

化，但无一不与"处所"存在关联。例（1）中"所"字表示"国"的
"执政者"，其实是由"国家在谁人手中"之义引申而来，显然是"处
所"抽象化的结果。例（2）中"所"为"修政"的宾语，指称"所在
国家的内政"，属于"处所"转指"处所发生的事务"。例（3）中3个
"所"字均表示"材质"，其实也是由"处所"引申为"载体"之义，再
由"载体"转指其"材质"，通过这样两级转指得以实现。例（4）中
"所"表示其领有者"愉殷赤心"的"处所"，引申为"专注的内容或对
象"。例（5）中2个"所"字表示对国家发展的性质定位，也是由"处
所"义转指处所具有的性质而来。例（6）中"所"表"途径"或"方
法"，是将获取过程视为"处所"的隐喻。

　　以上六类"所"字名词用法都是在"处所"义基础上通过隐喻或转
喻甚至二级转喻的认知加工基础上实现的，这些语义内容都程度不同地
发生了抽象化。这些"所"字在句中的作用仍然局限于动词或者介词的
宾语，也接受名词、形容词或介词短语的修饰或限定，从而保留着名词
的特性。语法化研究表明，词义的变化，尤其是虚化，往往会导致其句
法功能的变化。"所"字词义向社会、政治、伦理、认知等领域的蔓延，
注定会发展出"所"字的多结构和多功能。

　　（二）"（NP）所＋V"构式

　　"所"用于后接动词的"（NP）所＋V"结构时，"所"字的词性颇
具争议，历来说法不一。清人王引之（2014）称为"指事之词"，段玉裁
（2004）称为"分别之词"，而马建忠（1898/2004）称为"接读代字"。
现代语法命名也不尽相同，王力（2000）、陕西师大编写组（1988）等视
其为"代词"，杨伯峻（1981）、何乐士（1989）、王克仲（1982）视为
"结构助词"，唐瑞琮（1982）视为"指示代词"。吴怀成、沈家煊
（2017：286）结合袁仁林的《虚字说》以及吕叔湘（1979/2007：37）关
于"指别"和"称代"的区分，认为"所"字的"代词"及"接读代
词"说法过于笼统，指出"指事""指别""别事"都旨在强调的是
"指"不是"代"，但并未表示对指示代词的认同。Yap和Wang（2011：
18—25）通过对"所"字语法化路径的考察认为，"（NP）所＋V"结构
是由"所"字的名词用法向代词用法发展的过渡环节，这种结构是重新
分析的产物。我们认为，"所"字的性质当属代词，具体为不定代词，语

义涵盖广泛,兼指"某地""某时""某人""某物""某事"等,可以单独使用,也可以带修饰成分。

该结构用于判断句,在句中全部承担名词性成分,其中 60 例作后项,即与前项形成共指关系的名词性表语;其余 8 例都作句子主语。"(NP)所 + V"结构作主语时,"所"字一律转指后接动词的受事;作表语时,"所"总体上也是转指受事,但有时指称本体外的附属论元,主要是"处所""结果""方式"等。此外,不论作主语还是作名词性表语,结构中的"NP"大都与"之"一起出现,交代出逻辑主语,并作修饰成分,这也说明"(NP)所 + V"结构具有较强的名词属性。可以肯定地说,判断句中的"(NP)所 + V"结构整体名物化,基本相当于名词用法。

"所 V"结构用于描写句仅有 10 例,在句中一律作小句的主语。相对于宾语,包括判断句中的名词性表语,主语除具有物化特征外,还具有定指性。这在 10 例"所 V"结构的用例中也有体现,其中有的不带自己的逻辑主语,但依据上下文都可以推理确定。10 例"所"字中有 8 例表示后接动词的受事,2 例表示附属论元"处所",原因在于这 2 例中的动词均为一价动词,不具有带宾语的能力。所有作主语的 10 例"所 V"结构都属于整体名词化。

用于叙述句的 102 例"所 V"结构中,作宾语的 75 例,作主语的 22 例,作状语 5 例。该结构充当句子主语时,有时同时承担句子的话题,其中"所"字大都指称受事,个别指称"处所""结果"等附属成分。"所 V"结构作宾语时,"所"字的句法表现同作主语的结构一样。"所 V"结构有时可以在句中作状语,这往往借助于特殊的句式,或者句中的特殊位置,形成和主句的因果关系。作状语时多表现为介词的宾语,有时"所 V"结构直接作状语,不需要介词的参与。"所 V"结构可以作状语,说明它并未完全名词化,仍具有一定谓词属性。

"所 V"结构整体具有名词性,所以才可以在句中承担宾语或者主语的角色,甚至带有定语。但该结构本身并没有完全名词化,仍然保留着动词的一些特性,比如作状语。另外,"所"后接形容词或介词时,一律动词化,可以有自己的本体论元及附属论元。

（三）"所 + V + NP" 结构

该结构共计出现 62 例，其中纯粹意义上的 "所 + V + NP" 只有 14 例，其他三种情形分别为，"所 + V + 者"（24 例）、"所谓 + NP 者"（14 例）和 "所谓 + NP"（10 例）。

纯粹的 "所 + V + NP" 结构都带有明确的逻辑主语，其内部结构都可分析为 [（所 + V）+ NP]，即 "所 + V" 为 "NP" 的限定成分，两者为定中关系。按照朱德熙（1983）句子成分提取理论，NP 恰恰是 "所" 字所在小句被提取出去的成分，两者具有共指关系，"所" 字结构作 NP 的定语从句，"所" 字作为中心语 NP 的替代成分同时具有与之照应的功能，因而也兼有引导词作用。两者之间有时带有标记语 "之"，这更加明示了两者的定中关系。如：

（1）欲审周道，则审其人所贵君子。（《非相》）

（2）使天下生民之属，皆知己之所愿欲之举在是于也，故其赏行。（《富国》）

例（1）"君子" 与 "其人所贵" 两者共指，后者为前者的定语从句。例（2）"举" 与 "己之所愿欲" 两者共指，后者是前者的定语从句，前者动词名化，这种定中关系由标句词 "之" 标识，"所" 字限于标识定指。由 NP 与 "所 V" 的共指关系，我们可以推定 "所 V" 结构的名词属性，但这种名词性是属于整个小句或 "所 V" 结构的，至于其中动词，依据石毓智（2000）关于汉语从句的谓词特性论述，它只是失去时间限定特性，成为非定式谓词。

该部分 24 例 "所 + V + 者" 结构中，"V" 和 "者" 之间大都存在逻辑上的动宾关系，这也正是我们把该结构置于 "所 + V + NP" 结构范畴之内的原因。"所 + V + 者" 属于歧义结构，我们前文将这种结构分析为 "所 +（V + 者）"，这样更符合汉语 VO 语序的特点，也可以更好地揭示 "所" 字发展出功能词的句法环境。如果按照 "者" 为 NP 特例来处理，该结构又可解析成 "（所 + V）+ 者"。这种解析也分两种解释，朱德熙（1983）将 "者" 视为自指标记，而 Yap 和 Wang（2011）将 "者" 字视为轻名词（light noun），"所 + V" 作 "者" 的定语。我们认为，当该结构后接小句时，"者"字可以标记前后两句逻辑关系；当后接成分非小句时，"者"为中心语更有解释力，甚至可以解释"者"和 NP 并存的"所＋V＋NP＋者"情形。如：

> （3）（君子）所听视者近，而所闻见者远。（《不苟》）
> （4）（君人）所使要百事者诚仁人也。（《王霸》）

例（3）中"所听视者"和"所闻见者"都可视为"者"作中心语，"所听视"和"所闻见"都作定语，定中成分彼此互指，其中"所"字都表"受事"。例（4）中"所使要百事者"为"所＋V＋NP＋者"结构，"者"和"NP"同时出现，"者"字作为中心语仍然成立；"所使要百事"作它的定语，并与其共指，其中"所"字与"者"共指"使要"的间宾，即"受事"。这样处理不仅确保了将"所＋V＋者"真正纳入"所＋V＋NP"这一构式之下，也有利于"所 V"结构的语法性质统一，即整体呈现名词性。"所"字结构为定语从句，其中动词都失去时间限定属性，属于非定式谓词。

关于 24 例"V"为特殊动词"谓"的用例，它们在内部结构上与其他"所"字结构基本相同，"所谓"与后面的 NP 也是共指关系，"所"字仍然可以视为后面 NP 被提取后的替代，"所谓"的逻辑主语常常可以依照语境推理确认。所不同的主要是后面的 NP 成分更加复杂多样，可以是名词短语，或者名词化的谓词短语，也可以是小句。因而该结构中的名词化现象不仅限于"所"后动词，还可能包括谓词或小句充当 NP 时的名词化。如：

> （5）此所谓威强乎汤武也。（《强国》）
> （6）此所谓末世之兵，未有本统也。（《议兵》）

例（5）中的名词化有两处，一是"所谓"，二是"威强乎汤武"。前者"谓"受"所"字影响，当属于非限定性动词，不再有时间限定特征。后者动词短语"威强乎汤武"与"所谓"共指，主要是和"所"字彼此互指，都是动词"谓"的内容或客体，整体名物化；其中谓词"威强"相当于动名词，带有自己的定语，同时也保留一定谓词特征，带有比较状语"乎汤武"。

24 例"所谓 + NP"结构中有 14 例后带"者"字，其内部结构与不带"者"字的基本一样，但有特例，需要分别对待。如：

（7）君子之所谓贤者，非能遍能人之所能之谓也。(《儒效》)

（8）（田单、庄蹻、卫鞅、缪虮）是皆世俗所谓善用兵者也，(《议兵》)

以上两例"贤者""善用兵者"中的"者"都是名词化标记，前者标记形容词名词化，自指该性质的品质；后者标记动词短语名词化，转指其施事。例（7）中"所谓"连同其逻辑主语一起作"贤者"的定语从句。此例也涉及两处名词化，一处是"所谓"中的动词"谓"，另一处是位于中心语的"贤"，前者失去动词的时体特征，后者发生自指名词化，表示具有该特征的品质。例（8）中"所谓"与"善用兵者"彼此互指，前者作后者的定语。其中"者"是转指用法，表示动词短语"善用兵"的施事或逻辑主语。此例涉及两处名词化，一为"所谓"中的"谓"，失去时体特征；二为"善用兵"，后附"者"字转指施事，整体名词化，其中"用"也是成为非定式谓词。

（四）"（NP）所 + VP"

"（NP）所 + VP"结构共计出现 55 例，其中动词后带补足语的"所 + V + B"结构 15 例，动词前带状语的"所 + Z + V"结构 37 例，动词前后都带附加成分的"所 + Z + V + B"结构 3 例。无论三者之中的哪一种结构，其中的动词都属于非限定性谓词，都不再体现时态特征；但其他特征则继续保留。

在 15 例"所 + V + B"结构中，补语 B 全都由介词短语充当，整个结构在句中主要承担主语或者话题，有时作判断句的后项或表语，整体呈现名词属性。有些结构后带附着成分"者"，"者"转指"所"字结构的受事，并与其形成共指关系，同时作后者的中心语。如：

（1）而师法者，所得乎积，非所受乎性。(《儒效》)

（2）（人主）所使于四邻诸侯者非其人谓之孤。（《君道》）

例（1）中两个"所"字结构"所得乎积""所受乎性"在句中都作判断句的后项或表语，整体呈现名词性，其中两个动词"得"和"受"只是失去时间限定特征，但保留了带补语的特征。例（2）中"所"字结构后附"者"字，一起在句中作主语从句的主语。其中"者"字与"所"字结构形成共指，并作后者的中心语。动词后面带有介词短语充当的补足语说明，动词为非限定谓词，"所"字为定语从句引导词。

37 例"所 + Z + V"结构中，状语 Z 为副词的有 10 例，Z 为情态动词的 2 例，Z 为否定词的 14 例，Z 为副词、情态动词及否定词的组合形式的 11 例。在这些结构中，"所"字一律表现为后接动词的受事。这些结构在句中主要作宾语或者介词的宾语，有时作判断句的后项或表语，整体都呈现名词性，或用于指称语。但其中动词只是失去时间限定特征，但仍然保留其他动词特征。如：

（3）性也者，吾所不能为也，然而可化也。（《儒效》）
（4）倚物怪变，所未尝闻也，所未尝见也。（《儒效》）

例（3）"吾所不能为"在句中充当判断句的后项，或者表语，整体具有名词性。其中动词"为"仅失去时间限定特性，仍保留较强谓词性，表现在所"'为'之间不仅有情态动词"能"，而且有否定词"不"。同理，例（4）中两个"所"字结构并列作判断句后项，都整体名词化，但其中动词只是部分去谓词化，都保留较强谓词性，"所 + V"之间都带否定词及副词。

3 例"所 + Z + V + B"结构之后都带有"者"字，其中 1 例在句中作主语，1 例作表语，1 例作介词的宾语，3 例"所"字结构都整体呈现名词性。如：

（5）而党为吾所不欲于是者，日与桀同事同行，无害为尧。（《王制》）
（6）主之所极然帅群臣而首乡之者，则举义志也。（《王霸》）

（7）然则先王以人之所不欲者赏，而以人之欲者罚邪？（《正论》）

例（5）中"所"字结构作"者"的定语从句，两者一起作判断句的表语，整体呈现名词性，其中动词"欲"失去时间限定特性，但保留较强谓词性，带有否定词以及介词短语的修饰及限定；"者"和"所"彼此互指，都表受事。同理，例（6）中"所"字结构与"者"也是定中关系，句中整体作主语，其中动词"帅"和"乡"都失去时间限定特性，但保留较强谓词性；"者""所"彼此互指，都表方式或工具。例（7）"所"字结构作介词"以"的宾语，整体呈现为名词性，其中动词"欲"为非限定性谓词，但保留一定动词特征，如可以带否定词修饰。"者"与"所"互指，转指"欲"的受事，作"所"字结构的中心语。

（五）"所 + J + VP"结构

"所 + J + VP"结构在《荀子》前24篇中共计172例，其中介词主要由"以"（160例）、"由"（4例）、"为"（4例）、"与"（3例）和"从"（1例）五词充当。朱德熙（1983）指出，"所 + VP"结构中"所"可以转指本体论元受事、与事，也可以转指工具和处所等附属成分；而"所 + J + VP"结构中"所"字提取介词的宾语，因而也可以转指与事以及"工具""处所"等附属成分；但朱德熙（同上）未曾指出两种结构的区别。我们认为，由于介词的参与，"所 + J + VP"结构中"所"字首先失去了转指动词受事的可能性；其次大大增加了转指附属成分的潜能，除工具、处所外，还可以转指方式、原因、结果、伴随等；另外还减小了对转指对象的确认难度，对语境的依赖性大大降低。如：

（1）善用兵者，感忽悠暗，莫知其所从出。（《议兵》）

（2）之所与为之者，之人则举义士也。（《王霸》）

（3）是百王之所同也，未有知其所由来者也。（《正论》）

（4）凡所为有兵者，为争夺也。（《议兵》）

例（1）中"所"转指介词"从"的宾语，两者一起作动词"出"的状语，表示其"来源"或"路径"。例（2）中"所"转指介词"与"的宾语,两者一起作动词"为"的状语,表示伴随或与事。例(3)中"所"转指介词"由"的宾语,两者一起作动词"来"的状语,表示出处或源头。例(4)中"所"转指介词"为"的宾语,两者一起作动词"有"的状语,表原因。

"所"字语义虽然直接与介词发生联系,相应地与谓语动词的关联有所减弱,但"所"字影响依然存在,不仅表现为对动词的各种限定,而且依然可以标记其有定性。这是因为"所"字对施事的复指作用,即便句中没有施事出现,通过上下文或者常识依然可以确认。以上各例中的"所+J+VP"结构都隐含着动词的施事,而且整个小句由于"所"字的影响,都呈现出一定的名词性,在句子中都作名词性成分,或者是动词的宾语从句,或者小句的话题或主语,或判断句的后项。

由于介词"由""为""与"和"从"的用例都极少,很难从中看出"所"字结构有无介词参与的差异。但是介词"以"参与的用例达 160 例,"所+以+VP"结构的内部分类非常丰富,由此可以看出介词"以"对"所"字结构表达能力的激活或者表达空间的释放。160 例"所+以+VP"结构可以分为"所以+V"(26 例)、"所以+Z+V"(14 例)、"所以+V+B"(5 例)、"所以+Z+V+B"(4 例)、"所以+V+NP"(97 例)及"所以+多重 VP"(14 例)6 种类型。比如:

(5) 舍其所以参,而愿其所参,则惑矣。(《天论》)
(6) 齐衰、苴杖、居庐、食粥、席薪、枕块,所以为至痛饰也。(《礼论》)
(7) 此亦人所以惑于祸福也。(《正名》)
(8) 是其所以不免于冻饿、操瓢囊为沟壑中瘠者也。(《荣辱》)
(9) 所以不受命于主有三:(《议兵》)

例(5)中"所以"后接光杆动词"参",并表示其方式,两者整体作上层小句动词"舍"的宾语从句,具有名词性,其中"参"为非限定性谓词,但动词性依然保留。例(6)中"所以"和后接动词"饰"之间带有介词短语"为至痛",三者整体作判断句的后项,因而具有一定名词性,其中动词"饰"为非限定性谓词,但仍保留较强的谓词特征,"所以"表示工具，"为至痛"表示其对象，并插入两者之间。例（7）中"所以"表示动词"惑"的原因，而"惑"还带有后置补语"于祸福"，三者整体作判断句的后项，因而具有名词性。其中"惑"为非限定性谓词，但仍保留较强的动词特征，此处后接介词短语表示其处所状语。例（8）中"所以"表示后接动词"免"的原因，此外"免"前面还带有否定词"不"，后面带有介词短语"于冻饿、操瓢囊为沟壑中瘠者"，四者一起与后接成分整体作判断句后项，因而具有一定名词性。其中动词"免"带有前后多项限定补足成分，保留着较多的动词特征。例（9）的"所"字结构更为复杂，"所以"表示动词"受"的凭借或工具，此外，动词"受"前面仍然带有否定词"不"，其后带有宾语"命"以及介词短语"于主"。虽然整体"所"字结构作句子的主语，因而整体具有名词性，但动词"受"仅仅失去了时态特征，动词其他特性都基本保留，如带宾语、带否定词，带多种状语限定等。

介词"以"参与"所"字结构，在丰富其内部结构类型的同时，还可以造成既有结构的重新分析，从而改变同一表达式的概念结构。如：

（10）是庶人之所以取暖衣饱食，长生久视，以免于刑戮也。（《荣辱》）

（11）夫义者，所以限禁人之为恶与奸者也。（《强国》）

（12）是诸侯之所以取国家也。（《荣辱》）

例（10）中"所以"后接"取暖衣饱食""长生久视"及"以免于刑戮"三个动词短语，而且三者之间内部结构各不相同，但都受"所以"的影响，都由"所以"交代出其凭借或方式。例（11）"所以"表示后接动词"限禁"的方式，而"限禁"的后接宾语为小句。以上结构都是单凭"所"字而不借助介词"以"所无法实现的。例（12）"所以"后接动宾短语"取国家"，并且作后者的方式状语。但在没有介词"以"的情况下，"所＋V＋NP"的内部结构常常分解为"（所＋V）＋NP"（见前文），即"所＋V"一起作后者 NP 的限定成分，两者形成定中结构；而现在"所以＋V＋NP"结构为状中结构，其中动词短语"VP"为中心语。以上分析可以看出，介词"以"疏远了"所"与动词的关系，相应地也释放了动词的谓词性特征,丰富了动词的使用环境,也丰富了"所"字结构的表达内容和范围。

(六)"所"字其他用法

除上述五种"所"字用法之外,《荀子》前24篇尚有18例"有所+VP"结构,25例"无所+VP"结构,以及4例其他结构,共计47例。前两者放在一起讨论,后4例结构中的名词化现象另行考察。

1)"有/无所+VP"结构(43例)

"有/无所+VP"结构历来受到学者们的关注。王引之(2014:206—208)认为"君无所辱命也"(《礼记·檀弓》)句中的"所"字属于"语助"用法,"无所"相当于"毋"。杨树达(1928:334—336)表示认同。马建忠(1898/1998:66—70)否认"语助"说法,认为例中"所"字当属"止词"而非"转词","所"相当于"焉"的"于此"义中的"此"。王力(1962/1999:368—369)持相近观点。何乐士(1989:214—232)持折中态度,他认为"所"字的性质属于"语助",但所助对象不是前面的"无",而是后接的动词短语,两者一起作"有"或"无"的宾语。Yap和Wang(2011:18—25)认为"所"字的这种用法"可进一步语法化为多义的、高度能产的表处所或方法的名词化标记"。

《荀子》前24篇含"有所+VP"结构共计18例,其中VP为光杆动词的10例,VP为动宾短语的8例。我们认为,这些结构可以反映"所"字由表"处所"义的名词向表"可能性"的轻名词,进而由表"定指"的指示代词向表"名词化"的附着成分发展的语法化路径。如:

(1)(不识步道者)意亦有所止之与?(《修身》)
(2)心未尝不臧也,然而有所谓虚。(《解蔽》)
(3)物类之起,必有所始。(《劝学》)

例(1)中"所"可以视为动宾短语"止之"的"处所",也可以解读为其发生的"可能性"。例(2)中"所"字结构发生重新分析的可能性很高,"所谓"与"虚"形成共指,一起作"有"的宾语。此时,"所"字的语义和句法角色已经很接近指示代词了。例(3)中的"所"字后接光杆动词"始",两者一起作动词"有"的宾语。其中"所"字语义上表示对先行成分的复指，句法上表示后接动词的名词化，跟"其"字很相近。"始"已经完全名词化，与"所"字无关。

"无所 + VP"结构是"有所 + VP"的一种常见否定形式，该部分出现 25 例，其中 VP 为光杆动词的 13 例，其余 12 例中 VP 均为动宾短语。同"有所 + VP"一样，VP 为动宾短语时，"所"字解释为表"处所"的轻名词更为合理；VP 为光杆动词时，"所"字解释为指示代词或名词化标记语更为合理。如：

（4）迫胁于乱时，穷居于暴国，而无所避之，（《臣道》）
（5）卒然起一方，则举统类而应之，无所儳作；（《儒效》）

例（4）中"所"字解释为动词短语"避之"的处所比解释为"所避之"一起作动词"无"的宾语更为合理，这也意味着此处不宜发生重新分析，"所"字尚为名词用法，但不能排除"所"表"可能性"，因而语义更加抽象，词性虚化，体现出"轻名词"特性。例（5）中的"所"接光杆动词，它们一起作动词"无"的宾语更为合理，"所"字有发展出动词受事的潜势，当为名词化标记，后接动词"儳作"都发生了名词化。

2）其他结构（4 例）

4 例特殊结构中，1 例为"无有所 + VP"，1 例为"靡所 + VP"，2 例为"所以"后接小句。以上 4 例，一般语法专书都不曾涉及或关注不够①。我们认为，同"无所 + VP"一样，"靡所 + VP"和"无有所 + VP"也都是"有所 + VP"否定形式，只是在《荀子》前 24 篇中都限于孤例。如：

（6）刚强猛毅，靡所不信，非骄暴也。（《不苟》）
（7）殷之日，案以中立，无有所偏，而为纵横之事。（《王制》）

例（6）中"所"表示后接动词短语"不信"的内容或受事，两者一起

---

① 如唐瑞琮（1982：131—134），何乐士等（1985：546—550），许嘉璐（1992：197—199），等都不论及，只有黄珊（2005：125）提及"靡所"。

作动词"靡"的宾语。动词"信"失去时间限定特征,但可以带否定词"不",因而保留部分动词特性。例(7)中"所偏"一起作动词"有"的宾语,否定词"无"属于副词用法,仅限于对"有"字短语的否定。"偏"字本义为形容词,但在"所"字后动词化,与"所"一起形成名词短语,其中"所"作动词化形容词"偏"的受事。由此可以看出,"所"字已经发展成为名词化标记,其后接成分需要具有谓词性,因为它的作用就在于使后接成分失去谓词性。

霍生玉(2009:32)就《荀子》中176例"所以"用法分析后提出"《荀子》中的'所以'没有一例是因果连词"的观点,并以此作为杨伯峻先生"到了东汉以后,'所以'才作为连词"的佐证。我们就《荀子》前24篇中163例"所以"考察发现,至少存在2例"所以"可以视为连词的实例。

> (8)所以知之在人者谓之知;知有所合谓之智。所以能之在人者谓之能;能有所合谓之能。(《正名》)

前文已经论证,例(8)中两个"所以"都是引导结果状语的因果连词。由于"所以"的句法功能固化为标识"结果"义的连词,它们所在小句中的谓语动词相应地去谓词化(石毓智2000),具体到本例中,4个小句中的4个谓语"谓"都带有自己的宾语"知""智""能""能",保留有较强的动词性,但已不再具有受时间限定的动词典型特性。

### 三 小结

《荀子》前24篇中"所"字存在七类用法,每一类用法都直接或间接地涉及名物化现象。

第一类名词用法主要涉及"所"字自身的语义泛化及名词属性的弱化。9例名词"所"字,无一例表示物理实体的空间处所,但全部由"处所"义抽象引申而致,语义呈现出6种变化,包括"执政者"(国家政权的处所)、"国"(政务的所属主体)、"材质"(物质的载体)、"专注对象"(人的注意力所在)、"发展定位"(国家地位处所)、"途径"(发展过程的载体)。这些"所"字是在"处所"义基础上通过隐喻或转喻甚至二级转喻的认知加工基础上实现的，在不同程度和不同方向上都发生了虚化。

词义的变化往往导致其句法功能的变化，"所"字虚化发展出后接动词的句型，如"以非所取于民而巧"（《王霸》），这为重新分析提供了句法环境，为"所+V"结构的成型奠定了物质基础。第七类47例"所"字用法主要为"有/无+所+VP"结构及其变体（45例），可以概括为"所+V"结构的前身或过渡结构，因为这些结构有的适合解释为"有/无所+VP"，如"无所避之"（《臣道》），其中"所"作名词表"处所"义明显；有的适合解释成"有/无+所VP"，如"知有所合谓之智"（《正名》），其中"所"表受事作名词化标记。可见，那些将"所"视为"语助"的观点似乎过于笼统了，而马建忠（1898/1998）将"所"解释为指示代词"此"的作法被忽视了。我们认为，这种存现句中的"所V"结构是名词化"所+V"结构的雏形，其中的"所"字虽然性质飘忽不定，但已基本具有了代词性质，只是主要表示有定性，偏重"指别"而非"称代"（吕叔湘，1979/2007），因而具有不定代词的性质，相当于"某处""某物""某时""某人""某事"等。

第二类"所"作指示代词0例，这可能是因为我们所作定义过于严格所致。《荀子》前24篇中确实没有1例"所"字单独使用并用作主语的，但正如上文所言，在"有/无+所VP"结构中，"所"字大都具有表定指、复指并使后接动词名词化的功能，具有指示代词的特性。另外，"所"字后来发展起来的多种结构也大都属于这类性质，唐瑞琮（1982）、黄岳州（2005）都将"所"字的整体属性概括为指示代词。

第三类"（NP）所+V"构式共计180例，主要用于叙述句（102例），其次为判断句（68例），描写句只有10例。在判断句中，该结构用作主语8例，其余60例都是作名词性表语。"所+V"结构属固定组合，整体名词化，其中"所"为指示代词，标记动词受事；"V"实现名词化，多为临时活用。描写句和叙述句中，"所"字可以转指"V"的附属论元，如"处所""结果""工具"等；"所+V"结构属于整体名词化，该结构可容纳形容词进入一起表现为名词性短语。

第四类14例"所+V+NP"结构都可进一步分为"（所+V）+NP"结构，朱德熙（1983）的句子成分提取理论可以证明，"所"字结构作

NP 的定语从句，"所"字作为中心语 NP 的替代成分同时具有与之照应的功能，因而也兼有引导词作用，可以视为连接代词。两者之间的定中关系有时候通过标记语"之"进一步明确。24 例"所 + V + 者"结构存有歧解，我们将其视为"所 + V + NP"的特例，当其后接小句时，"者"可标记前后小句间逻辑关系，但当后接成分为词或短语时，"者"跟"NP"性质一样。24 例"所谓 + NP（者）"结构基本上与"所 V"结构性质相同，不同之处主要是后面的 NP 成分更加复杂多样，NP 可以是名词短语，可以是名词化的谓词短语，也可以是小句。因而该结构中的名词化现象可能包括谓词或小句充当 NP 时的名词化，其中动词失去时间限定特性，成为非定式谓词；至于"所谓"，已经完全词汇化了，永久性进入词库。

第五类"（NP）所 + VP"结构共计 55 例，其中包括"所 + V + B"结构 15 例，"所 + Z + V"结构 37 例及"所 + Z + V + B"结构 3 例。动词限定补足成分的增多，意味着"所"字对动词约束力的减弱，但动词仍然属于非定式谓词。

第六类"（NP）所 + J + VP"结构 172 例；其中介词主要由"以"（160 例）、"由"（4 例）、"为"（4 例）、"与"（3 例）和"从"（1 例）五词充当。由于介词的参与，"所"字首先失去了转指动词受事的可能性；其次大大增加了转指附属成分的类型数量，除工具、处所外，还可以转指方式、原因、结果、伴随等；此外还减小了对转指对象的确认难度，对语境的依赖性大大降低。该结构中，动词对"所"字依赖更低，其谓词性更强，但仍属于非定式谓词。

47 例"所"字第七类用法中，45 例用于存现句，其余 2 例为"所以"用法。我们认为此 2 例"所以"属于表结果的连词用法，已经词汇化；结构中的名词化只发生在后接小句中的谓词之上。就该例句而言，4 个小句中的 4 个谓语"谓"都带有自己的宾语"知""智""能""能"，保留有较强的动词性，但已不再具有时间限定特性。

# 第 七 章

# 零标记名词化

以上四章结合词汇和句法两个层面对《荀子》中"之""其""者""所"为形式标记的主要结构中的名词化问题进行了讨论，本章我们对零形式标记的名词化现象展开考察，并在此基础上尝试就谓词名词化的认知理据进行探讨。

## 第一节　零标记动词名词化

在考察有形式标记名词化过程中，我们就已经发现，零标记名词化现象在《荀子》中远比有标记名词化更为普遍。这些名词化主要是由动词和形容词在句中作主宾语和介词宾语形成，一词多用，蔚为壮观，充分体现了汉语的意合特性。为了更好揭示先秦汉语谓词的这种多功能性，我们将分别选取经典动词和形容词为样本展开考察。研究对象的选取分三步，首先确定动词及形容词各20个；其次依据使用频率各选取前5名；最后各自确定2个为考察对象。

我们依据20个常见动词的出现频率（参见表7—1），选出频率最高的前5个动词，即"为"（687例）、"有"（607例）、"知"（378例）、"行"（238例）和"治"（219例）；进行价值权衡，最终确定"为"和"有"作为研究对象，较为系统地考察动词及动词短语的名词化情况。

表7—1　　　　《荀子》前24篇20个常见动词的词频统计

| 动词 | 治 | 为 | 与 | 有 | 居 | 相 | 将 | 言 | 行 | 说 | 知 | 教 | 学 | 取 | 问 | 闻 | 见 | 告 | 分 | 修 |
|---|---|---|---|---|---|---|---|---|---|---|---|---|---|---|---|---|---|---|---|---|
| 共计 | 219 | 687 | 163 | 607 | 40 | 124 | 131 | 146 | 238 | 111 | 378 | 30 | 66 | 74 | 35 | 40 | 115 | 20 | 110 | 97 |

**一 "为"的名物化（687例）**

我们在梳理王引之（2014：42—49）、《现代汉语词典》①（2005：
1414—1415；1422）、杨伯峻（1965：34—37）、《现代汉语八百词》
（1980：483—485）、陕西师大词典编写组（1988：471—476）、王力
（2000：676）等经典辞书关于"为"字用法的基础上，将《荀子》前24
篇中出现的687例"为"字用例主要归纳为动词和介词两类用法，其中
动词用法又分为作谓词、作非限定性谓词、作主宾语和作联系动词等四
种。下文就这五种用法所涉及的名物化现象分别考察。

**（一）作谓词**

"为"字在《荀子》中主要作谓词，由于它是及物动词，当所在句中
的主语或宾语由其他动词或形容词充当时，常常发生名词化或名物化现
象。如：

> （1）治之为名，犹曰君子为治而不为乱，为修而不为污也。
> （《不苟》）
> （2）不善用之，则楚六千里而为雠人役。（《仲尼》）
> （3）将以为安邪？则危莫大焉。（《荣辱》）

动词"为"有多个义项。例（1）含5例"为"字，其中第一个表"作
为"义，后四个表"从事"或"进行"义，相当于轻动词。第一个
"为"的主语为动词"治"，发生名词化，根据句义可知，自指该动作或
行为本身。后四个"为"都只涉及宾语的名词化，其中"治""乱"
"修"都为动词，根据句义可知，都自指各自行为本身；"污"为形容词，
自指具备该品质的行为。例（2）和例（3）属于特殊结构。例（2）含
歧义结构"为雠人役"，杨树达（1928）作被动语态解，马建忠（1898）
作判断句解。我们认可后者，"为"是普通动词，表"成为"义，后面动
词"役"发生名词化根据句义可知，转指动作受事"奴役对象"。例
（3）中"为"与动词"以"合成为一个动词"以为"了，一起表"作

———————

① 鉴于词典的知名程度，我们选择辞书名称替代编写组作为文献介绍，下同。

为"或"认为"义，后面宾语四个形容词"智""利""荣""安"一律名词化，全都自指各自品质或状态自身。

（二）作非限定性谓词

"为"作为动词，在《荀子》前24篇中，有不少失去时间限定性的用例。如：

(1) 善之为道者，不诚则不独。（《不苟》）

(2) 为君子则常安荣矣，为小人则常危辱矣。（《儒效》）

(3) 故怀负石而投河，是行之难为者也。（《不苟》）

(4) 无师吾安知礼之为是也？（《修身》）

(5) 夫是之谓上愚，曾不如相鸡狗之可以为名也。（《儒效》）

以上5例中，动词"为"用于各种从句中，例（1）中"善之为道"为主语从句；例（2）中"为君子"和"为小人"都是动宾短语，在句中都作条件状语从句；例（3）中"行之难为者"在句中作判断句的后项，属于表语从句；例（4）中"礼之为是"在句中作动词"知"的宾语从句；例（5）中"相鸡狗之可以为名"在句中作比较状语从句。石毓智（2000：180—183）认为，汉语的"从句是一个句子内部的构造成分，不受上下文等语境因素的干扰"，"其语法格式代表的是汉语句子在理想状态下的情况，可以认为是汉语的基本结构"（default structure）。所谓"不受语境干扰"，我们认为，指从句中的动词失去时间限定性，但仍保留其他谓词特征。如以上所有例句中，"为"后依然带有自己的逻辑宾语或表语，例（5）中"为"前带有情态动词"可以"，例（3）中"为"前带有副词修饰，这些都反映出"为"字部分谓词特征的保留。但我们同时注意到，以上所有"为"都体现一定名词性，如（3）、（4）、（5）三例中"为"所在从句的主谓之间都附加了取消句子独立性的标记语"之"，更有甚者，例（3）中"为"所在从句的主语属于受事前置成分，这些句法表现都属于动词和名词的中间地带，或者说动词"为"都表现出"去谓词化"倾向，或者说实现了部分名词化。

（三）作主宾语

"为"作为动词，在句中用于主宾语时，往往发生名词化。如果是以

光杆动词形式出现,"为"则彻底名词化;如果带有自己宾语,则属于短语整体名词化,其中动词失去部分谓词性。如:

(1) 为诈而巧,言无用而辩,辩不惠而察,治之大殃也。(《非十二子》)

(2)(不是师法)舍乱妄无为也。(《修身》)

(3) 术正而心顺之,则形相虽恶而心术善,无害为君子也。(《非相》)

(4) 夫是之谓为能贵其所贵。(《非相》)

(5) 天下之行术,以事君则必通,以为仁则必圣,立隆而勿贰也。(《仲尼》)

例(1)中"为"与后面平行小句中的"言"和"辩"都分别在各自小句中作主语,都发生了名词化。其中"为"自指行为本身,后面的并列谓词"诈而巧"交代说明该种行为的方式或性质。例(2)中"为"作动词"无"的宾语,转指行为的结果,而且是正面结果"作为",实现了完全名词化。例(3)和例(4)中"为"和后接宾语一起作句子宾语,因而都保留了自己的动词特征,属于部分名词化。例(5)中"为"和宾语一起作介词的宾语,也是部分名词化,仍保留较强谓词特征。

另外,"为"字存在组合用法,有成为双音词的可能性,如:

(6)(尧禹)夫起于变故,成乎修为,待尽而后备者也。(《荣辱》)

(7) 人有此三数行者,以为上则必危,为下则必灭。(《非相》)

(8) 度己以绳,故足以为天下法则矣。(《非相》)

例(6)中"修为"一起作介词"乎"的宾语,根据句义选择限制可知,两者整体意义大于部分之和,可以视为一个双音名词,至今仍在使用。例(7)和例(8)中都有"以为"组合,例(7)中"以为"的并置结构中的对应成分"为",语义和功能基本一致,可以视为一个双音动词;

例（8）中"以为"与"足以"①存在成词竞争，似乎后者更具优势。

（四）作系词

"为"字的系词用法，传统语法著作都有论述，但不予明确（如唐瑞琼，1982：271—272；杨伯峻，2016：105—106；许嘉璐，1992：132—133）。我们发现，《荀子》中确实存在"为"字的系词用法。如：

（1）君上为尊矣，不诚则卑。（《不苟》）
（2）当是时也，夫又谁为恭矣哉！（《儒效》）
（3）彼固为天下之大虑也。（《荣辱》）

例（1）和（2）中"为"都用于描写句的主体及其特征之间，语义已虚化，仅限于句法上的联系功能，实属系动词用法。同理，例（3）中"为"字用于判断句前项和后项之间，语义虚化，只承担句法联系作用，等于系词。

（五）作介词

《荀子》中"为"作介词，主要表示原因和目的。如：

（1）是以不诱于誉，……不为物倾侧。（《非十二子》）
（2）（故）士君子不为贫穷怠乎道。（《修身》）
（3）（彼）将为天下生民之属长虑顾后而保万世也。（《荣辱》）

例（1）、（2）和例（3）中的"为"字都属于介词用法，连同所带宾语一起表示谓词的各种属性，其中前两者表原因，后者表目的。当介词"为"的宾语为动词或形容词时，一律名词化，如例（2）中"贫穷"为双音形容词，因作"为"的宾语而名词化，属于临时活用。

## 二 "有"的名物化

同"为"字处理方法一样，我们根据王引之（2014：59—62）等经典辞书关于"有"字用法的概括，结合《荀子》前24篇所出现的607例

---

① "足以"被《现代汉语词典》定性为动词"完全可以"（2005：1819）。

"有"字用例（见表1），将"有"字用法进行了重新分类，主要包括：1）作及物动词，表"持有"或"领有"；2）作不及物动词，表"存在"或"出现"；3）作副词，表示（在频次、性状或进程等方面）"程度上有所增加"；4）作连词，同"又"；5）作附着成分，无义，表"语法意义"；6）作代词，表不确定实体（前24篇无实例）。

（一）作及物动词，表"持有"

在这种情形下，当"有"字短语作小句的主宾语、或作中心语的定语时，都会有名词化现象发生。如：

（1）有欲无欲，异类也，生死也，非治乱也。（《正名》）

（2）知有常法之为一俗也。（《君道》）

（3）故仁人之用国，非特将持其有而已也，又将兼人。（《富国》）

（4）此其（成汤）所以代夏王而受九有也。（《解蔽》）

（5）故有社稷者而不能爱民……，而求民之亲爱己，不可得也。（《君道》）

例（1）和（2）中"有欲""有常法"都为动宾短语，都在句中作主语，都整体名词化，其中"有"字失去时间限定特性，属于非定式谓词。例（3）和（4）中"有"字都不带宾语，但根据句义选择限制可知，"有"字发生了名词化，转指其领有物；其中"九有"转指"九州"已经词汇化，成为永久名词。例（5）中的"有"字短语作中心语"者"的定语，"者"为转指标记，指"有"字短语的施事，整体名词化，其中"有"字成为非限定性谓词。

此外，当"有"的宾语由动词充当时，动词发生名词化，如：

（6）皆有可也，知愚同；所可异也，知愚分。（《富国》）

（7）（故）有司不劳而事治。（《君道》）

例（6）中"有"的宾语为动词"可"，发生名词化，根据上下文义可知，自指"认可"行为本身，属临时用法。例（7）中"有司"属动宾结构，动词"司"作动词"有"的宾语而名词化，自指行为或活动本身；同时，"有司"又作小句主语，整体名词化，转指从事该活动或行为的施事。"有司"是动词短语无标记转指名词化的经典例词，已被《现代汉语词典》收录（2005：1654）。

（二）作不及物动词，表"存在"或"出现"

"有"表"存现"，其逻辑主语为无生命的实体，如时间、地点或者抽象空间或概念范畴等，句法上表现为倒装句。当其逻辑主语为非名词形式时，常常发生名词化。如：

（1）有天有地，而上下有差；明王始立，而处国有制。(《王制》)

（2）故以诈遇诈，犹有巧拙焉。(《议兵》)

（3）古有万国，今有数十焉。(《君道》)

以上"有"字都表示存现，各句的逻辑主语都是无生名词。例（1）中的"差"和"制"都是谓词，都发生了名词化，其中，"差"自指该性质的状态；"制"转指行为的工具，成为永久性名词。例（2）中"有"的逻辑主语"巧拙"为形容词，发生名词化，自指具有该品质本身。例（3）中"有"的逻辑主语为数词短语"数十"，在此也发生名词化，转指其主体"国家"。这些名词化大都属于临时活用。

（三）作副词①，表示"递进"关系

我们不同意"有"通"又"的观点，因为所谓"又"，其实是"有"字的一种引申用法，即在原有数量上继续持有或增有之义，大致相当于"又有"。这种用法主要表示在频次、性状等方面的进一步动态变化。如：

（1）不然而已矣，有掎絜伺诈，权谋倾覆，以相颠倒，以靡敝之。(《富国》)

（2）天子者，执位至尊，无敌于天下，夫有谁与让矣？

---

① 黄珊（2004：50）称为关联副词，"关联两个有进层关系的成分，强调后者在语义上是前者的深入铺叙"。

　　(《正论》)

　　　　(3) 孰能有与是斗者与?(《王制》)

以上 3 句中"有"字都是副词,例 (1) 中用在两个小句之间,表示事件
性状恶化之义,相当于"而且";例 (2) 和例 (3) 两例中都用于疑问
句,虽然前者用在疑问词之前,后者用在介词短语之前,其实都是用于
"与事"之前,都表示比较对象的频次叠加,相当于"又有"。"有"作
副词,与名词化无关。

　　(四) 作连词①,表示"叠加"关系

　　"有"作连词,其实跟作副词在语义上是一致的,即都表示在原有数
量上继续增有。不同的是,"有"字在作连词时常常联系两个性质相同的
名词,而且在实际使用中对它们的位置顺序存有方向性规定,将数值大
的数目放在"有"之前,数值小的数目放在后面。如:

　　　　(1) 以为好丽邪?则夫人行年七十有二,翽然而齿堕矣。(《君
道》)

"有"作连词用例并不多见,例 (1) 是为数不多的一例,其中"有"字
表示并列相加之义,相当于"另有"。但不得说成"二有七十"。

　　(五) 作附着成分,表语法功能

　　所谓"附着成分"②,主要是指该词的语法地位比词要低,但又要高
于词缀,表现为在语义上基本虚化,依赖于所组配的其他词语;在句法
上承担固定的功能。"有"字常常放在一些实义动词前面,自身语义弱
化,借助后接动词来表示行为或动作概念,但可以帮助后接动词在句中
实现体 (aspect)、语态 (voice) 及语气等形式功能。如:

---

　　①　黄珊 (2004: 94—95) 视为"并列连词",用于"连接体词或体词性词组,表示人、
事、物之间的并列关系","此类连词指连接词、词组,不连接分句","有连接的是整数和零数,
故不能对换"。

　　②　参看前文对"者"字语法性质的定位。

（1）老子有见于诎，无见于信。(《天论》)

（2）凡论者贵其有辨合，有符验。(《性恶》)

（3）凡人之盗也，必以有为，不以备不足，则以重有余也。(《正论》)

例（1）中"有"字和"见"字组合使用，语义内涵主要由"见"承担，"有"字动词特性弱化，演变为虚化动词①，或者附着成分，主要作用限于满足句法要求，此处表示动作完成体"已经做到"。同理，例（2）中两个"有"字也都分别与动词"辨合""符验"组合使用，"有"字自身弱化为轻动词或黏着成分，满足句法要求，此处表示被动语态"可以被"。例（4）中两个"有"分别与动词"为"和"余"组合，"有"字弱化为虚化动词或黏着成分，表示动作的完成体；其中"为""余"在句中都发生了转指名词化，而且以永久性名词进入词库。

　　"有"字的这种语义弱化、句法功能固着化的用法，王引之（2014：61—62）称为"语助"或"属词"。王引之（同上）所说的"语助"用法涵盖面更加广泛，不仅包括"有"字用于动词前面的情形，而且包括用于形容词和名词前面的情形。黄珊（2004：120）也注意到"有"字用于名词前面的现象，并称为"结构助词"，认为其主要作用在于"衬音"，帮助单音名词形成"复音词"。我们认同"有"字用在名词前的"衬音"作用，同时认为，"有"字还兼具句法功能，相当于"者"字的存格用法，强调存在。此外，"有"字还有用于形容词前的实例，我们认为其作用等同于动词前面的情形。如：

（4）昔者武王伐有商，诛纣，断其首，县之赤斾。(《正论》)

（5）有人也，不能此三技，而可使治三官。(《解蔽》)

（6）故万物虽众，有时而欲无举之，故谓之物。(《正名》)

（8）血气筋力则有衰，若夫智虑取舍则无衰。(《正论》)

例（4）中"有"字和专有名词"商"组合，其作用在于确认"商"的

---

①　虚化动词的语义演变可参看张爱朴（2015：173—176）。

既有存在，发挥明示强调作用。例（5）和例（6）中"有"字后接普通名词"人"和"时"，"有"字作用不仅在于凑足音节，主要作用在于强调现实存在，相当于现代汉语的"有的"。其中"有时"现在已经词汇化，进入词库，而"有人"的概念现在演变为短语"有的人"或"某些人"。例（8）中"有"和形容词"衰"组合，"有"字弱化为虚义动词或黏着成分，表示可能性。

### 三　小结

通过以上对动词"为"和"有"的相关结构的考察，我们发现两者在名物化方面存在共性，也有一些差异。共性主要表现在，两者的自身名词化都是在主宾语位置上实现的，失去时间限定特性的部分名物化也都是在从句谓语位置①上获得的，在担任谓语时对相应主宾语位置上的非名词成分的名词化都施加一定影响，都发展出虚化动词用法从而对后接动词的名物化形成影响等。不同点主要表现为，"为"字自身名词化有两种形式，一是自指行为本身，还可转指行为的正向结果"作为"；"有"字自身名词化只有一种形式，即转指"领有物"或"所有物"，当然还有一种特殊形式，即用于专有名词"九有"。此外，"为"字发展出介词用法，对介词宾语名词化提出要求；发展出系动词用法，对形容词表语没有影响，但对判断句的前后项的同一性结构的名词性提出要求。"有"字发展出类似于存格"者"的用法，用在特殊名词前表示强调。

## 第二节　零标记形容词名词化

参照动词选取办法，我们首先确定了 20 个常见形容词（见表7—2），然后根据它们的出现频率选出频率最高的前 5 名，再经过价值权衡，最终决定将"明"和"利"作为重点研究对象，较为系统地考察形容词及其短语的名词化情况。

---

① "有"和"为"带宾语构成动宾结构再作句子的主宾语，我们视为从句的变体形式。

表7—2　　　　　《荀子》前24篇常见20例形容词的分布统计

| 形容词 | 是 | 非 | 贫 | 富 | 贵 | 贱 | 知 | 愚 | 善 | 恶 | 利 | 弊 | 贤 | 高 | 正 | 邪 | 明 | 暗 | 长 | 短 |
|---|---|---|---|---|---|---|---|---|---|---|---|---|---|---|---|---|---|---|---|---|
| 共计 | 869 | 273 | 39 | 63 | 143 | 61 | 375 | 46 | 163 | 168 | 177 | 2 | 99 | 43 | 110 | 66 | 209 | 22 | 85 | 14 |

## 一　"明"的名词化

我们在梳理传统经典辞书的基础上，将"明"字用法重新概括为十类：1）形容词，表"明亮、光明"；2）形容词，表"显明、不隐蔽"；3）形容词，表"今之次"；4）形容词，表"眼力好的、看得清楚的"；5）形容词，表"聪明、英明"；6）形容词，表"与祭祀有关的"；7）名词，表"光亮"；8）名词，表"视力"；9）动词，表"明白、清楚"或"彰显"；10）副词，表"明显地、明确地、聪明地"。

"明"在《荀子》前24篇中共计出现209例（含12例引语用例），下文就以上十种"为"字用法中涉及的名物化现象分别考察。

（一）作形容词，表"明亮的、光明的"

根据《说文解字》，"明"字本义为"照"，从"月"从"囧"（许慎，1979：175）。作形容词，表"明亮的、光明的"，应该是"明"的本义。《荀子》中"明"字的本初用法，前24篇共计6例，悉数列举如下：

（1）在天者莫明于日月，在地者莫明于水火，在物者莫明于珠玉，在人者莫明于礼义。（《天论》）

（2）天地以合，日月以明。（《乐论》）

（3）（夏首之南有人）明月而宵行。（《解蔽》）

例（1）中4例"明"字在句中作谓语，例（3）中"明"字作名词"月"的定语。例（2）中"明"字作动词"以"的宾语，具有指称性，发生了名物化，自指该状态自身。

（二）"明"作形容词，表"显明、不隐蔽"

"明"字众多用法中，作形容词表"显明、不隐蔽"的这一义项与其本义关联度最高。《荀子》前24篇中"明"字这一用法大约共计62例，绝大多数在句中承担谓语，其他作宾语、主语以及定语的实例合计不到

总数的四分之一。其中,"明"字作主宾语时发生名词化（计 13
例），如:

   （1）主道治近不治远,治明不治幽,治一不治二。（《王霸》）

   （2）（故）明者,礼之尽也。（《礼论》）

   （3）虚壹而静,谓之大清明。（《解蔽》）

   （4）微风过之（盘水）,湛浊动乎下,清明乱于上。（《解蔽》）

例（1）中"明"字作动词"治"的宾语,依据上下文义可知,语义发
生了转指,临时转指"处于显明状态的政务"。例（2）中"明"字作主
语,发生名词化,自指自身状态,后接自指标记"者"① 字。例（3）和
（4）中"明"和"清"组成双音词,分别作宾语和主语,都发生了名词
化,根据句义选择限制可知,前者属于自指,后者转指"盘中清明之
水",两种都属临时活用。

   （三）"明"作形容词,表"今之次"

   据考察,《荀子》前24篇中"明"字没有表示"今之次"的用例。

   （四）作形容词,表"眼力好的、看得清楚的"

   "明"字这一义项在《荀子》前24篇中共计5例,其中4例承担句
子谓语,1例作定语,都没有名词化现象发生,如:

   （1）目不能两视而明,耳不能两听而聪。（《劝学》）

   （2）是聪耳之所不能听也,明目之所不能见也。（《儒效》）

例（1）中"明"作谓语,例（2）中作主语,性质没有变化。

   （五）作形容词,表"聪明、英明"

   根据"明"字众多义项之间的逻辑关联,我们推测,"明"字的语义
发展路线大致分两条,一条以自然光照的亮度引申开来,如由本义"明
亮、光明"发展出"显明、不隐蔽",发展出"今之次",发展出名词的

---

   ① 其实也可以理解为存格,但在自指标记和存格标记双重属性兼具情形下,我们以自指标
记优先。

"光亮"以及动词"彰显"等义项；另一条以认知主体的视觉引申开来，比如由本义"明亮、光明"发展出"看得清楚的、视力好的"，进而发展出"聪明的"或"英明的"，再发展出名词"视力、视觉"以及动词"清楚、明白"，乃至与"祭祀相关的"等义项。单就本义项而言，"英明"显然比"聪明"更加抽象，因为已经由感知觉能力提升到思维能力了；而"聪明"也很大可能是由感觉能力"看得清、视力好"发展而来。

《荀子》前24篇中"明"字表"聪明、英明"义大约69例，它们绝大多数在句中作谓语，少部分作定语、宾语及主语等。其中作主宾语（18例）时，"明"字发生名词化。如：

(1) 有兼听之明，而无矜奋之容。(《正名》)

(2) (天下者) 至众也，非至明莫之能和。(《正论》)

(3) 聪明圣知，不以穷人。(《非十二子》)

(4) 仁厚兼覆天下而不闵，明达用天地、理万变而不疑。(《君道》)

(5) (百姓) 亲之如父母，畏之如神明。(《强国》)

例 (1) 中"明"字作宾语，带有限定成分"兼听之"，发生了名词化，根据语义选择限制可知，属于自指，未进入词库。例 (2) 中"明"表"英明"义，句中作主语，实现自指名词化，指"英明"这种能力本身；受"至"限定后一起发生转指，临时指具有该能力的人，实现二次名词化。例 (3)、(4) 和 (5) 中"聪明""明达""神明"都是双音词，因为其整体意义都属于思维能力范畴，而分开后的意义只能属于感知觉能力范畴，可以视为词汇化了。其中"聪明"和"明达"实现自指名词化，指该思维能力本身；"神明"属于转指，临时指具有该能力的主体。

(六) 作形容词，表"与祭祀等有关的"①

"明"字的这一用法，《荀子》前24篇中共计4例，悉数列举如下：

---

① 王力 (2000：428) 将"明"视为"指与祭祀有关之物"，章诗同 (1974：172) 和张觉 (1995) 持有相近观点。

（1）若是，则虽为之筑明堂于塞外而朝诸侯，殆可矣。(《强国》)

（2）略而不尽，……明不用也。象徙道，又明不用也，……明器貌而不用。(《礼论》)

4例"明"字中两例作定语，两例作主语，后者转指祭祀活动，实现名词化。我们认为，"明"字这一用法当是由"彰显"义专用而来，体现出语言的规定性。

（七）作名词，表"光亮"

"明"字的名词用法，王力（2000）和《现代汉语词典》（2005）都只列出其转指"视觉"或"眼力"的义项，对自指名词与形容词不加区分。《现代汉语词典》列出"明"字的"光明"义项，但不标注词性，所举用例既有含名词性质的"弃暗投明"，也有含形容词性质的"明人不做暗事"。王力（2000）也列出"明"字的"明亮、光明"义项，也不标注词性，所举实例也是两者并举。我们认为，"明"字形容词表示事物的形态（参看杨伯峻、何乐士，1992：179—180），而名词侧重事物本身或一种现象，两者区别明显，前者用于陈述，后者用于指称，前者属于谓词，后者属于体词，至少须要承认，这些自指的"明"字都具有名词性，实现了名词化。《荀子》前24篇表"光亮"义形容词"明"发生名词化用例共计5例，其中3例为单音词，2例为复音词"光明""清明"。如：

（1）天见其明，地见其光，君子贵其全也。(《劝学》)

（2）以微知明，此之谓也。(《非相》)

（5）明参日月，大满八极，夫是之谓大人。(《解蔽》)

（3）故日月不高，则光明不赫。(《天论》)

（4）故其清明象天。(《乐论》)

以上5例"明"字都发生了名词化，都属于自指。其中例（1）和（2）中两"明"字都作宾语；后3例中"明"字都作主语，"光明"和"清明"都属于合成词。

（八）作名词，表"视力""视觉"

"明"字这一用法已经被辞书收入为义项，虽未标明其名词属性，但基本属于默认①。与"明"字的"光亮"名词用法相比，两者属于不同的语义发展路线，"视力"或"视觉"与认知主体有关，与"明"的初始语义相去较远，因而被视为不同的义项。这意味着"明"字的这种名词化属于真正的名词化。《荀子》前24篇含"明"字该义项的用例共计3例，悉数列举如下：

  （1）耳目之明，如是其狭也。（《君道》）
  （2）夫可以见之明不离目。（《性恶》和《性恶》）

以上3例（后两例一型）"明"字都在句中作主语，其中后两例中"明"字都带有定语从句"可以见之"。3例"明"字都是形容词"看得清楚的"发生名词化，自指该能力自身，引申为"视觉"或"视力"。

（九）作动词，表"明白、清楚"；表"使得……彰显"

形容词"明"的语义发展路线有两条，一是以事物本原为基础，二是以认知主体为参照。两条路线都发展出形容词动词化用法，前者的语义为"彰显、得以彰显"，后者的语义为"明白、知晓"。在实际使用中，"明"字的两种动词用法也都有名词化现象发生，其句法环境依然是在句中充当主宾语，包括介词的宾语。在《荀子》前24篇中"明"字形容词动用的实例共计约41例，其中发生名词化的约15例。由于动词名词化前文已经探讨，此处只作简单介绍。如：

  （1）遇敌决战必道吾所明，无道吾所疑。（《议兵》）
  （2）夫耀蝉者，务在明其火，振其树而已。（《致士》）

例（1）中"明"为动词表"明白、知晓"义，作动词"道"的宾语而发生转指名词化，指动作行为的结果"掌握的知识或信息"。其中"所"

---

  ① 《现代汉语词典》（2005：955）列出"明"字"视觉"义项，未注词性；但在"视觉"词条下标注为名词（同上：1248）。

字为转指标记,省去后语义不变,两者区别在于,"所"字可以消去歧解。例(2)中"明"字动词化,表"彰显或得以彰显"义,而且都带有自己的宾语,整体作宾语,其中动词"明"只是去谓词化,成为非限定性谓词。

（十）作副词,表"明显地、明确地、聪明地"

形容词"明",有时用于修饰一些动作,虽然汉语不体现形态变化,但词性已经发生变化,多用于说明动作的程度、方式等。《荀子》前24篇中,大约有3例"明"字作副词。悉数列举如下:

> （1）循其旧法,择其善者而明用之,足以顺服好利之人矣。（《王霸》）
>
> （2）不官而衡至者,君子慎之,闻听而明誉之,定其当而当。（《致士》）
>
> （3）圣人明知之,士君子安行之,官人以为守,百姓以成俗。（《礼论》）

例（1）和（2）中两"明"字分别修饰动宾短语"用之"或"誉之",表明其方式为"明确、公开地";例（3）中"明"字修饰动词短语"知之",表示其程度为"清楚地"。

## 二 "利"的名词化

参照"明"字的用法概括,我们重点依据王力（2000）和《现代汉语词典》（2005）关于"利"字所列的各种义项,参照词义及词义引申、词性、以及简约化等原则,将"利"字用法归纳为六类:1）形容词,表"锋利、锐利";2）形容词,表"顺利、便利";3）名词,表"财利、利润";4）名词,表"利益、助益";5）动词,表"使……有利"或"以……为利";6）其他用法。

（一）"利"作形容词,表"锋利、锐利"

依据《说文解字》,"利"字同"铦","从刀从禾",其本义为形容词,表"锋利、锐利"。《荀子》前24篇中"利"字的本义用法仅有8例,约占总数177例的4.5%。"利"在句中主要作表语或定语,作主宾语时发生名词化。如：

> （1）钝金必将待砻厉然后利。(《性恶》)
> （2）（故仁人之兵）兑则若莫邪之利锋，当之者溃。(《议兵》)
> （3）故坚甲利兵不足以为胜。(《议兵》)
> （4）螾无爪牙之利，筋骨之强。(《劝学》)
> （5）虽有戈矛之刺，不如恭俭之利也。(《荣辱》)

例（1）和（2）中"利"字均为本始用法，分别作表语和定语。例（3）中"利"也作定语，但中心语已非具体名词，词义泛化引申。同理，例（4）和（5）中"利"字也都发生词义泛化，前者作宾语，后者作介词宾语，都发生了自指名词化。

（二）"利"作形容词，表"顺利""便利"

《荀子》中"利"字语义引申非常广泛，除标题所列"顺利""便利"两个义项外，还有"敏捷""吉利""重要"等。在前 24 篇中"利"作形容词表非"锋利、锐利"用例 20 例，其中 5 例在句中承担主宾语而名词化。如：

> （1）宜于时通，利以处穷，礼信是也。(《修身》)
> （2）尚完利，便备用，……，工师之事也。(《王制》)
> （3）（鄙夫）烦劳以求安利，其身俞危。(《儒效》)
> （4）兵之所贵（者）执利也，所行（者）变诈也。(《议兵》和《议兵》)

例（1）中"利"作主语而名词化，根据句义选择限制可知，自指性状自身，属于临时活用。例（2）中"利"作宾语而名词化，临时自指。后三例中"利"字与"安"或"势"组成双音词，因在句中作宾语或判断句后项而整体名词化，都已词汇化；根据句义可知，其中"利"字语义自指。

（三）"利"作名词，表"财利""收益"

"利"字这种用法，王力（2000：69）和《现代汉语词典》（2005：

840）都注明名词词性。我们认为，"利"字的这一义项其实是形容词"利"字发生自指名词化的进一步延伸所致，当性状主体由金属物质延伸到非金属物质，再进一步延伸到经济类物质时，性状自身由抽象名词"锋利、锐利"逐渐演变为具体名词"财利、利润"了，从而名词化类型也由对性状自身的自指演变为对经济类物质的性质特征的转指，其中人们的积极情感因素发挥着推动作用。由于具体名词"财利"与形容词"锋利"相去较远，逐渐发展为"利"字的一个稳定而又独立的义项，并进入人们的日常概念范畴。这两个义项在现代汉语中各自独立成词，"财利"被认定为名词；而"锋利"则仅限于形容词，作名词时属于自指名词化，视为临时活用。

　　《荀子》前24篇中"利"字作形容词，表"财利、利润"义的用法共计50例，它们都是形容词"利"的主体延伸至经济类物质后所形成。如：

　　　　（1）其固塞险，形埶便，山林川谷美，天材之利多，是形胜也。（《强国》）
　　　　（2）若是则有何尤抇人之墓，抉人之口而求利矣哉！（《正论》）
　　　　（3）争饮食，……牟牟然惟利饮食之见，是狗彘之勇也。（《荣辱》）

例（1）中"利"作主语，转指"天材"的"收益"。例（2）中"利"作宾语，转指"抇人之墓"的"收益"。例（3）中"利"与"饮""食"三者一起作后置动词"见"的宾语，转指与后两者并置的对象"财利"。

　　（四）"利"作名词，表"利益，助益，利禄，安危"

　　"利"的"财利、收益"义项，进一步泛化形成"利益""助益"、"利禄"及"安危"等更加抽象的义项。《王力古汉语词典》和《现代汉语词典》对"利"字的这种引申用法都予以了收录，但都没有标注词性，其原因可能还是跟形容词的自指名词化及过于抽象有关。我们认为，这些"利"字的抽象用法与名词"财利、收益"关联密切，是该名词用法的进一步引申和泛化，属于名词再度名词化。《荀子》前24篇含这种进一步泛化的名词"利"字共计46例，它们与"财利、收益"的边界颇为模糊，如：

(1) 身劳而心安，为之；利少而义多，为之。(《修身》)

(2) 将以为利邪？则害莫大焉。(《荣辱》)

(3) 事业所恶也，功利所好也，职业无分。(《富国》)

(4) 故无分者，人之大害也；有分者，天下之本利也。(《富国》)

例(1)中"利"与"义"同为小句主语，语义相对，指"利益"，即物质方面的收益，不限于"财利"；例(2)中"利"字作宾语，语义与"害"字相对，指"安危"，即生命财产的安全；例(3)中"功利"一起作主语，其中"利"指与功名相对应的"利禄"；例(4)中"本利"为判断句的后项，其中"本"指"本金"，"利"指"利益"，两者一起表示"根本利益"。

此外，"利"还可以指"平安""胜利""实惠"等其他利益形式，如：

(5) 恭敬，礼也；调和，乐也；谨慎，利也；斗怒，害也。(《臣道》)

(6) 以安国之危，除君之辱，功伐足以成国之大利，谓之拂。(《臣道》)

(7) 正利而为谓之事。正义而为谓之行。(《正名》)

例(5)中"利"字为判断句后项，指"平安"或"安顺"之义；例(6)中"利"表"胜利"或"战利"义；例(7)中"利"泛指各种"利益"。

(五)"利"作动词，表"使有利"；表"以为利"

"利"作为形容词，其语义发展沿着两条路线延伸开来，其一是有关事物本身的特性，其二是有关认知主体的体验或感受。形容词"利"的动词化，也衍生出两条路线，大致与其形容词的语义发展相对应，其一为利他性的，即"使……有利"；其二为利己性的，即"以……为利"。《荀子》前24篇中"利"字的动词用法共计49例，利他性的和利己性的两种类型都存在，如：

(1)（及至其致好之也）心利之有天下。（《劝学》）

(2) 不赂贵者之权势，不利传辟者之辞。（《正名》）

(3) 不利而利之，不爱而用之者，危国家者也。（《富国》）

例（1）中"利"作动词，属于利己性行为，表"以……为利"义，动词短语"有天下"作"利"的宾语，也是该行为的对象或者体验来源。例（2）中"利"字是利他性动词，表"使……有利"义，"利"字宾语为"传辟者之辞"，"利"为"帮助传播"之义。例（3）中两例"利"字都是动词，前者属于利他性行为，表"造福"义；后者属于利己性行为，表"获利"之义。

"利"字的动词义项，经典辞书（《王力古汉语词典》和《现代汉语词典》）都有收录，但都不标明词性，似乎存在活用或者临时用法之嫌。我们考察发现，"利"字动词语义虽然可以分为利他和利己两种类型，但也确实存在不确定性，既可以视为是其形容词义"顺利""便利"动词化所致，也可以通过"利"的名词义"财利""利益"等动词化而得以解释。但无可否认，"利"字动词用法（49例）占其总体用例（177例）的四分之一强（27.68%），明显高于其作为形容词的28例（本义8例与引申义20例之和）。因此，"利"字的动词用法应该得到确认。需要进一步指明的是，动词化的"利"字在实际使用中也存在名词化现象，而这种现象很难通过"利"字的既有形容词义或名词义得到解释。如：

(4) 论法圣王，则知所贵矣；以义制事，则知所利矣。（《君子》）

(5)（人君）无爱人之心，无利人之事，而日为乱人之道。（《强国》）

(6) 利而不利也，爱而不用也者，取天下者也。（《富国》）

例（4）中"利"作动词，表利己行为"获利"，在句中作宾语而名词化，"所"字转指"获利内容"。例（5）中"利"表利他行为，在句中带有自己宾语"人"，两者一起作后面名词"事"的定语；其中"利"字失去时间限定特征。例（6）中两个"利"字同属动词，但词义相对，前者表利他行为，后者表利己行为；在句中两者与后面的动词短语"爱而不用"一起作判断句的前项，即句子主语；其中两"利"字都发生了名词化，自指其行为自身，即表示"造福而非榨取百姓"这种政策或行为。以上3例中所有的"利"字本身都属于动词用法，表示利己或利他行为，在句中都发生了程度不同的名词化，其中例（4）"所利"为有标记名词化，转指受事"获利内容"，例（5）和（6）中的"利"字都是无标记名词化，都属于自指。这些名词化的动词，有别于"利"字的既有名词用法或者形容词用法，它们都属于临时活用，经典辞书都不曾收录。

（六）其他用法

《现代汉语词典》（2005：840）列出"利"字有名词表"姓"用法，《王力古汉语词典》（2000：69）记录了"利"字表"痢疾"用法。我们考察发现，《荀子》前24篇没有出现"利"字的上述两种用法，但出现了一些其他特殊用法，如：

　　（1）（陈仲史䲡）忍情性，綦溪利跂，……（《非十二子》）

　　（2）利爵之不醮也，成事之俎不尝也，三臭之不食也，一也。（《礼论》）

　　（3）毋利举爵，主人有尊，如或觞之。（《礼论》）

例（1）中"利"字被解释为"离开"之义，通"离"（章诗同，1974：45—46；张觉，1995：41）。我们认为，"綦溪"和"利跂"两者为并列结构，同为定中短语，句中都发生了语义转指，前者指"深邃的思想"，后者指"离奇的行为"；其中"利"为形容词，表"便利、快捷"，修饰名词化的行为"跂"。例（2）和（3）中两"利"字被解释为"祭祀时献爵于尸的人"（章诗同，1974：207；张觉，1995：193）。我们认同这一解释，但需要进一步解释的是，"利"字的这一用法属于动词转指固着化所致，即动词"利"字表利他行为"帮助"之义，转指施事"帮手"，又用于专指祭祀活动中的专门环节所需人手，约定俗成固着化所致。

### 三　小结

通过对"明"和"利"两个形容词在《荀子》前 24 篇中全部用例的穷尽性考察，我们发现，两词的本始用法都所存有限，相反，它们的引申用法却异常活跃，都衍生出多种词类和义项，词类方面包括名词、动词及二次衍生名词等；每种词类，包括原始形容词，都衍生出多个义项。两词的形容词和动词的词义发展都呈现出两条路线，一是遵循事物本体的性质演变，二是遵循认知主体的感知体验。在使用中，两词都伴随名词化现象的发生，都发展出永久性名词，如"明"发展出"视觉、视力"义，"利"发展出"利益、利润"义等；名词化更普遍的还是临时用法，其中包括自指和转指；转指多发生于形容词动词化后的名词化，常转指动词的受事或结果，有时候带形式标记"所"。此外，两词都发展出用于专职祭祀活动的用法，如"明"表"祭祀"，"利"表该活动中具有特殊身份的人。

## 第三节　名词化的认知理据

### 一　名词化的形式表征

关于名词化，不同学者或理论流派持有不同观点。Quirk 等把名词化定义为"一个和小句结构具有系统性对应而且其中心名词在形态上与动词或形容词存在关联，即去动词性或形容词性的名词性短语"，有时候"这种对应也可以建立在一个抽象或具体名词之上"（1985：1288）。Halliday 将其定义为"语法隐喻的唯一强有力来源，通过这种手段，一致式条件下由动词体现的过程和由形容词体现的特征可以由名词隐喻性的体现。它们不再表示小句的过程和属性，而是表示名词性结构的物质功能"（1994：352）。Matthews 把名词化界定为"名词或行使名词短语功能的句法单位从其他任何单位衍生而来的过程"（2000：244）。Heyvaert 的定义为"在某种层面上包含一个获得重新归类的动词性成分的名词性结构"，"这些结构包括已经由动词范畴跨越到名词范畴的结构、介于动词和小句之间而且中心语为名词的名词化结构，以及承担完全名词性功能的小句结构"（2003：41）。这些诠释虽然彼此存在差异，但究其实质则基本一致。我们可以将其概括为，名词化是一种语言现象，指由其他性质的语言单位改造为中心语为名词性质的语言单位，这些源语单位主要是动词和形容词，但也可以是名词或数词，还可以是小句。限于篇幅，本研究主要关注《荀子》中动词和形容词的名物化。

朱德熙（1983）最早将名词化现象分为自指和转指两类，但对名词化提出了一个限制条件，即必须有"形式标记"。姚振武（1994）研究先秦汉语发现，古代汉语谓词性成分在语义上转指、功能上名词化以及形式上带有标记这三者之间并非简单对应关系，有些谓词性成分不用任何形式标记即可发生转指并且名词化，而有些谓词性成分在具体的句子中已经实现了转指，且无任何形式标记，但从该词语的全部功能来看，这种转指并未最终导致名词化。宋绍年（1998）认为，指称化可以作为衡量名词化的一种尺度，如果把谓词性成分的名词化看作一个过程，那么，自指化仍处于这个过程之中，而转指化则标志着名词化的完成，谓词性成分转指化以后就获得了名词的资格。

我们根据《荀子》前24篇中语料较为系统地考察了"之""其""者""所"四种结构中的名词化及动词"为""有"和形容词"明""利"等常见谓词的无标记名词化。我们发现，转指并不意味着名词化的终结，大量转指只是临时用法，语境依赖性大，固着化程度低，未能获得永久名词资格；而自指也并不代表名词化没有发生，有的自指也得以进入词库，比如动词"为"和形容词"利"的自指义"行为"和"利益"都属于完全名词化。因此，名词化与转指和自指之间不存在简单的对应关系，也与是否带有形式标记没有必然联系，考察谓词性成分的名词化属性，需要另辟蹊径，不能拘泥于两者之间的对立关系。

第一，名词化存在固化程度差异。就谓词性转指而言，可分为临时转指、固定转指和兼类转指。汪大明（2008）基于共时性，采用对某一谓词的各个义项在同一历史时期的使用频率进行分类的方法，考察论证了先秦时期"饮"字转指"所饮物品"属于临时转指；而"执事"的转指用法完全超过其初始谓词用法，可以归为固定转指（参见表7—3）；而有些谓词性成分，虽然因转指而产生了新的名词，但是其谓词性用法仍然大量存在,实际上形成了本用、转指两可共存的兼类词现象(汪大明,2008:70—73)。我们认为,固定转指和兼类转指都是指一个谓词的隶属义项在使用中固着化,成为社会规约性的词库中的成员,其名词化程度都应该得到认可。

表7—3 九部先秦典籍中"执事"用法统计

| 用法 \ 典籍 次数 | 尚书 | 诗经 | 周礼 | 仪礼 | 礼记 | 左传 | 公羊传 | 论语 | 史记 |
|---|---|---|---|---|---|---|---|---|---|
| 动宾词组 | 0 | 2 | 3 | 2 | 3 | 3 | 0 | 1 | 1 |
| 转指 | 2 | 0 | 9 | 9 | 8 | 35 | 2 | 0 | 4 |

(引自汪大明,2008:72)

第二,名词化的自指和转指并非截然对立。传统语法认为,谓词转指主要指谓词转指事件过程中的参与者,即各种论元角色;而自指是指谓词指称事件过程本身。其实,动词的论元角色在认定方面存在很大的主观性。认知语言学认为,每一个动词都界定了一组反映其语义特征的参与者角色,而语义角色则是对各种各样的具体事件中的参与者进行抽象的结果。任何共同点都可以成为一个角色图式的基础,而且图式化过程无所谓程度限制,因此语言描写过程中语义角色不可能完全一致、固定不变(Langacker,1991:284)。朱德熙(1983)和姚振武(1994)对谓词转指的讨论主要限于谓词性成分所蕴含的"施事""受事""与事""工具"四种论元。这些论元具有一定共性,即大都由具体名词充当。认知语法认为,语义角色是先语言的概念结构,来自人们的日常体验,动词论元不应排除由抽象名词充当的论元,如目标、路径、方式、原因、条件等。我们认为,动词转指这些更为抽象关系的论元虽然不是转指范畴的典型成员,但也不应一概划归自指范畴,如:

(1)以顺为正者,妾妇之道也。(《孟子·梁惠王下》)

(2)昔者吾友尝从事于斯矣。(《论语·泰伯》)

(3)见其可欲也,则必前后虑其可恶也者;见其可利也,则必

前后虑其可害也者。(《荀子·不苟》)

以上 3 例，朱德熙（1983：26—27）认为句中"者"字都是自指。其实分析可知，例（1）中"者"字不是严格意义上对事件本身的自指，而是指事件的处理方式；例（2）中"者"字语用上固然有满足音节需求的作用，但语义上绝非对名词"昔"的简单自指，更大可能是对"昔"的上位概念的转指，强调"昔"在整个时段中的所处区域。例（3）中两"者"字也并非简单对前述事件的自指，而是和"则"字一起形成对前句的呼应，表"结果"义。

其实朱德熙（同上：31）也注意到，"以'×也者'为主语的句子总是包含着对上文已经提到的事情进行解释的意味"，他据此推断，"者s"有可能同"者t"一样也是提取主语的，甚至进一步假设"者s有可能是"者t"的一种特例"。吴怀成和沈家煊（2017）认同朱德熙（1983）关于"把自指的'者'和转指的'者'统一解释"的尝试，但否认"者"字的"名词化标记"功能，认为其"转指功能是衍生的"，提出了把"者"字定性为自指性的"提顿复指词"的统一方式。我们赞同"自指"和"转指"的非绝对对立关系，但也不认同两者之间可以互相包含，既不支持朱德熙所说的"自指"为"转指"的特例，也不支持吴怀成和沈家煊所持的"转指"涵盖在"自指"范畴之内的观点。我们认为，"自指"和"转指"都是动词指称化过程中所获得的一种语义角色，都与动词所表示的事件存在关联，它们形成一个连续统，有的语义角色比较具体而直接，如"受事"等，有的比较抽象而间接，如"过程本身"等。

第三，名词化存在有无形式标记之别。谓词名词化，在先秦文献中已经出现形式标记，如"者""所"等，但总体而言，不带形式标记的更为常见，它们主要通过占据句法中的特殊位置而实现。如汪大明（2003）考察发现，先秦时期开始出现谓词转指的形态标记，主要有"用代词'者''所'指称谓词转指对象""用名词将谓词转指对象具体化""用改变文字形体承载转指对象"，以及"用改变读音标明转指功能"四种手段。王梅洁（2010）研究认为，先秦汉语中谓词转指主要是句法转指，词汇转指实例少且规律性弱；"句法化转指"是通过占据句中所处的特殊位置，如"并列结构、对举结构和主宾语位置"而实现的。

　　我们考察《荀子》中的名词化现象发现，谓词转指不带形式标记的用例是主流，但对句法环境存有较高的依赖性，比如常出现于"之""其"等取消句子独立性的结构中，又如常处于小句中的主宾语位置。此外，带有形式标记的谓词转指也已初具规模，发展相对成熟，手段也较为丰富，汪大明（2003）所举四种手段都有体现。需指出的是，尽管谓词转指存在形式化的趋势，但是由于语言发展的渐变性和不平衡性，《荀子》中仍有大量谓词性成分用于转指而不带任何形式标记的实例，甚至存在有标记与无标记两种情形同文共现的情形。关于自指，一般都不带形式标记，但"者"字功能强大，可以强行添加于自指谓词之上而语义不变。但需承认，带有"者"字的自指谓词，其语用功能往往发生变化，如发挥"主题化""焦点化""提顿语气"等作用。

　　第四，谓词名词化存在复杂程度上的差异。名词化现象在词汇和句法两个层面上都有发生，认知语言学（如 Langacker，1987，1991；Hey-vaert，2003；等等）、功能语言学（如 Halliday，1994；Martin，2004）、语言形态学（如 Matthews，2000）、语言类型学（如 Yap 和 Wang，2011）、生成语言学（如 Lees，1963；Chomsky，1970）等对名词化的研究内容也都覆盖上述两个方面。高航（2009b：10—11）依据认知语法，结合现代汉语名词和动词之间的内在关系，将名词化视为概念物化的结果，概念物化的作用对象是动词表示的过程。他认为，无论是光杆动词、动词短语、还是限定小句，它们在不同的概念组织层面上都可以发生名词化。吴怀成（2011：39—46）基于范畴化理论，提出指称化是一个连续发展的过程，动词的指称性具有等级差异。他把动词的指称义分为概念指称义、具体事件指称义、类事件指称义和物化事件指称义，而这些指称义分别对应于动词向名词功能漂移的不同阶段。我们认为，有标记的名词化，不论自指还是转指，认定起来都比较容易达成共识；而没有标记的名词化，尤其是短语名词化或小句名词化，往往需要在更高级的概念组织上方可获得彰显，因而认定起来更加复杂。

　　综上所述，名词化是一个具有原型特征的语法范畴，其成员之间存在程度上的差异。就先秦汉语而言，谓词性转指构成名词化的典型成员，即便如此，它们也可分为临时转指、固定转指和兼类转指三种次属范畴。名词化自指和转指之间并非截然对立，两者的所指就抽象程度而言实则构成一个连续统。名词化存在有无形式标记之别，无论转指或自指，在先秦时期都已经出现了无标记名词化的分化形式，而且手段多样，不少用例发生固着化并进入词库。谓词名词化存在复杂程度上的差异，形态句法上表现为词汇、短语及小句名词化，语义上表现为概念指称义、具体事件指称义、类事件指称义和物化事件指称义，语义和语法之间存在一定对应性。

## 二 名词化的语义基础

传统语法以亚里士多德的范畴说为理论基础（姚振武，1996）。亚氏的范畴说认为，现实世界分为十个范畴，即本体、数量、性质、关系、地点、时间、姿态、状况（具有）、动作、遭受。其中"本体"范畴占有特殊位置，指称现实世界中不依赖于其他任何事物而独立存在的各种实体及其所代表的类，其他范畴都是本体的属性，都存在于本体之中。这种关系反映到语言结构中，就是本体表现为主语，本体的属性（其他九个范畴）表现为谓语，从而构成一个命题。因此，主语总是和名词相联系，谓语总是和动词、形容词相联系。这些观点构成传统语法的基础。姚振武进而认为，谓词性成分（动词、形容词）通过一定的途径（加或者不加形式标记）可以实现由陈述到指称的转变。姚振武以"施事—动作—受事"这种最典型的语义关系为基础探讨了动词及动宾结构如何从中发生名词化并指称与它们有关的成分。姚振武发现，这些被指称的成分可以还原为亚氏范畴说中的本体成分，而动词及动宾结构可以还原为本体的属性，而这种"本体与属性"的关系正是动词及动宾结构"既可以陈述主语、又可以名词化后指称主语"的真正原因（同上：31—33）。

徐盛桓（2001）就名动转用的语义基础进行了哲学探讨，提出了"名动互含"假说，即从语义上说，一方面"名词的语义内容含有若干表动作的语义成分"，另一方面"动词的语义内容也含有若干表事物的语义成分"（同上：18）。这一假说的哲学基础是"运动"同"物质"的不可分离性。"'运动'指事物的变化移动，包括宇宙间万物所发生的一切变化和过程。运动是物质的存在形式及其固有属性，物质是不能脱离运动存在的；反过来，运动也不能脱离物质而发生。而自然界和社会上的一切事物和现象，都是'运动着的物质的各种不同的表现形态'"（参看

《辞海》，1999 年版）（同上：18）。据此，徐盛桓认为，动作里可感知事物，事物里也可以感知动作，或者说动作里隐含了事物的存在，事物里也隐含动作过程。就语言范畴而言，指称事物的名词和表示动作的动词分别含有表示动作和指称事物的语义成分。徐盛桓进一步指出，"名动互含"在多数情况下指的是一类名词或一类动词分别含有表一类动作或一类事物的"类"语义成分（同上：18—19）。徐盛桓（同上）的讨论对象主要是名词转用作动词这类现象，但他的"名动互含"假说是包含动词转用作名词的情形在内的。对动词和名词两大范畴的语义基础而言，徐盛桓的"物质"和"运动"不可分离说与姚振武的"本体"和"属性"关系说，两者的理据彼此相通、异曲同工。

相对于哲学，认知语言学对语言结构理据性的考证更为深刻、细致和系统。认知语言学认为，语言世界并非完全直接对应于现实世界，两者之间存在一个人类认知所形成的概念体系。因此，语法不是一个自足的系统，它受现实规则和人们认知能力的影响；语法结构的理据性不在语言内部；语法和语义密不可分，语法规则和语义结构之间存在对应关系（石毓智，2000：17）。就名词化而言，认知语法持有更加开放的态度，汉语界传统观点所排斥的句子主宾语位置的谓词自指、临时转指以及借助上下文形成的对抽象论元的转指都被纳入该范畴成员，此外，关系小句和同位语小句也被视为名词化现象。如此包容的举措主要基于以下认知基础：

1）认知语法的原型范畴观，即名词范畴不应看作一个封闭的集合，而是由固化程度不同的象征结构组成的网络。在认知语法中，名词被定义为事物，是作为一般认知能力的概念物化的产物（Langacker，1987a；1987b）。名词范畴的典型成员是物理实体和抽象实体（如思想、感情）概念化为事物后成为该范畴的非典型成员，活动或事件概念物化后同样成为该范畴的成员，只是位于范畴的边缘区域而已。传统观点认同的已经进入词库的谓词转指（有无标记不再作为判定标准）构成了次属范畴派生名词的典型成员，而没有进入词库的临时转指则为次属范畴的非典型成员，至于陈述指称化的自指及小句名物化都可算作该次属范畴的边缘成员。

2）认知语法的词类识解观：认知语法认为，一个语言表达式所涉及的认知域提供了该表达式的概念内容，但语言意义不仅在于概念内容，更在于人们的识解（construal）。这一概念指人们能够以多种方式或角度来感知和描述同一情景内容，从而产生不同的意义（Langacker，1987a：110）。作为人类一般认知能力的识解，主要包括 5 个方面内容，即具体程度、背景、视角、范围、凸显。至于名词化，主要指句子主宾语位置的谓词自指，认知语法认为，动词是指认知主体把所描写的事件勾画为过程并对过程中的各个成分状态进行顺序扫描的结果；所谓名词化，是认知主体对过程中的成分状态进行总体扫描并物化为一个整体的结果。名词和动词不一定在概念内容上存在差别，而是在识解和凸化概念内容的方式上存在差别。当一组实体通过认知处理建立互联后，名词凸化由此产生的区域，而动词凸化实体之间的互相联系。

3）理想化认知模型（ICM）：认知学家认为，人类的信息存储或加工等认知活动都不是孤立操作的，而是在一定的组织或结构单元中进行的。Lakoff（1987）认为，人们在进行概念表征时常常把客观事物及其各种关系凝结成一些相对简单的认知框架，并以此对客观世界进行以简驭繁的认知和思维操作，他把这些认知框架称为"理想化认知模型"（简称ICM）。由于整体感知的心理作用，处于同一个 ICM 中的实体之间（包括整体与其中成员之间以及成员彼此之间）常常发生彼此转指，即概念转喻。动词在深层的概念语义结构中实际上是一个网络关系，一个动词在语义上联系了不同的参与角色，动词和其所联系的语义角色之间可以形成是一个认知框架，或 ICM，典型的如"施事—动作—受事""施事—动作—工具—受事"等，它们都是从人们日常体验到的情景、活动、事件中抽象出来的语义结构，人们对它们有一种完形的整体性认识。从这个意义上讲，动词表示一种抽象意义上的整体，名词表示抽象意义上的一个自足的部分。动词名化是用关系来转指相关的事物，而关系概念包含相关的事物概念，因此动词名化属于以概念整体转指其中部分的一类概念转喻，属于"始源域包含目标域"的转喻。

### 三　名词化的动因和机制

（一）认知动因

动因，《现代汉语词典》解释为"动机、原因"（2005：328）。Richards 等（1998/2002：298）对英语对应词 motivation 的解释为"影响一个人做某事的愿望的一些因素"。认知语言学对"动因"的外延进行了拓展，其主体对象已不再限于人类。赵艳芳（2001：213）在"认知语言学常用术语对照表"中将"motivation"解释为"有理据性，可论证性，动因"。我们认为，动因属于认知概念，主要指一种语言现象发生的诱发因素，这些因素对该语言现象的发生具有解释力，为其提供理据，但并不具有穷尽性或必然性，只是表示一种可能性。

Du Bois（2014：276—277）认为，语言动因不是唯一的，动因之间存在竞争性，正是动因的竞争性为语法化提供了驱动力，从而使功能性语言结构在实际使用中结晶为模型结构。动因之间彼此竞争却又相互关联，还同说话人使用语言实现交际的目的密不可分，而且在所有语言中对语法的所有环节的影响无时不在。Haiman（1983，1985b）指出，语言加工过程中的动因主要有两个，即象似性（iconicity）和经济性（economy）。象似性，与任意性相对应，指认知主体所感知到的现实形式与语言表达形式及结构之间的相似性，即语言的形式和内容（或者说，语言符号的能指和所指）之间的联系具有理据性和可论证性。张敏（1998：147—148）将象似性动因概括为"当某一语言表达式在外形、长度、复杂性以及构成成分之间的各种相互关系上平行于这一表达式所编码的概念、经验或交际策略时，我们就说这一语言表达式具有象似的性质"。赵艳芳（2000：159—161）具体将象似性（diagram iconicity）细分为顺序象似性、接近象似性、数量象似性、对称象似性、非对称象似性五个次属范畴。

经济原则是语言发展的另一动因，最早由 Zipf（1949）提出，他认为人们在使用语言时总是倾向于付出最小的努力，即人们在交际过程中趋于使用最少量的"既能满足言者完整表达，又能满足听者完全理解"的语符单位（同上：65）。克里斯特尔将其应用于语言研究，"在同等条件下，一种分析法应尽量简短，使用的术语应尽量减少。这一标准能够量化为解决某一问题所使用的形式构件（如符号、规则等）的数目。语言学的大多数领域都或明或暗地使用这一标准。"（Cristal 著，沈家煊译，2000：122）。张敏（1998）认为，语言现象变化的内在促成因素主要就是经济动因。经济原则不一定是组织性原则，但它除了直接作用于语言结构之外，还间接作用于语言的组织，一般表现为抽象原则，即"语言规约化及编码的组织性原则"（同上：197）。经济动因可以解释很多语法变化，如：某些独立的词语若频繁地搭配使用，会使其中某个成分变为黏着语素；独立的词逐渐虚化为语法词；词素变体增多，词汇量不断扩大，从而导致言语表达象似性的减弱；等等。其实，语法正是象似性和经济性两种动因相互作用和影响的结果，前者要求语言表达准确完整，后者要求简单明了，一个语言表达式就是由象似性较强的成分和更具抽象性的符号成分结合在一起形成的复杂结构。因而，使用频率越高的词语往往在形式上比较简短（grammars code best what speakers do most）（Du Bois，1985）。

概括而言，任何一个符号系统的构成都是象似原则和经济性原则相互竞争的产物。一种语言里两种趋势共存，在极大地提高象似性和极大地提高经济性之间达成平衡。先秦汉语名物化主要以无形式标记为主，但存在交际中的歧义或含混障碍，有标记名物化应运而生，并且业已初具规模。这两种语言形式并存的格局，恰恰是语言表达系统两个最重要的动因相互竞争、相互制约及共同影响所致，经济原则诱发无标记名物化盛行，而象似原则满足人们交际中对清晰和准确的需求，从而为有标记名物化提供了动力，两种形式互补共存。

（二）心理机制

现代语法对传统语法的发展与突破表现在很多方面，其中最具价值的地方当属研究视角和方法的更新和改进，因为这会带来有关那些日常问题的新知识、新概念和新体验。名词化，传统语法所进行的描述和解释无疑留下了许多经典的成果，比如名词化的对象多为谓词性成分（主要是动词和形容词及其相应短语），其本质是句中功能由陈述转化为指称（包括自指和转指），其表现形式存在有无标记之别，其程度有是否进入词库之分，等等。现代语法对名词化研究是全方位的推进，首先是范畴成员大大增加，除了典型的谓词性成分外，还吸纳了副词、介词、连词以及其他名词性成分等；其次在方法论层面也受到了当今几大主流语言学流派的关注和参与，如生成语法、功能语法和认知语法都在该领域形成了有影响的成果。基于《荀子》属于先秦汉语的语言事实，以及其中名词化现象所呈现出的对句法环境高依赖性的特点，我们更加关注这种现象的心理加工机制，以便获得更具说服力的解释。

1. 生成语法的解释

Chomsky（1968，1970）认可的名词化主要限于句法结构变化所形成的产物，具体说就是动名词。乔氏词汇观点的实质是反对从语法中得出改变语类的所谓"转换规则"，即不承认名动形等主要语类之间的相互转换，因而主张将派生名词作为名词直接纳入词库，而不是通过转换规则派生于相应的动词、形容词（Newmayer，1986：107）。相比之下，他们将运用句法手段转换得来的动名词结构视为句法要素（Lees，1963；Chomsky，1970）。现代句法理论将原有的生成—转换过程尽量简化，以外部合并（external merge）取代了生成，以内部合并（internal merge）取代了转换，而且将生成过程细化，分成若干层阶（phase）。每个小句的结构至少需要两个层阶才能完成，然后经由内部合并进行调整，形成最终的结构形式。结构式再移交给语音部分和语义部分去处理，前者最后形成人们所说的和所听到的语音表达式（phon）；后者最终产生人们所表达和所理解的语义表达式（SEM）（石定栩，2011：2）。

现代句法理论有关语言结构生成机制的阐释大大简化了生成过程，将主要的句法信息集中在词库里，词库的每个成员都是一整套句法特征的组合，可以充当核心的成分本身都带有明确的词类标记，完全可以充当节点的标签。词和短语分层处理，以短语入句；短语可以是词与词的组合，也可以只有一个核心词构成，但其句法地位都是由核心词决定。换言之，句法过程可以作用于核心词，也可以作用于整个短语。这种简化为动词名化提供了一定的理论基础，动词的词类地位和句法地位得以分开处理，可以从词和短语两个层面进行分析，这样光杆动词和动词短语中的动词的语法特性得以区分。

2. 功能语法的解释

系统功能语言学将语言系统分为是音系层、词汇语法层和话语意义层，这三个层次之间构成象征和被象征或体现和被体现的关系。体现方式大致有两种：1）一致式，即无标记形式；2）非一致式，即有标记形式。其中一致式是指，"语义和语法两个层面最初共同进化而产生的那种关系模式"（Halliday，2007：75），即"词汇语法层所表达的表层意义和话语意义层所表达的深层意义彼此相同"（朱永生，2006：84）。所谓非一致式，指"打破语言常规，通过用名词体现过程、用名词体现特征等方式，使词汇语法层所表达的表层意义和话语意义层所表达的深层意义变得不一致"（同上：84）。在一致式向非一致式转换的过程中，名词化则成为自然的选择，这是因为名词化是释放语义潜势压力的主要手段。名词可以通过计数、限定、描述、分类、修饰等各种操作构成名词性词组，因而名词性词组从理论上可以进行几乎是无限度的扩展，可以带上数量不等的指示性成分、修饰语、分类词、限定语等附属成分，具有非凡的意义潜势（Martin，1992；Eggins，1994）。

在非一致式结构中，名词化结构所阐释的不仅是单纯的参与者，还兼有其在一致式中的角色功能，比如：关系词、环境成分、过程、特征等成分都通过语法隐喻得以物化（reification）。此外，小句的名词化也可以通过语法隐喻得以实现。名词化过程往往涉及信息中各个要素的重新排列，由动词表达的过程是句子的中心，句子中的其他成分都依据它们与"过程"的关系而定，或者表现为"参与者"，或者为"环境"。功能语法也指出了名词化现象的层级特征，即"包孕性"（Thompson，2000：167—168），首先，把一个过程或小句名词化就意味着把过程为中心的小句意义当作一种存在，以一种抽象的"物"的形式包孕于名词化的词组中；其次，名词化词组本身，可以作为另一个过程的参与者，它也可以充当主位，在语篇中以完整的小句形式引入某意义，然后这一意义就包孕于一个名词化的词组中，充当下一个小句的语义出发点，即下一个小句的主位。

3. 认知语法的解释

生成语法所讨论的名词化主要指句法名词化，功能语法的考察范围虽然涵盖各种词汇层面的语言形式，但也是基于结构转换或者品级降格的衍生品而言，无形之中两者都没有把名词化作为概念主体直接生成的、独立的语言现象开展研究。相比而言，认知语法所探讨的名词化范畴成员更为全面，对名词化现象的解释也更具针对性。名词化，不论词汇层、短语层以及小句层，都可以按照朱德熙（1983）提出的自指和转指两大类别进行区分。相对于名词化的自指和转指，认知语法根据动词的语义结构进行物化和凸化所得出的两类名词化与其基本对应，Langacker

(1991：23）划分的第一类为"把动词所表示的过程识解为一个事物并凸化该事物"，第二类为"把动词的凸化转移到其语义结构中的一个名词性实体"。针对上述两类名词化，认知语法提出两大心理机制对其进行有效解释。

第一个心理机制为本体隐喻①。Lakoff 和 Johnson（1980）认为，人类对自己身体和外界物理实体的体验是理解抽象实体的基础，对于两者的体验可以迁移到对各种非物理实体或抽象实体（如事件、活动、情感、思想等）的体验之中，即本体隐喻（ontological metaphors）。通过本体隐喻的机制，我们可以对抽象的实体进行指称、范畴化、组合、量化，从而进行推理。关于抽象实体概念化，Langacker（1998）从"概念物化"视角进行解读。"本体隐喻"和"概念物化"是一个事物的两个方面，前者侧重两个实体之间的对比过程，后者凸化结果；前者是心理机制，后者认知策略，后者是前者运作的体现形式。概念物化（本体隐喻的外显形式）对自指名词化具有解释力。我们在语言交际中不仅需要指称物理实体，还有抽象实体，甚至更为抽象的事件，只要把这些非物理实体编码为名词，它们就能像其他普通名词一样成为小句的参与者。名词化是概念物化的结果，概念物化作用的对象是动词所凸化的过程，无论是光杆动词还是动词短语，甚至小句都可以通过概念物化实现名词化。比如：

（1）祭者，志意思慕之情也。（《礼论》）

（2）取天下者，非负其土地而从之之谓也。（《王霸》）

（3）凡人之欲为善者，为性恶也。（《性恶》）

以上 3 例中，"者"前成分依次为光杆动词、动宾短语和小句，都在句中作主语，其中的动词都属于自指，它们都是通过本体隐喻这一心理机制实现了由表示过程的动词到表示事件实体的名词化，从而进入更高级的整句概念结构中担任句子主语的角色。由此看出，动词、动宾短语和小句三个不同概念组织层面上的过程都可以在一个更高的概念组织层面上发生名词化。需要指出的是，这些不同层次的语言形式在象征复杂程度、

① 关于心理机制，可参看第二章第一节，下同。

语义的具体程度、固化程度和规约化程度 4 个方面存在程度上的差别，比如动词"祭"的名词化相对于短语"取天下"固着化程度更高，接近于现代汉语中的名词"祭礼"（《现汉·第五版：648》），而短语"取天下"又高于小句"凡人之欲为善"。但是，这些差异在性质上不存在根本差别，这些语言表达式都是名词性成分。

第二个心理机制为概念转喻。Lakoff 和 Johnson（1980：78）把转喻看作发生在同一理想化认知模型中的替代关系。Langacker（1993：1—38）把转喻看作一种认知参照点现象，语言表达式就是认知参照点，它为通达隐藏语言形式背后的信息提供心理通道。语言的形式结构和概念结构之间实则为"参照点—目标"关系，形式结构作为认知参照点为概念结构提供心理通道，语言的形式结构和概念结构之间体现了"部分激活整体"的转喻关系。Langacker（2008）进一步完善了转喻的心理加工机制，指出认知参照点关系本质上是动态的，可以包含两个阶段的聚焦，这两个阶段具有不对称性以及时间顺序上的方向性。如此循环便形成了一个认知参照点关系链（Langacker，2008：84—85）。

转喻心理机制对转指名词化具有解释力。动词名化中的转指，是概念转喻这一认知能力作用的结果，其本质是以过程来转喻过程中的参与者。比如：

（4）君子慎其所立乎！（《劝学》）

（5）凡攻人者，非以为名，则案以为利也。（《富国》）

（6）彼仁义者，所以修政者也。（《议兵》）

（7）（不是师法）舍乱妄无为也。（《修身》）

（8）故仁人之用国，非特将持其有而已也，又将兼人。（《富国》）

例（4）、（5）和（6）中"所立""攻人者""修政者"都是有标记名词化，其中"所立"转指动词"立"的"产品或内容"，"攻人者"转指动词短语"攻人"的"施事"，"修政者"转指"修政"的工具。例（7）和（8）中的动词"为"和"有"都属于无标记名词化，其中"为"转指"结果"，"有"转指"领有物"。

这些动词和动词短语得以实现转指施事、工具、产品、结果及领有物正是基于转喻心理机制。动作及其参与者一起构成一个"事件"认知框架 ICM,其中的参与者角色即语义角色。在同一个事件 ICM 中,动作和参与者的各种语义角色之间通过转喻机制可以实现彼此转指,转指的路线正是参照点—目标关系链。Ryder(1999:287)认为,这种词汇语义演变决定于两个重要因素:一为目标实体在事件中的显著性和可识别性,二为该实体在事件因果链中所处的地位。"所立"所在小句为"施事—动作—受事"认知框,动词"立"处于"受事"位置,句中实施"指称"功能;动词"立"转指"受事"方可满足这一需求,"所"字发挥辅助作用;"所立"此处表示"产品"。同理,余者可解。

简言之,名物化主要是谓词(动词和形容词)实现自指和转指的功能转化,这一过程有赖于认知主体的隐喻和转喻的心理机制,其中目标实体的显著性和谓词所处的句法位置具有引领作用,语言的形式标记不是决定因素,但对消除歧解发挥作用。

# 附　　录

表一　　　　　　　　《荀子》前24篇中的"之"字用法统计

| 功能 | 代词 | 关系代词 | | 介词 | | | | 指示代词 | 动词 | 固定结构 | 引用 | 共计 |
|---|---|---|---|---|---|---|---|---|---|---|---|---|
| | 复指 | 无实义 | 有实义 | 表定中 | 表状中 | 受事前置 | 定语后置 | 表限定 | 去往 | 固定搭配 | 不计 | |
| 篇1 | 34 | 12 | 0 | 34 | 2 | 1 | 0 | 0 | 0 | 1 | 2 | 86 |
| 篇2 | 28 | 9 | 0 | 12 | 0 | 4 | 0 | 0 | 0 | 1 | 6 | 60 |
| 篇3 | 28 | 12 | 0 | 30 | 0 | 7 | 0 | 0 | 0 | 0 | 7 | 84 |
| 篇4 | 36 | 37 | 0 | 61 | 0 | 12 | 0 | 0 | 0 | 1 | 0 | 147 |
| 篇5 | 26 | 16 | 0 | 54 | 0 | 5 | 0 | 0 | 0 | 4 | 1 | 106 |
| 篇6 | 26 | 8 | 0 | 45 | 0 | 2 | 0 | 0 | 0 | 0 | 1 | 82 |
| 篇7 | 34 | 4 | 0 | 36 | 0 | 2 | 0 | 0 | 0 | 1 | 0 | 77 |
| 篇8 | 83 | 49 | 0 | 85 | 0 | 10 | 0 | 0 | 0 | 1 | 2 | 230 |
| 篇9 | 72 | 34 | 0 | 97 | 0 | 7 | 1 | 6 | 0 | 2 | 2 | 221 |
| 篇10 | 105 | 11 | 0 | 89 | 0 | 13 | 0 | 2 | 0 | 3 | 2 | 225 |
| 篇11 | 105 | 35 | 2 | 93 | 0 | 12 | 0 | 2 | 0 | 8 | 6 | 263 |
| 篇12 | 77 | 29 | 0 | 75 | 0 | 9 | 0 | 0 | 0 | 3 | 7 | 200 |
| 篇13 | 23 | 10 | 0 | 42 | 1 | 8 | 0 | 0 | 0 | 6 | 0 | 90 |
| 篇14 | 24 | 7 | 0 | 18 | 0 | 3 | 0 | 0 | 0 | 2 | 0 | 54 |
| 篇15 | 81 | 31 | 0 | 93 | 0 | 8 | 0 | 0 | 0 | 4 | 0 | 217 |
| 篇16 | 36 | 31 | 0 | 74 | 0 | 3 | 0 | 0 | 0 | 4 | 1 | 149 |
| 篇17 | 28 | 44 | 0 | 10 | 0 | 3 | 0 | 0 | 0 | 0 | 7 | 92 |
| 篇18 | 55 | 26 | 0 | 103 | 0 | 6 | 0 | 0 | 0 | 5 | 6 | 201 |
| 篇19 | 89 | 39 | 0 | 120 | 0 | 5 | 1 | 0 | 0 | 2 | 1 | 257 |
| 篇20 | 26 | 5 | 0 | 43 | 1 | 0 | 0 | 0 | 1 | 3 | 4 | 83 |
| 篇21 | 48 | 15 | 0 | 69 | 0 | 2 | 0 | 0 | 0 | 0 | 9 | 143 |
| 篇22 | 86 | 24 | 0 | 66 | 1 | 3 | 5 | 0 | 0 | 1 | 3 | 189 |
| 篇23 | 52 | 25 | 0 | 122 | 1 | 2 | 0 | 0 | 0 | 8 | 4 | 214 |
| 篇24 | 2 | 3 | 0 | 10 | 0 | 5 | 0 | 0 | 0 | 2 | 4 | 26 |
| 共计 | 1204 | 516 | 2 | 1481 | 6 | 132 | 7 | 10 | 1 | 62 | 75 | 3496 |

表二　　　　　　　　　　《荀子》前24篇中的"其"字用法统计

| 功能 | 人称代词 单独指称 | 物主代词 标记领属 | 指示代词 标记有定 | 连接代词 引导从句 | 副词 表示强调 | 介词 表示修饰 | 连词 标记连接 | 语气助词 标记情态 | 组合 固定共现 | 引文 出自他文 | 合计 累加结果 |
|---|---|---|---|---|---|---|---|---|---|---|---|
| 篇1 | 3 | 8 | 14 | 1 | 0 | 0 | 0 | 0 | 0 | 3 | 29 |
| 篇2 | 8 | 6 | 0 | 0 | 0 | 0 | 0 | 1 | 0 | 1 | 16 |
| 篇3 | 10 | 12 | 3 | 0 | 0 | 0 | 0 | 0 | 0 | 2 | 27 |
| 篇4 | 6 | 34 | 6 | 0 | 0 | 0 | 0 | 1 | 0 | 0 | 47 |
| 篇5 | 10 | 17 | 4 | 0 | 0 | 0 | 0 | 0 | 0 | 1 | 32 |
| 篇6 | 1 | 25 | 1 | 0 | 0 | 0 | 0 | 0 | 0 | 0 | 27 |
| 篇7 | 1 | 8 | 2 | 0 | 0 | 1 | 0 | 0 | 0 | 0 | 12 |
| 篇8 | 16 | 48 | 1 | 0 | 1 | 0 | 0 | 0 | 0 | 0 | 66 |
| 篇9 | 0 | 31 | 13 | 1 | 0 | 0 | 0 | 0 | 0 | 1 | 46 |
| 篇10 | 9 | 63 | 14 | 0 | 0 | 0 | 0 | 0 | 0 | 5 | 91 |
| 篇11 | 12 | 36 | 9 | 1 | 0 | 2 | 1 | 1 | 0 | 0 | 62 |
| 篇12 | 24 | 18 | 17 | 0 | 0 | 4 | 0 | 0 | 0 | 2 | 65 |
| 篇13 | 0 | 6 | 15 | 0 | 0 | 0 | 0 | 0 | 0 | 3 | 24 |
| 篇14 | 0 | 2 | 5 | 0 | 0 | 0 | 0 | 0 | 1 | 0 | 8 |
| 篇15 | 13 | 39 | 6 | 4 | 0 | 0 | 0 | 0 | 0 | 2 | 64 |
| 篇16 | 6 | 22 | 8 | 0 | 0 | 1 | 0 | 1 | 0 | 0 | 38 |
| 篇17 | 10 | 16 | 26 | 0 | 0 | 0 | 0 | 0 | 0 | 0 | 52 |
| 篇18 | 5 | 20 | 4 | 0 | 0 | 0 | 0 | 0 | 0 | 1 | 30 |
| 篇19 | 14 | 30 | 17 | 0 | 0 | 3 | 1 | 0 | 0 | 0 | 65 |
| 篇20 | 7 | 25 | 14 | 0 | 0 | 0 | 0 | 0 | 0 | 0 | 46 |
| 篇21 | 14 | 35 | 6 | 0 | 0 | 0 | 0 | 0 | 0 | 4 | 59 |
| 篇22 | 15 | 26 | 6 | 0 | 0 | 0 | 0 | 0 | 0 | 0 | 47 |
| 篇23 | 8 | 27 | 2 | 0 | 0 | 0 | 0 | 1 | 0 | 6 | 44 |
| 篇24 | 2 | 6 | 2 | 0 | 0 | 0 | 0 | 0 | 0 | 2 | 12 |
| 共计 | 194 | 560 | 195 | 7 | 1 | 11 | 3 | 4 | 1 | 33 | 1009 |

表三　　　　　　　　《荀子》前24篇中的"者"字用法统计

| 篇目 | 1类 | 2类 | 3类 | 4类 | 5类 | 6类 | 总计 |
|---|---|---|---|---|---|---|---|
| 功能 | 转指论元 | 自指事件<br>或状态 | 时间或空<br>间上永存 | 表示语气 | 组合整体<br>作用 | 引自别文 | 累积数值 |
| 篇1 | 14 | 9 | 7 | 0 | 1 | 0 | 31 |
| 篇2 | 13 | 4 | 3 | 0 | 1 | 0 | 21 |
| 篇3 | 6 | 12 | 12 | 0 | 7 | 0 | 37 |
| 篇4 | 31 | 18 | 7 | 0 | 2 | 0 | 58 |
| 篇5 | 16 | 10 | 7 | 0 | 0 | 0 | 33 |
| 篇6 | 35 | 1 | 5 | 0 | 0 | 0 | 41 |
| 篇7 | 10 | 0 | 2 | 0 | 0 | 0 | 12 |
| 篇8 | 25 | 4 | 22 | 0 | 7 | 0 | 58 |
| 篇9 | 63 | 14 | 22 | 0 | 0 | 2 | 101 |
| 篇10 | 45 | 21 | 8 | 0 | 2 | 0 | 76 |
| 篇11 | 66 | 19 | 42 | 0 | 0 | 3 | 130 |
| 篇12 | 44 | 11 | 19 | 0 | 1 | 3 | 78 |
| 篇13 | 26 | 1 | 11 | 0 | 0 | 0 | 38 |
| 篇14 | 8 | 3 | 7 | 0 | 2 | 0 | 20 |
| 篇15 | 78 | 17 | 7 | 0 | 0 | 0 | 102 |
| 篇16 | 38 | 10 | 17 | 0 | 2 | 0 | 67 |
| 篇17 | 23 | 10 | 2 | 0 | 0 | 0 | 35 |
| 篇18 | 61 | 5 | 33 | 0 | 2 | 1 | 102 |
| 篇19 | 52 | 15 | 31 | 0 | 1 | 0 | 99 |
| 篇20 | 8 | 4 | 11 | 0 | 3 | 2 | 28 |
| 篇21 | 44 | 0 | 9 | 0 | 6 | 0 | 59 |
| 篇22 | 47 | 3 | 9 | 0 | 11 | 0 | 70 |
| 篇23 | 26 | 26 | 27 | 0 | 1 | 1 | 81 |
| 篇24 | 11 | 0 | 6 | 0 | 1 | 0 | 18 |
| 共计 | 790 | 217 | 326 | 0 | 50 | 12 | 1395 |

表四　　　　　　　　　　《荀子》前 24 篇中的"所"字用法统计

| 篇目 | 一类 | 二类 | 三类 | 四类 | 五类 | 六类 | 七类 | 八类 | 总计 |
|---|---|---|---|---|---|---|---|---|---|
| 功能 | 作名词 | 单独指示 | 所 + V | 所 + V + NP | 所 + VP | 所 + J + VP | 其他用法 | 引例 | 累积 |
| 篇 1 | 0 | 0 | 4 | 3 | 0 | 1 | 1 | 1 | 10 |
| 篇 2 | 0 | 0 | 0 | 0 | 0 | 2 | 2 | 0 | 4 |
| 篇 3 | 0 | 0 | 6 | 3 | 1 | 1 | 2 | 0 | 13 |
| 篇 4 | 0 | 0 | 16 | 1 | 6 | 10 | 2 | 0 | 35 |
| 篇 5 | 0 | 0 | 7 | 1 | 0 | 6 | 0 | 2 | 16 |
| 篇 6 | 0 | 0 | 4 | 4 | 1 | 0 | 1 | 0 | 10 |
| 篇 7 | 0 | 0 | 0 | 0 | 0 | 1 | 0 | 0 | 1 |
| 篇 8 | 0 | 0 | 15 | 4 | 10 | 11 | 5 | 0 | 45 |
| 篇 9 | 4 | 0 | 8 | 2 | 1 | 14 | 3 | 0 | 32 |
| 篇 10 | 0 | 0 | 7 | 2 | 0 | 4 | 3 | 0 | 16 |
| 篇 11 | 2 | 0 | 7 | 11 | 7 | 15 | 2 | 2 | 46 |
| 篇 12 | 0 | 0 | 8 | 2 | 1 | 12 | 0 | 2 | 25 |
| 篇 13 | 0 | 0 | 8 | 0 | 0 | 1 | 1 | 0 | 10 |
| 篇 14 | 0 | 0 | 0 | 0 | 0 | 1 | 0 | 0 | 1 |
| 篇 15 | 0 | 0 | 10 | 13 | 0 | 15 | 0 | 0 | 38 |
| 篇 16 | 0 | 0 | 7 | 5 | 2 | 7 | 0 | 0 | 21 |
| 篇 17 | 0 | 0 | 6 | 7 | 7 | 0 | 0 | 20 | |
| 篇 18 | 0 | 0 | 6 | 0 | 1 | 3 | 1 | 1 | 12 |
| 篇 19 | 0 | 0 | 6 | 4 | 2 | 36 | 2 | 0 | 50 |
| 篇 20 | 0 | 0 | 2 | 0 | 2 | 8 | 1 | 1 | 14 |
| 篇 21 | 0 | 0 | 4 | 0 | 3 | 5 | 8 | 0 | 20 |
| 篇 22 | 3 | 0 | 30 | 0 | 10 | 9 | 6 | 0 | 58 |
| 篇 23 | 0 | 0 | 9 | 7 | 1 | 3 | 2 | 0 | 22 |
| 篇 24 | 0 | 0 | 10 | 0 | 0 | 0 | 5 | 0 | 15 |
| 共计 | 9 | 0 | 180 | 62 | 55 | 172 | 47 | 9 | 534 |

# 参考文献①

## 专著论文类

Boas，F. *Handbook of American Indian Language.* Washington：Smithsonian Institution，1911.

Bisong，Walter. et al. *What Makes Grammaticalization.* Berlin：Mouton de Gruyter，2004.

Bloomfield，L. "A Set of Postulates for the Science of Language". *Language*，No. 2，1926.

Bloomfield，L. *Language.* London：Allen & Unwin. 1955.

Bolinger，D. and D. A. Sears. *Aspects of Language.* New York：Harcourt Brace Jovanovich，INC，1968.

Brinton，L. J. and E. C. Traugott. *Lexicalization and Language Change.* Cambridge：Cambridge University Press，2005.

Brinton，L. J. and E. C. Traugott. *Lexicalization and Language Change.* Cambridge：Cambridge University Press，2005.

Brugman，C. "Light Verbs and Polysemy". *Language Science.* No. 23，2001.

Company，C. C. "Grammaticalization and Category Weakness". In Wischer, I. & G. Diewald. *New Reflections on Grammaticalization.* Amsterdam & Philadelphia：John Benjamins，2002.

Chomsky，N. "Remarks on Nominalization". Roderick A. Jocobs. et al. *Read-*

---

① 本书参考文献所列专著类的时间，参照了国内出版社的标准指版次的时间，不一定是实际的印刷时间。

*ings in*

*English Transformational Grammar.* Waltham Mass. ：Ginn，1970.

Chu，Chauncey. *A Discourse Grammar of Mandarin Chinese.* New York：Perter Lang，1998.

Comrie，B. *Aspect.* Cambridge：Cambridge University Press，1976.

Comrie，B. & Sandra A. Thompson. "Lexical Nominalization". In Timothy Shopen. *Language Typology and Syntactic Description*，Volume III：Grammatical Categories and the Lexicon. Cambridge：Cambridge University Press，1985.

Du Bois，J. W. "Motivating Competitions". In Macwhinney，B. ，A. Malchukov. & E. Moravscik. *Competing Motivations in Grammar and Usage.* Oxford：Oxford University Press，2014.

Fillmore，C. J. "The Case for Case". In Bach，Emmon and Robert T. Harms. *Universals in Linguistic Theory.* New York：Holt，Rinehart and Winston. 1968.

Givón，T. "The Binding Hierarchy and the Typology of Complements". *Studies in Language*，No. 3，1980.

Goldberg，A. E. *Constructions*：*a Construction Grammar Approach to Argument Structure.* Chicago：University of Chicago Press，1995.

Haiman，J. "Iconic and Economic Motivation". *Language*，Vol. 59，No. 4，1983.

Halliday，M. A. K. *An Introduction to Functional Grammar.* London：Edward Arnold，1985.

Halliday，M. A. K. *An Introduction to Functional Grammar* (2$^{nd}$ edition). London：Edward Arnold，1994.

Halliday，M. A. K. & M . I. M. Matthiessen. *Construing Experience Through Meaning—A Language-based Approach to Cognition.* London and New York：Continuum，1999.

Heine，B et al. *Grammaticalizaion*：*A Conceptual Framework.* Chicago and London：The University of Chicago Press，1991.

Heine，B. and Tania Kuteva. *World Lexicon of Grammaticalization.* Cambridge：

Cambridge Univesity Press, 2002.

Heyveart, Lisbet. *A Cognitive-functional Approach to Nominalization in English*. Berlin & Newyork: Mounton de Gruyter, 2003.

Hopper, P. J. "On Some Principles of Grammaticalization". In E. C. Traugott and B. Heine. *Approaches to Grammaticalization* (Vol. 1) *Focus on Theoretical and Methodological Issues*. Amsterdam / Philadephia: John Benjamins Publishing Company, 1991.

Hopper, P. J. & E. C. Traugott. *Grammaticalization*. Cambridge: Cambridge University Press, 1993.

Hopper, P. J. & E. C. Traugott. *Grammaticalization* (2$^{nd}$ edition). Cambridge: Cambridge University Press, 2003.

Jackendoff, R. *Foundations of Language*: *Brain*, *Meaning*, *Grammar*, *Evolution*. Oxford: Oxford University Press, 2002.

Jespersen, O. *The Philosophy of Grammar*. London: George Allen and Unwin, Ltd, 1924.

Jespersen, O. *A Modern English Grammar on Historical Principles* (Vol. II Syntax). London: George Allen and Unwin, Ltd, 1928.

Jespersen, O. *Essentials of English Grammar*. London: George Allen and Unwin Ltd, 1933.

Jespersen, O. *A Modern English Grammar on Historical Principles*. (Part VI Morphology). Copenhagen: Ejnar Munksgaard, 1942.

Koptjevskaja-Tamm, M. *Nominalizations*. London & New York: Routledge, 1993.

Langacker, R. W. *Foundations of Cognitive Grammar* (Vol. I) (*Theoretical Prerequisites*). Peking: Beijing University Press, 2004.

Langacker, R. W. *Foundations of Cognitive Grammar* (Vol. II) (*Descriptive Application*). Beijing: Peking University Press, 2004.

Langacker, R. W. "Reference-point Constructions". *Cognitive Linguistics*, No. 4, 1993.

Langacker, R. W. *Cognitive Grammar*: *A Basic Introduction*. Oxford: Oxford University Press, 2008.

Lakoff, G. & M. Johnson. *Metaphors We Live By*. Chicago: the University of

Chicago Press, 1980.

Lakoff, G. & M. Johnson. *Woman, Fire and Dangerous Things: What Categories Reveal About the Mind.* Chicago: the University of Chicago Press, 1987.

Leech, G. & J. Svartvik. *A Communicative Grammar of English.* London: Longman, 1978.

Leech, G. *Semantics.* London: Penguin, 1983.

Leech, G. *Change in Contemporary English: A Grammatical Study.* Cambridge: Cambridge University Press, 2009.

Lees, R. B. *The Grammar of the English Nominalizations.* The Hague: Mouton & Co., Publishers, 1960/1963.

Li, Charles N. and Sandra A. Thompson. *Mandarin Chinese: A Functional Reference Grammar.* Berkeley, Los Angeles and London: University of California, 1981.

Lipka, L. *English Lexicology: Lexical Structure, Word Semantics & Word-Formation.* Tübingen: Max Niemeyer Verlag, 1990.

Lyons, J. *Semantics* (Volume 1). Cambridge: Cambridge University Press, 1977.

Malchukov, Andrej L. "Constraining nominalization: Function/form competition". *Linguistics*, Vol. 44, No. 5, 2006.

Matthews, P. H. *Morphology.* Beijing: Foreign Language Teaching and Research Press, 2000.

Packard, J. L. *New Approaches to Chinese Word Formation.* Berlin: Mouton de Gruyter, 1998.

Packard, J. L. *The Morphology of Chinese: A Lingusitic and Cognitive Approach.* Beijing: Foreign Language Teaching and Research Press, 2001.

Palmer, F. R. *Semantics* (2nd edition). Cambridge: Cambridge University Press, 1981.

Quirk, R., S. Greenbaum, G. Leech & J. Svartvik. *A Comprehensive Grammar of the English Language.* London: Longman Group Ltd., 1985.

Radden, G. & Z. Kövecses. "Towards a Theory of Metonymy". In Klaus-Uwe Panther & G. Radden. *Metonymy in Language and Thought.* Amsterdam:

John Benjamins, 1999.

Ramat, P. "Linguistic Categories and Linguisctists' Categorization". *Linguistics*, Vol. 37, No. 6, 1999.

Ross, J. R. "The Categrory Squish: Endstation Hauptwort". In Paul M. P. & Judith N. L. *Papers from the Eighth Regional meeting, Chicago Linguistic Society: April* 14 – 16, 1972. Chicago: Chicago Linguistic Society, 1972.

Ryder, M. E. "Bankers and Blue-chippers: an account Of-er formations in Present-day English". *English Language and Linguistics*, Vol. 3, No. 2, 1999.

Sapir, E. *Language.* New York, 1921.

Sun, Chaofen. *Word-Order Change and Grammaticalization in the History of Chinese.* Stanford: Stanford University Press, 1996.

Sun, Chaofen. *Chinese: A Linguistic Introduction.* New York: Cambridge University Press, 2006.

Tai, J. H-Y & M. Chan. "From Noun to Verbs: Verbalization in Chinese Dialects and East Asian Languages". In J. Camacho & L. Choueiri. *Sixth North American Conference on Chinese Linguistics. NACCL6.* Los Angles: GSIL, USC, 1995.

Talmy, L. *Toward a Cognitive Semantics: Concept Structuring Systems* (Volume I). Massachusetts: Massachusetts Institute of Technology Press, 2000.

Taylor, J. R. *Linguistic Categorization: Prototypes in Linguistic Theory* (2$^{nd}$ edition). Beijing: Foreign Language Teaching and Research Press, 2001.

Thompson, G. *Introducing Functional Grammar.* Beijing: Foreign Language Teaching and Research Press, 2000.

Traugott, E. C. "A Historical Overview of Complex Predicate Types". In Brinton, J. L. and M. Akimoto. *Collocational and Idiomatic Aspects of Composite Predicates in the History of English.* Amsterdam/Philadelphia: John Benjamins Publishing Company, 1999.

Ungerer, F. and H-J. Schmid. *An Introduction to Cognitive Linguistics.* Beijing: Foreign Language Teaching and Research Press, 2001.

Ungerer, F. and H-J. Schmid. *An Introduction to Cognitive Linguistics* (second edition). London etc: Pearson Education Limited, 2006.

Wierzbicka, A. *The Semantics of Grammar.* Amsterdam/Philadelphia: John Benjamins Publishing Company, 1988.

Yap, F. A. and J. Wang. "From Light Noun to Nominalizer and More: The Grammaticaliztion of zhe and suo in Old and Middle Chinese". In F. H. Yap., K. Grunow-Harsta and J. Wrona. *Nominalization Strategies in Asian Languages: Diachronic and Typological Perspectives* (Typological Studies in Languages 96). Amsterdam/Philadelphia: John Benjamins Publishing Company, 2011.

Yap, F. H., K. Grunow-Harsta and J. Wrona. "Nominalization Strategies in Asian Languages". In F. H. Yap., K. Grunow-Harsta and J. Wrona. *Nominalization Strategies in Asian Languages: Diachronic and Typological Perspectives* (Typological Studies in Languages 96). Amsterdam/Philadelphia: John Benjamins Publishing Company, 2011.

Yoon, James Hye Suk. *Korean Nominalizations, Lexicalism, and Morphosyntactic Interface.* Manuscript, University of Illinois, Urbana-Champaign, 1991.

Yue, Anne O. "Zhi in Pre-Qin Chinese". *T'oung Pao*, Vol. 84, 1998.

Zipf, G. K. *The Psycho-Biology of Language: An Introduction to Philology.* London: Routledge, 1936.

贝罗贝、李明:《语义演变理论与语义演变和句法演变研究》,载沈阳、冯胜利《当代语言学理论和汉语研究》,商务印书馆 2008 年版。

曹逢甫:《主题在汉语中的功能研究——迈向语段分析的第一步》,谢天蔚译,语文出版社 1995 年版。

陈承泽:《国文法草创》,商务印书馆 1922 年版。

陈国华:《从"的"看中心语构造与中心语的词类》,《外语教学与研究》2009 年第 2 期。

陈宁萍:《现代汉语名词类的扩大——现代汉语动词和名词分界线的考察》,《中国语文》1987 年第 5 期。

陈平:《论现代汉语时间系统的三元结构》,《中国语文》1988 年第 6 期。

陈庆汉:《"NP 的 VP"短语语式分析》,《河南大学学报》2014 年第 6 期。

陈望道:《中国文法革新论丛》,重庆文书出版社 1943 年版。

陈新仁：《语法隐喻的认知语用解读》，《外国语》2014 年第 2 期。

陈秀兰：《主观化与古代汉语"N 所 V"结构的双重身份》，《宁波大学学报》2017 年第 2 期。

程工：《名物化与向心结构理论新探》，《现代外语》1999 年第 2 期。

程琪龙：《双宾结构及其相关概念网络》，《外国语》2004 年第 3 期。

丛迎旭：《动词名物化的有界性研究》，《中国海洋大学学报》2008 年第 4 期。

丛迎旭、王红阳：《基于语义变化的概念语法隐喻模式与类型》，《现代外语》2013 年第 1 期。

丁贞渠：《"……之谓"式的作用及特点》，《辽宁大学学报》（哲社版）1978 年第 6 期。

董成如：《转喻的认知解释》，《解放军外国语学院学报》2004 年第 2 期。

董秀芳：《重新分析与"所"字功能的发展》，《古汉语研究》1998 年第 3 期。

董秀芳：《词汇化：汉语双音词的衍生和发展》，四川民族出版社 2002 年版。

段沫：《论后附标记"者"》，《语言文字学术研究》2008 年第 3 期。

段玉裁：《说文解字注》，上海古籍出版社 2004 年版。

范文芳、汪明杰：《论三大流派对应于名词化现象的研究》，《外语研究》2003 年第 3 期。

范晓：《关于汉语词类的研究——纪念汉语词类问题大讨论 50 周年》，《汉语学习》2005 年第 6 期。

方光焘：《方光焘语言学论文集》，商务印书馆 1997 年版。

方有国：《上古汉语语法研究》，巴蜀书社 2002 年版。

甘世安、陈刚妮：《名词的原型理论研究》，《西北大学学报》2010 年第 3 期。

［瑞典］高本汉：《汉语的本质和历史》，聂鸿飞译，商务印书馆 2010 年版。

高航：《认知语法视角下的汉语兼类问题考察》，《汉语学习》2009 年第 2 期。

高航：《名词化的概念组织层面：从认知语法的视角》，《解放军外国语学院学报》2009 年第 3 期。

高航:《认知语法与汉语转类问题》,上海交通大学出版社 2009 年版。

高名凯:《语法理论》,商务印书馆 2011 年版。

顾阳:《论元理论介绍》,《国外语言学》1994 年第 3 期。

郭爱平:《先秦汉语"其"字研究》,硕士学位论文,西南大学,2007 年。

郭锐:《汉语动词的过程结构》,《中国语文》1993 年第 6 期。

郭锐:《现代汉语词类研究》,商务印书馆 2002 年版。

郭锐:《朱德熙先生的汉语词类研究》,《汉语学习》2011 年第 5 期。

郭锡良:《先秦语气词新探》(一),《古汉语研究》1988 年第 1 期。

郭锡良:《先秦语气词新探》(二),《古汉语研究》1989 年第 1 期。

郭锡良:《再谈马建忠和〈马氏文通〉》,《中国语文》1998 年第 6 期。

郭锡良:《古代汉语》,商务出版社 1999 年版。

何乐士:《〈左传〉虚词研究》,商务印书馆 1989 年版。

何乐士等:《古代汉语虚词通释》,北京出版社 1985 年版。

郝维平:《上古汉语的"所"字新探》,《古汉语研究》1996 年第 2 期。

何元建:《现代汉语生成语法》,北京大学出版社 2011 年版。

何元建、王玲玲:《论汉语中的名物化结构》,《汉语学习》2007 年第
   1 期。

何兆熊:《新编语用学概要》,上海外语教育出版社 2000 年版。

洪波:《兼指代词的原始句法功能研究》,《古汉语研究》1991 年第 1 期。

胡安顺:《"所"字三论》,《语文研究》2010 年第 3 期。

胡明扬:《现代汉语词类问题考察》,《中国语文》1995 年第 5 期。

胡明扬:《关于"名物化"问题》,《华文教学与研究》2000 年第 1 期。

胡裕树:《现代汉语》(增订本),上海教育出版社 1981 年版。

胡裕树、范晓:《动词形容词的"名物化"和"名词化"》,《中国语文》
   1994 年第 2 期。

胡壮麟:《语法化研究的若干问题》,《现代外语》2003 年第 1 期。

胡壮麟等:《系统功能语言学概论》,北京大学出版社 2005 年版。

黄伯荣、廖序东:《现代汉语(下)》(第三版),甘肃人民出版社 1983
   年版。

黄伯荣、李炜:《现代汉语(上)》,北京大学出版社 2012 年版。

黄珊:《〈荀子〉虚词研究》,河南大学出版社 2005 年版。

黄岳州:《"所"字的语义、词性和语法功能的研究》,《苏州教育学院学报》2005 年第 3 期。

霍生玉:《〈荀子〉中的"所"及"所"字在先秦的历时考察》,《古汉语研究》2009 年第 3 期。

计甫:《古汉语"所"字词组管窥》,《吉林师范大学学报》1982 年第 3 期。

江蓝生:《语法化程度的语音表现》,载吴福祥《汉语语法化研究》,商务印书馆 2005 年版。

金立鑫:《"时""体"范畴的本质及其蕴含共性》,载程工、刘丹青《汉语的形式与功能研究》,商务印书馆 2009 年版。

金立鑫:《语言类型学探索》,商务印书馆 2017 年版。

金兆梓:《国文法之研究》,商务印书馆 1983 年版。

赖积船:《〈左传〉"所"的篇章粘连功能》,《西南民族学院学报》2002 年第 3 期。

赖积船:《〈论语〉"其 N"结构中"其"的语义推衍》,《湖南科技大学学报》2005 年第 6 期。

黎锦熙:《新著国语文法》,湖南教育出版社 2007 年版。

黎路遐:《定指代词"其"的发展》,《中国语文》2013 年第 5 期。

李小军、刘利:《语气词"者"的形成及其语气义》,《南京师范大学文学院学报》2008 年第 4 期。

李勇忠:《语言结构的转喻认知理据》,《外国语》2005 年第 6 期。

李宇明:《所谓的"名物化"现象新解》,《华中师范大学学报》(哲社版)1986 年第 3 期。

李佐丰:《谈〈左传〉中体之谓短语与主谓短语的区别》,《内蒙古大学学报》1983 年第 2 期。

李佐丰:《古代汉语语法学》,商务印书馆 2004 年版。

林忠等:《也谈所字短语和所的功能》,《四川民族学院学报》2015 年第 6 期。

刘辰诞:《边界分派:词汇化的认知动因》,《现代外语》2016 年第 4 期。

刘丹青:《语法调查研究手册》,上海教育出版社 2008 年版。

刘丹青：《名词性短语的类型学研究》，商务印书馆 2012 年版。

刘坚、曹广顺、吴福祥：《论诱发汉语词汇语法化的若干要素》，载吴福
　　祥《汉语语法化研究》，商务印书馆 2005 年版。

刘家忠：《“所”字研究述评》，《潍坊学院学报》2006 年第 5 期。

刘顺：《现代汉语动词的零形式名词化》，《山东师范大学学报》2003 年
　　第 1 期。

刘宇红：《汉语名物化困境的根源与解决办法》，《外国语言文学》2011
　　年第 4 期。

刘月华等：《实用现代汉语语法》（增订本），商务印书馆 2001 年版。

刘正光：《语言非范畴化——语言范畴化理论的重要组成部分》，上海外
　　语教育出版社 2006 年版。

鲁川：《汉语语法的意合网络》，商务印书馆 2001 年版。

陆丙甫、金立鑫：《语言类型学教程》，北京大学出版社 2015 年版。

陆俭明：《现代汉语语法研究教程》（第三版），北京大学出版社 2005
　　年版。

陆俭明：《隐喻、转喻散议》，《外国语》2009 年第 1 期。

陆俭明：《浅议“汉语名动形层层包含”词类观及其它》，《汉藏语学报》
　　2013 年第 7 期。

鲁六：《〈荀子〉词汇研究》，博士学位论文，山东大学，2005 年。

鹿钦佞：《上古汉语形态的研究》，《南开语言学刊》2009 年第 2 期。

陆烁、潘海华：《从英汉比较看汉语的名物化结构》，《外语教学与研究》
　　2013 年第 5 期。

吕叔湘：《中国文法要略》，商务印书馆 1956 年版。

罗思明等：《当代词汇化研究综合考察》，《现代外语》2007 年第 4 期。

罗思明：《“〈词汇化与语言演变〉简介”》，《当代语言学》2008 年第
　　3 期。

马建忠：《马氏文通》，商务印书馆 1983 年版。

马梅玉：《汉语“其”研究》，博士学位论文，南京大学，2012 年。

马庆株：《语法化与语音的关系》，载石锋、沈钟伟《乐在其中——王士
　　元教授七十华诞庆祝文集》，南开大学出版社 2004 年版。

孟丽：《汉语语法化的理论与实践视角探索》，博士学位论文，华中师范

大学，2015 年。

苗启川：《近 20 年古汉语词类问题研究刍议》，《四川师范大学学报》（社科版）1997 年第 4 期。

牛保义、徐盛桓：《关于英汉语语法化比较研究》，《外语与外语教学》2000 年第 9 期。

齐冲：《附着形式"者"的逆形态化》，《语言学论丛》2014 年第 1 期。

戚晓杰：《词汇词和语法词：汉语词类划分问题症结之所在》，《汉语学报》2015 年第 3 期。

仇伟：《以构式功能为基础的英汉乏词义结构对比研究》，《外语教学》2015 年第 2 期。

裘锡圭：《文字学概要》，商务印书馆 1988 年版。

任学良：《汉英比较语法》，中国社会科学出版社 1981 年版。

邵霭吉：《〈马氏文通〉和"语法八大家"的"所"字结构研究及启示》，《盐城师范学院学报》2007 年第 1 期。

邵霭吉：《古汉语"所"字结构的通式及生成机制》，《盐城师范学院学报》2013 年第 2 期。

沈家煊：《我看汉语的词类》，《语言科学》2009 年第 1 期。

沈家煊、完权：《也谈"之"字结构和"之"字的功能》，《语言研究》2009 年第 2 期。

沈家煊：《词类的类型学和汉语的词类》，《当代语言学》2015 年第 2 期。

沈家煊：《汉语词类的主观性》，《外语教学与研究》2015 年第 5 期。

石定栩：《动词的"指称"功能和"陈述"功能》，《汉语学习》2005 年第 4 期。

石定栩：《区分名词与动词的标准、方法及后果》，《汉语学习》2007 年第 4 期。

石定栩：《谓词性宾语的句法地位》，《语言科学》2009 年第 5 期。

石定栩：《名词和名词性成分》，北京大学出版社 2011 年版。

施关淦：《"这本书的出版"中"出版"的词性——从"向心结构理论"说起》，《中国语文通讯》1981 年第 4 期。

史振晔：《试论汉语动词、形容词的名词化》，《中国语文》1960 年第 12 期。

石毓智、李讷：《汉语语法化的历程——形态句法发展的动因和机制》，北京大学出版社 2001 年版。

石毓智：《语法的认知语义基础》，江西教育出版社 2000 年版。

石毓智：《语法的形式和理据》，江西教育出版社 2001 年版。

石毓智：《语法化的动因与机制》，北京大学出版社 2006 年版。

束定芳：《认知语义学》，上海外语教育出版社 2008 年版。

司富珍：《汉语的标句词"的"及相关的句法问题》，《语言教学与研究》2002 年第 2 期。

司富珍：《中心语理论和汉语 DeP》，《当代语言学》2004 年第 1 期。

宋绍年：《古汉语谓词性成分的指称化与名词化》，《古汉语语法论集》，语文出版社 1998 年版。

宋绍年：《〈马氏文通〉研究》，北京大学出版社 2004 年版。

宋曦：《类型学视野下英汉从句比较研究》，《北京第二外语学院学报》2015 年第 4 期。

宋曦：《古汉语"所"字结构的类型学考察》，《学术交流》2016 年第 12 期。

苏丹洁：《取消"兼语句"之说——构式语块法的新分析》，《语言研究》2012 年第 2 期。

孙洪伟：《上古汉语"者"的所谓自指标记功能再议》，《中国语文》2015 年第 2 期。

汪大明：《古汉语谓词转指用法探析》，硕士学位论文，西南师范大学，2003 年。

汪大明：《上古汉语谓词性成分的无标记转指》，《集美大学学报》2008 年第 2 期。

王冬梅：《动词的控制度和谓宾的名物化之间的共变关系》，《中国语文》2003 年第 4 期。

王冬梅：《动词转指名词的类型及相关解释》，《汉语学习》2004 年第 4 期。

王冬梅：《现代汉语动名互转的认知研究》，中国社会科学出版社 2010 年版。

王逢鑫：《英语意念语法》，北京大学出版社 1989 年版。

王洪君：《汉语自指的名词化标记"之"的消失》，《语言学论丛（14）》，商务印书馆 1987 年版。

王红生：《古汉语的焦点标记"者"》，《南开语言学刊》2016 年第 2 期。

王静：《英语名化的语法转喻研究》，博士学位论文，上海外国语大学，2013 年。

王力：《古代汉语》，中华书局 1999 年版。

王力：《汉语史稿》，中华书局 1980 年版。

王梅洁：《先秦汉语谓词转指研究》，硕士学位论文，山东师范大学，2010 年。

汪榕培、王之江：《英语词汇学》，上海外语教育出版社 2008 年版。

王统尚、石毓智：《先秦汉语的判断标记"也"及其功能扩展》，《语言研究》2008 年第 4 期。

王文斌：《论英语的时间性特质与汉语的空间性特质》，《外语教学与研究》2013 年第 2 期。

王先谦：《荀子集解》（上、下），中华书局 2013 年版。

王寅：《狭义与广义语法化研究》，《四川外语学院学报》2005 年第 5 期。

王寅、严辰松：《语法化的特征、动因和机制——认知语言学视野中的语法化研究》，《解放军外国语学院学报》2005 年第 4 期。

王引之：《经传释词》，上海古籍出版社 2014 年版。

王月婷：《从古汉语异读看"名物化"的形式标志》，《西南交通大学学报》2012 年第 6 期。

卫乃兴：《词语学要义》，上海外语教育出版社 2011 年版。

魏在江：《名词动用的语法转喻理据》，《当代修辞学》2015 年第 6 期。

吴怀成：《关于现代汉语动转名的一点理论思考》，《外国语》2011 年第 2 期。

吴怀成、沈家煊：《古汉语"者"：自指和转指如何统一》，《中国语文》2017 年第 3 期。

吴淑琼：《语法转喻的含义、特征和运作模式》，《外国语文》2011 年第 6 期。

吴淑琼：《基于汉语句法结构的语法转喻研究》，中国社会科学出版社 2013 年版。

项梦冰:《论"这本书的出版"中"出版"的词性:对汉语动词、形容词"名物化"问题的再认识》,《天津师范大学学报》1991 年第 4 期。

向熹:《简明汉语史》(上),高等教育出版社 1993 年版。

邢福义:《词类辨难》(修订本),商务印书馆 2003 年版。

熊学亮:《用构式的理念来透视 V + NP 等结构》,载程工、刘丹青《汉语的形式与功能研究》,商务印书馆 2009 年版。

熊仲儒:《以"的"为核心的 DP 结构》,《当代语言学》2005 年第 2 期。

熊仲儒、刘凡:《动词短语的名词化与饱和关系子句的句法分析》,《华文教学与研究》2013 年第 1 期。

许嘉璐:《古代汉语》,高等教育出版社 1992 年版。

徐江胜:《论焦点标记"所"》,《语言研究》2017 第 4 期。

徐烈炯、刘丹青:《话题的结构与功能》,上海教育出版社 1998 年版。

许慎:《说文解字》,中华书局 1979 年版。

徐盛桓:《名动转用的语义基础》,《外国语》2001 年第 1 期。

许威汉:《古汉语语法精讲》,上海大学出版社 2002 年版。

许余龙:《篇章回指的功能语用探索》,上海外语教育出版社 2004 年版。

荀况:《荀子》,杨倞注,上海古籍出版社 2014 年版。

颜红菊、罗渊:《语素名物化与语素转喻造词》,《中南大学学报》2008 年第 6 期。

杨伯峻:《文言语法》,中华书局 2016 年版。

杨树达:《词诠》,中华书局 1965 年版。

杨成凯:《词类的划分原则和谓词"名物化"》,《语法研究与探索》,语文出版社 1991 年版。

杨成凯:《动词做主宾语是汉语的语法特点吗》,《汉语学习》1991 年第 6 期。

姚振武:《自指和转指》,《古汉语研究》1994 年第 3 期。

姚振武:《现代汉语的"N 的 V"与上古汉语的"N 之 V"》(上),《语文研究》1995 年第 2 期。

姚振武:《现代汉语的"N 的 V"与上古汉语的"N 之 V"》(下),《语文研究》1995 年第 3 期。

姚振武:《汉语谓词性成分名词化的原因及规律》,《中国语文》1996 年第 1 期。

姚振武:《个别性指称与"所"字结构》,《古汉语研究》1998 年第 3 期。

姚振武:《上古汉语语法史》,上海古籍出版社 2015 年版。

殷国光:《"所"字结构的转指对象与动词配价》,《语言研究》2006 年第 3 期。

袁仁林:《虚字说》,解惠全注,中华书局 1989 年版。

袁毓林:《词类范畴的家族相似性》,《中国社会科学》1995 年第 1 期。

袁毓林:《"者"的语法功能及其历史演变》,《中国社会科学》1997 年第 3 期。

袁毓林:《一个汉语词类的准公理系统》,《语言研究》2000 年第 4 期。

岳中奇:《"A 为 N 所 V"结构的功能及其渊源》,《语言研究》2012 年第 1 期。

张爱朴:《汉语动词是名词的一个次类吗?》,《汉语学习》2012 年第 3 期。

张爱朴:《虚化动词结构的认知研究》,黑龙江大学出版社 2015 年版。

张伯江:《"N 的 V"结构的构成》,《中国语文》1993 年第 4 期。

张伯江:《词类活用的功能解释》,《中国语文》1994 年第 5 期。

张伯江、方梅:《汉语功能语法研究》,商务印书馆 2014 年版。

张定:《从"往"义动词到远指代词——上古汉语指示代词"之"的来源》,《古汉语研究》2015 年第 3 期。

张高远:《英汉名词化对比研究——认知·功能取向的理论解释》,中国社会科学出版社 2008 年版。

张觉:《〈荀子〉译注》,上海古籍出版社 1996 年版。

张俊:《〈荀子〉谓词转指研究》,硕士学位论文,西南大学,2006 年。

张俊、孟静、苗兴伟:《回指语的指称功能和表情功能》,《河北工程大学学报》(社科版) 2009 年第 1 期。

张俊、苗兴伟:《先秦判断词"也"的句法功能考释——以〈荀子〉为语料的个案研究》,《河北师范大学学报》(社科版) 2015 年第 5 期。

张敏:《认知语言学与汉语名词短语》,中国社会科学出版社 1998 年版。

张敏:《从类型学看上古汉语定语标记"之"语法化的来源》,载吴福祥、洪波《语法化与语言研究》(一),商务印书馆 2003 年版。

章诗同：《荀子简注》，上海人民出版社 1974 年版。

章士钊：《中等国文典》，商务印书馆 1928 年版。

张维友：《英汉语词汇对比研究》，上海外语教育出版社 2010 年版。

张文国：《关于〈马氏文通〉字类理论的再认识》，《中央民族大学学报》
　　2004 年第 3 期。

张文国：《关于古汉语词类活用定义的检讨》，《山东师范大学学报》2011
　　年第 4 期。

张先坦：《"动·之（其）·名"结构的变换及其逻辑性问题》，《山西师
　　大学报》2012 年第 4 期。

张志公：《汉语语法常识》，中国青年出版社 1955 年版。

张志公：《语法和语法教学》，人民教育出版社 1957 年版。

赵艳芳：《认知语言学概论》，上海外语教育出版社 2001 年版。

赵元任：《汉语口语语法》，吕叔湘译，商务印书馆 1979 年版。

赵元任：《汉语词的概念及其结构和节奏》，王洪君译，《考古人类学学
　　刊》1975 年第 37 和第 38 期。

赵元任：《赵元任语言学论文集》，吴宗济、赵新那编，商务印书馆 2002
　　年版。

赵忠德：《词的分类古今说》，《外语与外语教学》2003 年第 11 期。

中国语文丛书编辑组：《汉语的词类问题》，中华书局 1955 年版。

中学汉语编辑室：《〈暂拟汉语教学语法系统〉简述》，人民教育出版社
　　1956 年版。

周领顺：《英汉名—动转类词对比研究》，《外语教学与研究》2000 年第
　　5 期。

朱城：《先秦时期代词"其"作主语考察》，《语言研究》2003 年第 4 期。

朱德熙等：《关于动词形容词"名物化"的问题》，《北京大学学报》（人
　　文科学版）1961 年第 4 期。

朱德熙：《现代汉语语法研究》，商务印书馆 1980 年版。

朱德熙：《语法讲义》，商务印书馆 1982 年版。

朱德熙：《自指和转指》，《方言》1983 年第 1 期。

朱德熙：《语法分析讲稿》，商务印书馆 2010 年版。

朱冠明：《"为 N 所 V"被动式再分析》，《古汉语研究》2013 年第 2 期。

朱淑华：《上古汉语"指示代词＋NP"中指示代词的功能研究》，《理论界》2011 年第 8 期。

朱英贵：《"所"字结构是名词性结构吗?》，《西南民族大学学报》2007年第 9 期。

朱永生：《名词化、动词化与语法隐喻》，《外语教学与研究》2006 年第2 期。

朱熹：《朱子语类》，王星贤、黎靖德编，中华书局 1986 年版。

邹立志、白聪：《论古今汉语词类活用的不同本质》，《语言研究》2009年第 2 期。

# 工具书类

Brown，K. *Encyclopedia of Language & Linguistics*（2nd edition）. UK：Elsevier，2006 /上海外语教育出版社 2008 年版。

Bussmann，H. *Routledge Dictionary of Language and Linguistics*. Translated & edited by G. P. Trauth & K. Kazzazi. London：Routledge，1996 /外语教学与研究出版社 2000 年版。

Crystal，D. *A Dictionary of Phonetics and Linguistics*（fourth edition）. MA：Blackwell Publishing，1997 / 沈家煊译，《现代语言学词典》（第四版），商务印书馆 2000 年版。

Crystal，D. *A Dictionary of Phonetics and Linguistics*（sixth edition）. MA：Blackwell Publishing，2008.

Evans，V. *A Glossary of Cognitive Linguistics*. Edinburg：Edinburg University Press，2007.

Hornby，A. S. *Oxford Advanced Learner's Dictionary*（seventh edition）. Oxford：Oxford University Press，2005 /《牛津高阶英汉双解词典》（第七版），商务印书馆 2009 年版。

Matthews，P. H. *Oxford Concise Dictionary of Linguistics*. Oxford：Oxford University Press，1997/杨信彰编译，《牛津英汉双解语言学词典》（附汉英术语对照表），上海外语教育出版社 2006 年版。

古代汉语词典编写组：《古代汉语词典》，商务印书馆 2003 年版。

唐瑞琮:《古代汉语语法》,辽宁人民出版社1982年版。

吕叔湘:《现代汉语八百词》,商务印书馆1980年版。

吕叔湘:《现代汉语八百词》(增订本),商务印书馆1999年版。

孟琮等:《汉语动词用法词典》,商务印书馆1999年版。

陕西师范大学词典编写组:《古汉语虚词用法词典》,陕西人民出版社
　　1988年版。

王力:《王力古汉语词典》,中华书局2000年版。

许慎:《说文解字》,中华书局1979年版。

杨伯峻:《文言虚词》,中华书局1965年版。

杨伯峻:《古汉语虚词》,中华书局1981年版。

语言学名词审定委员会:《语言学名词》,商务印书馆2011年版。

中国社会科学院语言研究所词典编辑室:《现代汉语词典》(第五版),商
　　务印书馆2005年版。

中国社会科学院语言研究所词典编辑室:《现代汉语词典》(第六版),商
　　务印书馆2012年版。

中国社会科学院语言研究所词典编辑室:《现代汉语词典》(第七版),商
　　务印书馆2016年版。